本多光太郎
―マテリアルサイエンスの先駆者―

平林　眞 編
本多記念会 監修

アグネ技術センター

本多光太郎肖像画
(安井曽太郎画 油絵30号、宮城県美術館保管)

本多光太郎肖像画
(安井曽太郎画 油絵10号、東京 本多トミ子さん所有)

本多光太郎の生家
(岡崎市新堀町)

岡崎市東公園にある
本多光太郎資料館

仙台市米ヶ袋の
本多会館(旧本多邸)

本多会館にある
資料展示室

金属材料研究所
旧1号館

金属材料研究所
玄関前の胸像

金属材料研究所本多記念室

金属材料研究所資料展示室

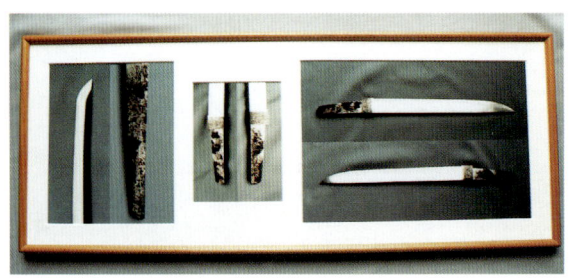

振武刀（岡崎市 本多俊子さん所有）

書『鐵心か恣か』

渡欧記念（1907年）
左から本多光太郎、安井曽太郎、津田青楓、中沢亮治

留学中のドイツで（1908年頃）

パリで（1910年）

ゲッチンゲン大学にて（1908年3月）

ベルリン留学中の本多光太郎（左端）、
右端は寺田寅彦
1909年8月　留学中の本多から田中館
愛橘に贈られたもの

東北帝国大学理科大学玄関前で（1913年8月）

中学校・高等女学校等の教員を対象にした第一回物理化学実験指導会。
前列左から5人目が本多光太郎、北條時敬、小川正孝

理科大学磁気実験室（1913年頃）

理科大学物理学科本多研究室（1913年頃）

アインシュタインを迎えて（1922年12月）
左から本多光太郎・アインシュタイン・愛知敬一・日下部四郎太

岡本一平による本多の似顔絵
岡本は来日中のアインシュタインに同行し、多数のスケッチを残した

1926年頃の本多光太郎

ゲッチンゲン大学名誉理学博士号を受ける（1933年）

在職 25 年記念祝賀式（1936 年 5 月 31 日）

ニールス・ボーアを案内する本多光太郎（1937 年）

文化勲章受賞（1937 年）

東京商工会館での講演会（1938年10月）

研友会講演会（1940年）

友人の俵国一と碁を打つ本多光太郎

晩年の本多光太郎

東北帝国大学理科大学講堂及び本館（1911年頃）

東北帝国大学理科大学（1916年頃）

左写真上部
「理科大学」の文字の浮き彫り

東北帝国大学理科大学校舎
（後の理学部赤レンガ館、臨時理化学研究所第二部はこの中の物理学教室を借りて設置された）

「古河家寄附」銘盤
理科大学校舎基盤にはめ込まれていた

鐵鋼研究所（1922年頃）

金属材料研究所1号館（1933年頃）

金属材料研究所本多記念館（1941年）

機械試験室

1号館と本多記念館の間

仙台空襲直後の金属材料研究所
1945年7月10日、米崎茂氏撮影

解体直前（1986年4月）の金研1号館（赤レンガ）

序　文

増子　昇

　今年（2004年）は、本多光太郎先生が1954年に逝去されてから50年目に当り、先生ゆかりの組織がそれぞれに本多光太郎先生50年祭記念行事の企画を立てています。その一つとして、アグネ技術センターの好意で、先生の事跡を記念する書籍を出版することになりました。本書の編集のために、本多記念会の中に編集委員会を設け、平林眞（代表者）、井野博満、北田正弘、増子昇の4名が編集を担当し、財団法人本多記念会監修と致しました。

　財団法人本多記念会は、本多光太郎先生が逝去されて後に、先生と関係の深かった金属関係の企業や個人に寄付を仰いで、1957年に文部省の認可を得て設立された記念財団です。寄付行為の第3条に、次のように目的を掲げております。「この法人は、故本多光太郎博士の偉業を永遠に記念して、金属に関する科学技術の研究を援助促進し、その発展をはかるとともに理工学、とくに金属材料を専攻する学生の育成をはかり、もって学術の振興および世界文化の発展に寄与することを目的とする。」今年の3月には、同じく本多光太郎先生の遺徳を基盤とする財団法人金属助成会の事業を引き継ぎ、新たに本多フロンティア賞を設置して、活動を強化しました。

　現代の産業技術は、鉄鋼を中心とする構造材料、磁性材料に代表される機能材料の上に組み立てられています。わが国が20世紀後半における工業技術の世界のリーダーになれたのは、鉄の神様、磁石の神様、と呼ばれてきた本多光太郎先生に始まる材料研究の強固な基盤のお陰である、といっても過言では無いと存じます。財団法人本多記念会は、材料を専門とするすべての人々に開放し、伝統ある材料技術を更に発展させることに尽力しております。

　先生の業績をたたえ、その人となりを伝える書籍としては、すでに研友会を

母体に『本多光太郎先生の思い出』(誠文堂新光社：1955)が出版され、友人、門弟の貴重な思い出が遺されております。更に本多記念会では、石川悌次郎氏の筆になる『本多光太郎傳』(日刊工業新聞社：1964)、を出版しました。これは直接本多先生に接した方々からの取材に基づく伝記であります。先生が亡くなられてから50年を経て、もはや先生の謦咳に直接接した方々は少なくなりました。しかし先生の遺された教えは、日本の金属産業を支えた多くの方々の中に生きております。そのような思いを改めて収録するとともに、本多光太郎先生ご自身の書かれた論文の幾つかを遺し、同時に先生の業績に対する科学史、技術史の観点から見た研究を収録しておくことは、わが国の材料学の源流を確かめる上でも大切なことと考えました。

幸い雑誌「金属」にはこの趣旨に沿った貴重な資料が遺されており、さらに本多先生50年祭の趣旨に賛同していただき本多先生関連の企画を立てていただきました。本書はこの「金属」の持つ資産を中心に、先生と縁の深い研友会をはじめ、東北大学史料館、その他の方々から提供いただいた資料によって編集することができました。厚く御礼申し上げます。

雑誌「金属」は戸波親平・戸波春雄両氏の創設したアグネ社で創刊され、長崎誠三氏のアグネ技術センターに引き継がれ、現在74巻を数えます。日本金属学会よりも歴史の古い、材料分野の専門雑誌であり、わが国の金属技術の普及啓発に大きな力を発揮してきました。それぞれの時代における工業技術の重要課題が、金属という基幹材料の歴史に映し出されて、この雑誌の蓄積の中に現れます。わが国の技術史家にとっては貴重な歴史の証人であります。これらの貴重な資料の中から本多光太郎を読み取るということでもあります。

本多光太郎先生は1931年に第6代東北大学総長に選任され、1940年まで3期9年の任期を全うしていますが、2期目の1936年に、在職25年記念事業が行われ、700人を数える参会者による記念祝賀会とともに、学術資料として東北帝国大学理科報告本多博士記念号(1936)が出版されています。この記念号

には、先生の論文リストが載せられています。B5版1126頁にわたる大冊で、全97編の論文が掲載されており、内24編は国外からの寄稿です。この本多博士記念号の資料を基にして、本書の編集代表者平林眞氏が、1936年時点での、わが国の金属学の状況を解説しました。

　先生の業績の中で忘れてはならないことがさらに二つあります。第一は多くの方々の思い出話に出てくるように、日本の若い研究者が海外の碩学を訪ねるときに、本多先生に書いていただいた紹介状の御蔭で大きな収穫を得ることができたということです。

　第二は、物理学全般にわたる、教科書の作成であり、弱冠34才にして東京帝国大学理科大学講師に任命された年に上梓した『新撰物理學』(内田老鶴圃：1901年)、東北理科大学における講義をまとめた『物理學通論』(内田老鶴圃：1916年)をはじめとして多くの教科書の著作にも力を注いでいます。戦後に出版された『新制物理學本論』(内田老鶴圃：1956年)で学生時代の物理を勉強された方もおられると思います。本多光太郎先生が自らの実践で示された、「今が大切」、「つとめてやむな」、という行動倫理は研究者にとって大切な教えであります。工業技術の基盤となる材料学の健全な発展を願って本書を編集しました。

　おわりに当り、この出版に労力を惜しまれなかった比留間さんをはじめアグネ技術センター社員の方々の熱意に敬意を表します。

口絵写真・挿図提供（順不同・敬称略）

東北大学史料館
東北大学金属材料研究所研友会
岡本太郎記念館
和泉 修
菅井 富
　　　以上の方々にご協力いただきました。お礼申し上げます。

本多光太郎－マテリアルサイエンスの先駆者

目　次

口絵

序文 .... 増子　昇

第1章　本多光太郎の業績 .... 平林　眞 *1*

第2章　本多光太郎の著作から
　『新撰物理學』より *35*
　『鐵及び鋼の研究』第1章　研究の方法 *37*
　鐵鋼研究所長としての私の希望（『鋼の燒入』より） *48*
　「金屬の研究」創刊に際して *52*
　日本金屬學會の設立に就て *53*
　普通の鋼と特殊の鋼 *56*
　研究生活五十年 *67*

第3章　本多光太郎研究
　金属学への磁気分析法の導入と本多の磁気理論および
　　本多学派初期の多様な業績について .... 勝木　渥 *77*
　本多光太郎の研究 .... 河宮信郎 *84*
　日本の基礎磁性研究者と本多光太郎との人脈 .... 安達健五 *107*
　欧米の先進鉄鋼研究機関と本多光太郎 .... 前園明一 *120*
　本多光太郎とKS鋼、新KS鋼の開発事情 .... 小岩昌宏 *123*

第4章　本多光太郎の遺産

本多先生の執念 .... 茅　誠司　*129*
寺田先生と本多先生 .... 中谷宇吉郎　*133*
本多先生の講義用ビラ .... 大和久重雄　*135*
本多先生こぼれ話5題 .... 川口寅之輔　*136*
本多先生の思い出 .... 小松　登　*140*
本多先生と私 .... 増本　健　*147*
本多先生と私の父親 .... 増子　昇　*150*
本多光太郎の二つの訓示 .... 國富信彦　*152*
本多先生のこと―私だけが知っている？の巻 .... 長崎誠三　*158*
本多光太郎先生の余韻 .... 和泉　修　*167*
本多式熱天秤 .... 前園明一　*172*
本多光太郎記念室にまつわること .... 菅井　富　*177*
Bozorthの"Ferromagnetism"に見た本多光太郎先生 .... 中道琢郎　*187*
KS鋼の発明からNdFeB磁石まで .... 佐川眞人　*193*
Honda Memorial Books .... 藤森啓安　*201*
現代でも通用する鉄の神様「本多光太郎先生」の学風 .... 早稲田嘉夫　*204*

付　録

本多光太郎の著作一覧 *207*
年譜 *210*

索　引

事項索引 *215*
人名索引 *219*

第1章　本多光太郎の業績

本多光太郎の業績　　平林　眞

本多光太郎の業績

平林　眞

1 はじめに

　本多光太郎先生（以下敬称略）が生を受けた1870（明治3）年は、国内では戊辰戦争が終息し、岩倉具視使節団が欧米に出かける前年でした。本多が小学・中学教育を受けたのは日本が国際社会に入る努力をしていた時代でしたが、大学入学の1894年には日清戦争が始まっています。物理教室で山川健次郎、田中館愛橘などの講義を聞き、大学院ではドイツ留学から帰国したばかりの長岡半太郎の指導で磁気ひずみ（磁歪）－磁化によって強磁性体の長さ、体積、形状が変化する現象－の研究を始めたのは1896（明治29）年でした。この時から太平洋戦争後まで50年余にわたって数多くの論文と著書を著わした本多は、優れた人材を育てて金属学を中心とする日本のマテリアルサイエンスの先駆者となっただけでなく、鉄鋼業をはじめ素材産業の育成と発展に大きな貢献を果たしたことは、いまさら述べる必要もありません。

　本多の研究業績は膨大・多岐にわたり、本人の追憶[1]によれば390編以上の論文があり、その足跡をたどることは容易ではありません。1898年から1936年までの本多の著作と論文をまとめた Bibliography of Prof. K. Honda（以下「文献集録」）では、250を超える論文を年代順に167項目（同じ題目の研究を二つの以上の雑誌に掲載しているものも多い）に整理しています。この「文献集録」は、本多の大学在職25年記念事業として出版された東北帝国大学理科報告の特集号（以下「記念号」）[2]の巻末に掲載されているものです。1936年には、本多は東北帝国大学総長在任中でしたが、すでに1933年に定年で金属材料研究所長を辞して研究の第一線を退いていたので、「文献集録」は本多の研究業績の大半を捉えていると云えるでしょう[3]。また、「記念号」には一編の連名論文を除けば本多自身の名がついた論文はありませんけれども、本多が築いた金属材料研究所における当時の研究の概況や、本多の研究の海外での

評価を知る上に重要な資料です。ここでは、「文献集録」と「記念号」を軸にして、本多の業績を年代順にたどり、1940年総長退任以降についても触れるつもりです。また、本多の研究の中心となる磁気物理学あるいは磁性材料学については、いろいろの角度からの紹介や評価があるので[4～7]、なるべく違った方向にも光を当て、本多の遺した特許権と人脈についても述べたいと思います。

2 大学院から留学まで（1898～1911年）

本多の研究の黄金期は、1911（明治44）年からの東北帝国大学時代にありますが、1898年から1911年までの10年余は、優れた師の指導のもとで、良き友人や後輩とめぐり合い、ヨーロッパで新しい学問を学び、それ以後の研究基盤を築いた重要な時期でした。関連する人々の思い出や伝記の中でも多彩に語られています。大学院博士課程から初めての外国留学、あるいは国際会議、までの年月が、将来の研究の途を決める最も大事な時期であることは、昔も今も変わらないと思いますので、若い読者を念頭にして本多のその時期を簡単に振りかえりましょう。

本多が長岡の指導ではじめた磁歪の研究*は、初めに鉄とニッケルを、次に炭素鋼とタングステン鋼を含め、さらにコバルトとニッケル鋼を付け加えて測

---

* 磁歪は、電磁コイルの振動で実感されることから19世紀初めから注目され、電磁石に興味を持っていたJ.P. Jouleも研究したと云われています。磁歪は磁気と応力との相互作用で起こる効果（現象）ですから、磁性体の種類、温度、磁場の方向や強さに敏感で、それらの因子を系統的に調べたのが、長岡－本多の一連の研究です。長岡は、1984年に磁歪研究の最初の論文をPhil. Mag.に発表し、1900年のパリでの国際会議で報告し大きな反響があったと伝えられています。戦時中には潜水艦探知用の超音波発振器に磁歪の大きな合金（アルフェルFe-13％Al合金）を利用する研究が増本量らによって行われた歴史があります。また、本多は逆磁歪効果－応力や変形による磁気特性の変化－も研究していますが、現在の距離センサーや応力センサーの原点といえるでしょう。最近は、アモルファス磁歪合金材料の開発が進む一方で、Fe-PtやFe-Pd合金が巨大な磁歪を示すことが発見されて形状記憶効果と結びついた応用への期待が広がるなど、磁歪研究は新しい展開をしています。

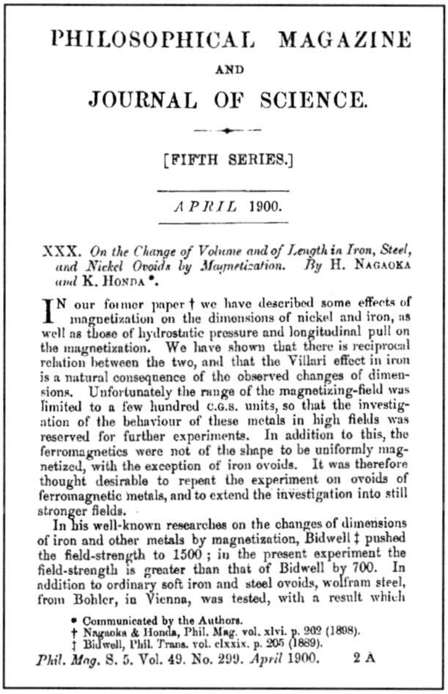

PHILOSOPHICAL MAGAZINE
AND
JOURNAL OF SCIENCE.

[FIFTH SERIES.]

APRIL 1900.

XXX. *On the Change of Volume and of Length in Iron, Steel, and Nickel Ovoids by Magnetization.* *By* H. NAGAOKA *and* K. HONDA *.

IN our former paper † we have described some effects of magnetization on the dimensions of nickel and iron, as well as those of hydrostatic pressure and longitudinal pull on the magnetization. We have shown that there is reciprocal relation between the two, and that the Villari effect in iron is a natural consequence of the observed changes of dimensions. Unfortunately the range of the magnetizing-field was limited to a few hundred C.G.S. units, so that the investigation of the behaviour of these metals in high fields was reserved for further experiments. In addition to this, the ferromagnetics were not of the shape to be uniformly magnetized, with the exception of iron ovoids. It was therefore thought desirable to repeat the experiment on ovoids of ferromagnetic metals, and to extend the investigation into still stronger fields.

In his well-known researches on the changes of dimensions of iron and other metals by magnetization, Bidwell ‡ pushed the field-strength to 1500; in the present experiment the field-strength is greater than that of Bidwell by 700. In addition to ordinary soft iron and steel ovoids, wolfram steel, from Bohler, in Vienna, was tested, with a result which

* Communicated by the Authors.
† Nagaoka & Honda, Phil. Mag. vol. xlvi. p. 202 (1898).
‡ Bidwell, Phil. Trans. vol. clxxix. p. 205 (1889).

Phil. Mag. S. 5. Vol. 49. No. 299. *April* 1900. 2 A

図１ 長岡－本多の論文
「鉄、鋼、ニッケルの磁化による体積と長さの変化」
Phil.Mag. 49 (1900),329.

定し、その結果をイギリスの学術雑誌Philosophical Magazineと帝国大学理科大学紀要に1898年、1900年（図1）と1902年に発表しています。これらをまとめて、本多は1903年に学位を授与されています。測定装置はもちろん手作りで、また試料はすべて外国製で長岡がドイツの友人から提供されたもので、自前の試料で実験ができるようになったのは10年以上後、臨時理化学研究所が発足してからでした。

本多は、大学院での多忙な実験の合間に、中学（今の高校）向けの物理教科書を高校以来の友人、田中三四郎（漱石の小説『三四郎』の題名の由来になったという説もある）と共同で書いています。この『新撰物理學』は、挿し絵が多く、わかり易い入門書との好評を得て改訂を重ねましたが、茅誠司も本多の書いた教科書で物理を学んだ思い出を語っています。図2(a)には、初版本（1901年出版）の第1ページとX線による手の透過写真（口絵）を示しました。当時発見されたX線についての記述の箇所は、本書35頁に紹介してあります。X線透過の実験は現在では許されませんが、明治の若者たちの興味を引きつけ

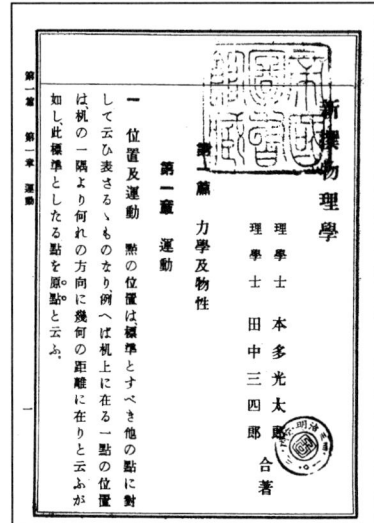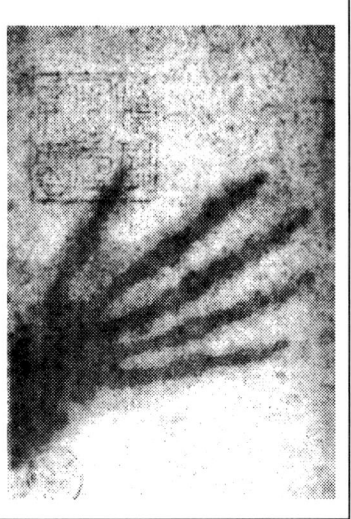

図2(a)　本多−田中共著『新撰物理學』口絵写真と第1頁

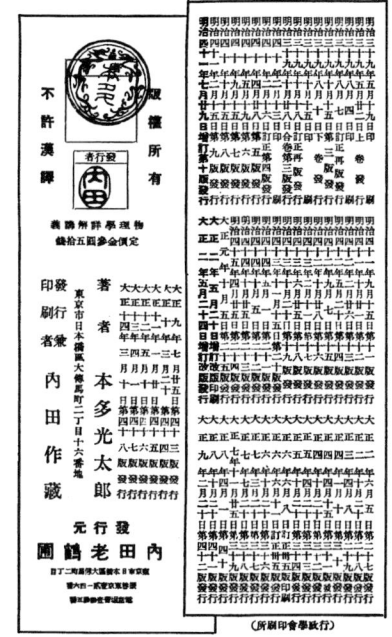

図2(b)　『物理學詳解講義』奥付

第1章 本多光太郎の業績

たに違いありません。本書の序文にもあるように、本多は後年まで熱心に物理教科書を書き、版を重ねて戦前戦後のベストセラー的教科書もあります。図2(b)には、その一例として『物理學詳解講義』第48版（1925年発行、初版は1906年）の奥付を示しました。他方、長岡は「研究者には教科書など書く暇はない」として、教科書を書かなかったという話も有名です。

本多は1902年からの数年間、級友の清水清蔵（後に海軍大学校教授）、後輩の日下部四郎太[8]や寺田寅彦を仲間に引き入れて、弾性率や剛性率、低温−186℃から高温1200℃までの磁化と磁歪の測定を展開しています。一方、この時代には地球物理学分野にも興味を持ち、寺田や、中村左右衛門太郎、曾禰武と共に、熱海や鬼首の間欠泉や中禅寺湖などの静振（セイシ seiches、湖水の固有振動による水面の揺れ）などの野外観測を行って精密なデータを残しています[7]。

1907年からのヨーロッパ留学では、Göttingen大学のG.Tammannのもとで新しい金属学−物理冶金学−を学んだ後、BerlinのR. du Boisの研究室で元素の磁気係数の研究をし、その成果を三つの論文（1910年）に発表しました[6,7]。これが"磁気の本多"の名を国際的に広めたことはすでに周知のところでしょう。その頃の本多のモーレツな実験については、多くのエピソードが語られています[9〜12]。

3 東北帝国大学理科大学から金属材料研究所へ（1912〜1936年）

1912年以降の本多の論文と著作の中から30編（本文中①〜㉚）を選び、年代順に並べたのが表1（25頁）です。本多の研究の最盛期を、四つに区分して概観してゆきます。

3-1 理科大学物理教室

仙台に赴任した翌1912年には、東北帝国大学理科報告（Science Reports of the Tohoku Imperial University, 以下「理科報告」）が創刊されています。これに本多が積極的に関わったことは、創刊号の第1論文に、前述のドイツで発表した43元素の帯磁率の論文①を再録していることからも明らかでしょう（図

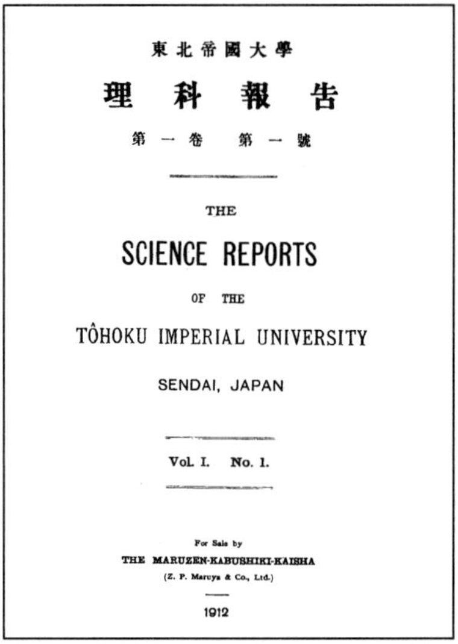

東北帝國大學

理科報告

第一巻 第一號

THE

SCIENCE REPORTS

OF THE

TÔHOKU IMPERIAL UNIVERSITY

SENDAI, JAPAN

Vol. I. No. 1.

For Sale by

THE MARUZEN-KABUSHIKI-KAISHA

(Z. P. Maruya & Co., Ltd.)

1912

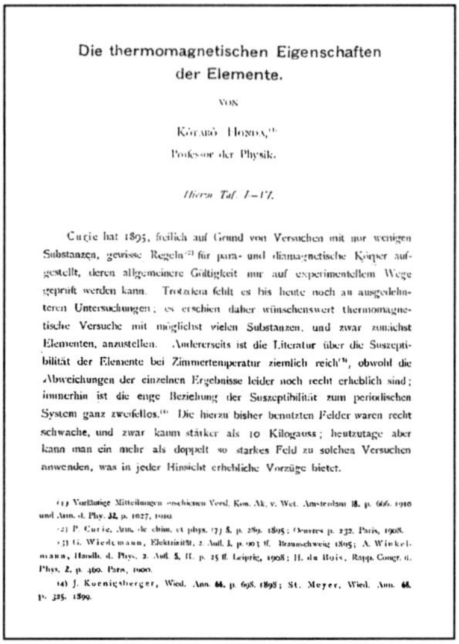

Die thermomagnetischen Eigenschaften der Elemente.

VON

KÔTARÔ HONDA,[1]

Professor der Physik.

Hierzu Taf. I–VI.

Curie hat 1895, freilich auf Grund von Versuchen mit nur wenigen Substanzen, gewisse Regeln[2] für para- und diamagnetische Körper aufgestellt, deren allgemeinere Gültigkeit nur auf experimentellem Wege geprüft werden kann. Trotzdem fehlt es bis heute noch an ausgedehnteren Untersuchungen; es erschien daher wünschenswert thermomagnetische Versuche mit möglichst vielen Substanzen, und zwar zunächst Elementen, anzustellen. Andererseits ist die Literatur über die Suszeptibilität der Elemente bei Zimmertemperatur ziemlich reich[3], obwohl die Abweichungen der einzelnen Ergebnisse leider noch recht erheblich sind; immerhin ist die enge Beziehung der Suszeptibilität zum periodischen System ganz zweifellos.[4] Die hierzu bisher benutzten Felder waren recht schwache, und zwar kaum stärker als 10 Kilogauss; heutzutage aber kann man ein mehr als doppelt so starkes Feld zu solchen Versuchen anwenden, was in jeder Hinsicht erhebliche Vorzüge bietet.

(1) Vorläufige Mitteilungen erschienen Versl. Kon. Ak. v. Wet. Amsterdam 18. p. 666. 1910 und Ann. d. Phy. 32. p. 1027. 1910.

(2) P. Curie, Ann. de chim. et phys. (7) 5. p. 289. 1895; Oeuvres p. 232. Paris, 1908.

(3) G. Wiedemann, Elektrizität, 2. Aufl. 3. p. 903 ff. Braunschweig 1895; A. Winkelmann, Handb. d. Phys. 2. Aufl. 5. II. p. 25 ff. Leipzig, 1908; H. du Bois, Rapp. Congr. d. Phys. 2. p. 460. Paris, 1900.

(4) J. Koenigsberger, Wied. Ann. 66. p. 698. 1898; St. Meyer, Wied. Ann. 68. p. 325. 1899.

図3 「理科報告」第1巻第1号巻頭の本多の論文「元素の熱－磁気特性」
Science Reports of the Tohoku Imperial University **1**(1912)1-42, Annalen der Physik und Chemie **32**(1910),1027-1063を再録。1200℃、24kilogaussまでの測定範囲のデーターをプロットした図面6枚を含む。

3)。現在のネット化された情報社会からは想像もできないことですが、当時ドイツの学術雑誌を見ることができたのは、限られた大学図書館だけであったので、国内の研究者向けに各大学の紀要や報告に再録する意義があったと思われます。しかし、より以上に重要な意義は、本多が研究成果のほとんど全てを「理科報告」に発表し、これを海外の主要な大学・研究機関に送り、本多スクールの名を世界に広め、国際的な評価を得るための情報発信源としたことにあると云えるでしょう。

物理教室における初期の研究には、曽禰武の気体元素の帯磁率②と高木弘の鉄と鋼の磁性③があり、本多は磁気理論④を発表する一方で物理冶金学に必要な実験装置の開発を手掛け、本多式熱天秤⑤を発表しています。また鉄のA_2(α-β)変態が結晶変態でなく磁気変態であると主張する⑥など、40歳代の意気盛んな研究を行っています。わが国のマテリアルサイエンスの先駆けと

第1章 本多光太郎の業績

なった成果を、新設大学に着任して2、3年間に挙げたことは本多の並々ならない力量と熱意によるものですが、それと共に研究を自由に展開できる環境があったことを示すものです。この時期の研究については、本書第3章で勝木[7]、河宮[4]、安達[6]と前園が詳しく紹介しています。

3-2 臨時理化学研究所

1916（大正5）年には臨時理化学研究所が理科大学に設置され、本多を主任とする第二部で鉄鋼研究が始められました。東京駒込に財団法人理化学研究所が正式に発足したのは1917年ですから、それより先行したのは、1914年第一次世界大戦の勃発で物資の輸入が制限されたため鉄鋼自給が急務との認識が強まったことと、大学からの働きかけで住友家からの援助が得られたからと推測されます。臨時理化学研究所では、少量ながら鉄鋼試料を熔製する設備が備えられ、高木弘や嘱託であった俵国一（東大）と共にニッケル鋼やタングステン鋼の研究[7]、鉄－ニッケル合金の不可逆変態やインバー現象[9]を研究しています。さらに、コバルト－タングステン－クロムを含む鋼を高温（900～1000℃）から焼き入れると強い保磁力（当時は頑性力）を示すことを発見し、KS磁石の特許（図4）となりました。論文は、1920年に斎藤と連名で理科報告とPhysical Review（図5）に発表されました[13]。

1918年、本多は、これら一連の成果を工学会と鉄道協会の共催の

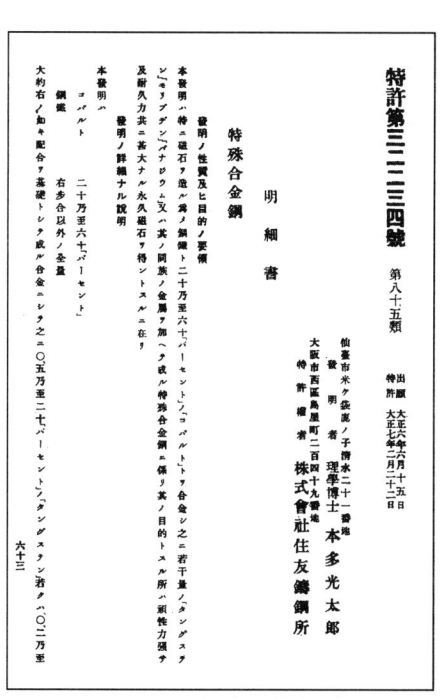

図4　KS磁石鋼の特許公報
（特許庁「特許明細」より）

```
Second Series    December, 1920    Vol. XVI., No. 6

            THE
     PHYSICAL REVIEW.

        ON K. S. MAGNET STEEL.
       BY KÔTARÔ HONDA AND SHŌZŌ SAITŌ.
              SYNOPSIS.
 K. S. Magnet Steel.—The composition of this steel is given as C 0.4-0.8 per cent.;
Co 30-40 per cent.; W 5-9 per cent.; Cr 1.5-3 per cent. Tempering is best effected
by heating to 950° C. and quenching in heavy oil. Measurements of the residual
magnetism for specimens of different composition gave values from 920 to 620
C.G.S. units; the coercive force for the same specimens ranged from 226 to 257
gauss. Artificial aging by heating in boiling water and by repeated mechanical
shock reduced the residual magnetism by only 6 per cent. The hysteresis curves
for a magnetizing force of ± 1,300 gauss were taken for annealed and tempered
specimens; for the annealed specimen the coercive force was 30 gauss and for the
hardened steel the coercive force 238 gauss and the energy loss per cycle 909 000
ergs. The hardness of annealed and tempered specimens was found to be 444
and 652 respectively on the Brinell scale and 38 and 55 on the Shore scale. The
microstructure of the hardened steel showed a finer grain than for the annealed.
```

図5 KS 磁石鋼の論文
Phys. Rev. 16 (1920), 495.

講演会で6回に分けて講演しています。その内容をまとめ臨時理化学研究所の業績報告としたのが『鐵及び鋼の研究』第一巻⑪で、全体で154ページ、10章から成っています（本書36頁参照）。ここで注目すべき点は、第一章で「研究の方法」をとりあげ、熱分析、顕微鏡組織、磁気分析、熱膨張、電気抵抗の測定法を述べ、物理冶金学における新しい実験手段を解説していることです[13]。第二章は「純鉄の変態」で、結晶変態、磁気変態と磁気理論を紹介しています。以下の各章では、炭素鋼、タングステン鋼、クロム鋼、高速度鋼、マンガン添加の炭素鋼への影響、硬度と組織、ニッケル鋼の相変態、炭素鋼の焼き入れ効果（健淬 quench）を説明し、KS 磁石およびインバーをそれぞれの章で取り上げています。この報告は、本多が鉄鋼材料に立ち向かった研究姿勢、－実測データーを第一に、基礎から応用へ－を示しただけでなく、金属材料の研究に物理的方法を持ち込んだ最初の報告として大きな意味があります。研究発表会や学会も組織されていない時代ですから、「研究を広く社会に公表し、早く実績を実証する」という本多流の手法を示す上でも、この講演会は重要な役割を果たしたと云えるでしょう。

3-3　鉄鋼研究所

　このような実績が認められて1919年5月東北帝国大学付属の鉄鋼研究所が設置されましたが、人員の配置は認められなかったので、本多は理学部教授のまま所長となり、他のスタッフも理学部との兼務で研究を始めました。（この体制は現在も一部残っています。なお、1919年4月理科大学は理学部になりました。）鉄鋼研究所の設置から半年後の10月に、本多は研究業績を前年と同じ講演会で発表し、『鐵及び鋼の研究』第二巻⑫を翌1920年に刊行しました。その内容は、鋼の焼き入れ⑭、鉄－炭素系の状態図⑮、および融解金属の性質ですが、巻頭にある本多の緒言では、現在にも通用する産学連携と共同研究の必要性を説いています。また、⑭は鉄鋼の焼き入れの原理と実際を解説した小冊子（85ページ）で、企業の技術者向けに文部省が主催した講習会における講義録です。本多は、講義録の終わりに、研究の重要性と設備充実を訴える「鐵鋼研究所長としての私の希望」（本書48頁参照）を述べ、主催する文部省への実績実証主義を強調しています。

3-4　金属材料研究所

　その希望がかなえられて、1922（大正11）年＊には鉄鋼研究所は金属材料研

図6　松島の旅館で一服するアインシュタインと火鉢に手をかざす本多（岡本一平画）中央は愛知敬一

＊ 1922年11月に来日したA.Einsteinは、12月2～3日に仙台で講演し、松島を訪れています。その際のスケッチが図6です。

究所と改称され、研究対象を鉄と鋼のみならず銅合金や軽合金などにも広げることになります。英文名は Research Institute for Iron, Steel and Other Metals となりましたが、これは「鉄鋼研の名前 (Research Institute for Iron and Steel) に Other Metals を付ければいいわナー」という本多の一言で決まったという伝説があります。英文名は、官制上の設置目的「鉄鋼その他の金属および合金に関する学理および応用の研究」とも合致しているので、この伝説には信憑性があるようです*。

　1922年には理化学研究所に研究室制度ができ、理研の本多研究室が発足していますが、実質は金研と混ぜん一体の運営がされていたようです。この頃から「理研彙報」も研究発表の場として活用しています。また、1923年には、わが国最初の金属工学科が東北帝国大学工学部に創設され、本多も積極的に協力して村上武次郎や浜住松二郎らを金研から送っています。なお、村上は、2年間の欧米留学から帰国した1922年に金研教授になり、翌年から1931年まで工学部教授として学科の整備にあたり、その後再び金研に戻っています。

　1924年に発刊された『鐵及び鋼の研究』第三巻⑯は金研の業績報告集で、今井弘が黄銅の状態図、浜住松二郎が鋳鉄の組織、本多は「X線より見たる鉄鋼の組織と最新鉄－炭素系状態図」を載せています。本多は、1913年理研の寺田寅彦がラウエ斑点の観察に成功し、Bragg父子とは独立に結晶によるX線の回折を明らかにした成果を身近に見聞したでしょうから、X線解析を状態図や相変態の研究にとり入れる構想を早くから抱いていたと思われます。X線実験装置が初めて設置された年月はわかりませんが、おそらく1919年前後と推測され、Braggらの研究に比べて立ち遅れたことは否めません。

　また、1924年には月刊誌「金属の研究」が金研から刊行され、アルミニウムの研究（五十嵐勇）⑰が登場しています。以降の論文は「理科報告」に英（独）文、「金属の研究」に邦文を掲載するケースが多くなっています。本多は第一巻「創刊に際して」（図7、本書52頁参照）で、「理科報告」は国内の研究者に十分には行きわたらないこと、英（独）文は理解され難いこと、投稿か

---

* なお、鉄鋼研を Iron and Steel Research Institute と表記した論文も多くあります。また、臨時理化学研究所第二部の英文名は、The Alloys Research Institute としていました。

第1章 本多光太郎の業績

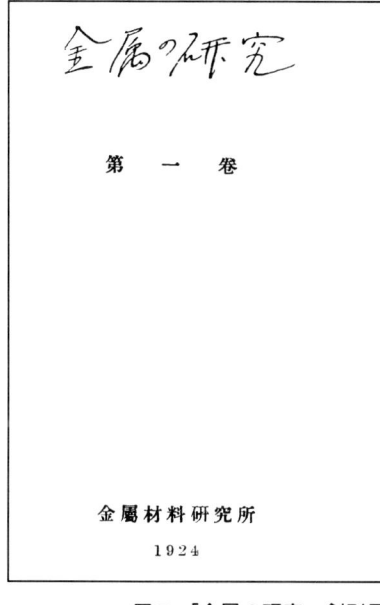

図7 「金属の研究」創刊号の表紙（題字は本多筆）と目次

ら印刷まで1年もかかること、などをあげ、国内に研究成果を"広く・正しく・速く"公表することが大切で、そのために「金属の研究」を発行すると述べています。なお「金属の研究」には、オリジナル論文の他に講義や輯録記事もあり、奥付には、「編集者：金属材料研究所、発行者：本多光太郎、発行所：共融会、売捌所：岩波書店、定価：一冊80銭、一年8円40銭、申し込み先：金研雑誌部」と記され、金研の多くのスタッフが編集・刊行に関わっていた様子がうかがえます。金研の機関誌的性格を持つ「金属の研究」は、1937年日本金属学会誌の発刊まで14年間発行され、金属学の普及・発展に貢献しました。なお共融会は、金研職員の親睦団体で、後年には金属顕微鏡による鉄鋼の組織写真集も同じ形式で出版しています。

　鉄単結晶の磁気異方性に関する本多－茅の論文⑱が発表されたのは1926年ですが、1924年本多が欧米の研究機関を歴訪中にヒントを得て、単結晶を作れという電報を打ったと伝えられています。欧米諸国に先んじて鉄単結晶の特

定方位の磁性測定に成功したことは、茅の粘り強い努力によることはもちろんですが、当時の研究レベルの高さを示すとともに、「理科報告」の国際的評価をも高めたものと云えます。この成果は、実用面で方向性電磁鋼板の開発指針になったことはよく知られています。

1925～26 年には、金研の研究活動を支えるスタッフも増え、付属工場も整備され、実験装置の製作や試料の熔解加工を担う技能者集団が育っていました。本多は、刃物の切れ味試験機や硬度測定法、材料の機械試験法、摩滅試験機など新しい測定機器の開発に力を入れています。1926 年には『鐵及び鋼の研究』の最終巻となった第四巻⑲が出版され、本多は材料の機械試験法を報告し、また増本量はコバルトの変態に関する詳細な報告、村上はFe-Si 合金の状態図の研究、また山田良之助は低温における鋼の衝撃試験を載せています。

『鐵及び鋼の研究』の講演会は4回で終わりましたが、その後も本多は講演会や講習会に積極的に参画し、全国各地で研究成果の公開と社会への還元に努めています。なお、晩年の講演会における容姿と音声を記録した映像も残されていることを付け加えます*。

1928 年、本多は鋼の硬化機構についてのレビュー㉑を書き、1929 年には本多－曽禰－石原らのデータを含む常磁性、反磁性物質の帯磁率の集録㉒が出版されています（この二つは、「文献集録」に記載されていません）。また関戸⑳によるマルテンサイトのX線研究が1928 年に、さらに西山㉔による正方晶軸比の測定が1932 年に報告されていますが、これらはX線回折法による金属学研究の一里塚で、マルテンサイト変態の結晶学的研究のルーツと云えるでしょう。

戦時色が強まった1932 年には、軍からの委託による研究報告書「防彈鋼の研究（㉕）」が印刷され、一部は特許になっています。1934 年には、本多・増本・白川による新KS鋼（Fe-Ni-Ti-Co）の論文㉖が発表され、1935 年に本多による特許が公示されています（表3）。三島徳七によるMK鋼（Fe-Ni-Al、特許番号96371、1932 年）との特許抗争については、小岩の記事[5]があるので、

---

* 北田正弘：まてりあ，**43**（2004）No.10, 851；長崎誠三：本書158 頁．

ここでは触れません。

　本多は定年で金研所長を辞した後も、引き続き1940年まで東北大学総長を務め、その期間も金研の顧問室（現在の本多記念室）で所員の論文に目を通すことが多かったと云われています。この頃の研究には、広根による鋼の吸収水素による内部応力や、鋼材の冷却による内部ひずみの計算があります。本多が若手の助手との議論を楽しんでいた様子を、広根が思い出話で語ってくれたことがあります。

　また本多は、村上の協力を得て、1925年東洋刃物㈱、1927年日本電熱線合資会社（後の日本金属工業㈱）、1933年東北金属工業㈱（現NECトーキン）、1937年東北特殊鋼㈱などの地元企業の創業・育成に尽力したことも付記しておきます。

4 在職25年「記念号」から1945年まで

　1936年に行われた本多の大学在職25年記念事業については、別に紹介しました[14]。「記念号」は、B5版、1126ページ、重さ3kgを超える大冊で、本多の訃報を伝えたNature[9]でも触れています。表2に、掲載されている論文97編のテーマと著者をまとめました。各国からトップクラスの研究者が24編の論文を寄稿し、本多の業績が国際的に高く評価されていたことを物語っています。国内の著者は、金研の教授と助教授、および産業界から金研に派遣された研究員であった人々が主体ですが、理学部の数学、物理や地球物理、工学部の金属や機械、電気通信研究所、および京都帝国大学化学研究所と工学部、東京工業大学と理化学研究所からの寄稿があり、本多の周辺の多彩な人脈を知ることができます。本多としては、自分が育てた金属学研究の現状を海外に広く知らせることを目指したものと考えられます。前報[14]に準じて、97編をAからIまでの項目に分けて概要を記します。

A 理学部関係；

　理学部の数学、物理、地球物理に関連する知人や卒業生、あるいは学位を得た者の論文に混じって、寺田寅彦（理研）のガラスの割れ目の論文が目をひきます。病床にあった寺田が、先輩本多に祝意を表して寄稿したものと推測され

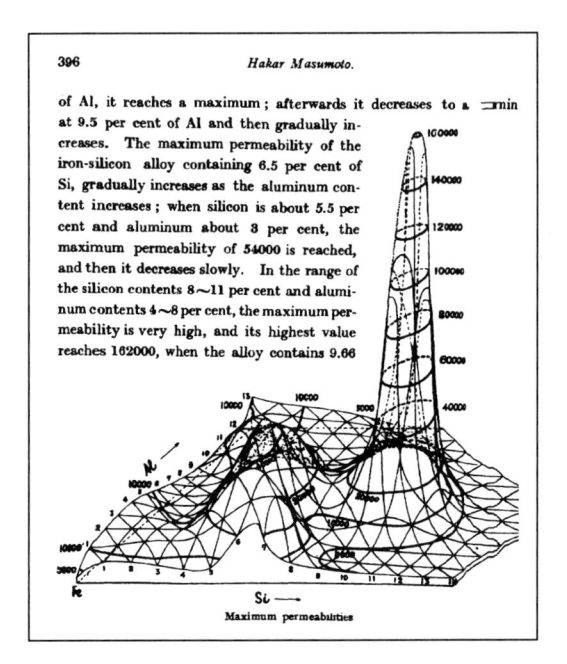

図8 センダストの透磁率等高線（増本 量：記念号396頁）

ます。また、ヨーロッパの代表的な研究者、Siegbahn, Smekal, Boreliusから、それぞれX線分光、破壊、相変態についての寄稿があります。

B 磁気と磁性材料；

　Bitter, Gerlach, Foex, Akulov, Stonerら著名な磁気研究者からの寄稿に続いて、本多スクールの論文が並んでいます。1930年に北大に移った茅は、高木秀夫とともに鉄単結晶のヒステレシスと磁歪を報告し，仁科はパーマロイとパーミンバーにCr, Mn, Si, Sn, Tiなどを加えて磁気特性の改良を図っています。また増本はFe-Si-Al三元合金の電磁特性の精細で広範な測定を行い、高透磁率材料センダストに到達した結果を報告し、有名な透磁率の等高線マップ（図8）を載せています。また、鉄鋼研究所時代に鉄道省からの派遣研究生であった鈴木益広は、磁気特性変化を利用したレールの非破壊欠陥検査装置の実測例を示しています。

C 化学反応・酸化物など；

岩瀬が率いた砂鉄製錬プロジェクトに関連した遷移金属酸化物の基礎的研究や、佐野の水蒸気による鉄の酸化・還元の研究などがあります。また、低温研究部を率いガス液化の草分けとなった青山は、北海道夕張で産出した珍しい鉱物 RuOsIr の解析を報告しています。

D 製鋼；

工学部的場のライフワークとなった鋼中の炭素・酸素の平衡の研究が、ドイツとイギリスの製鋼の泰斗と肩を並べています。また製鋼現場における問題が報告され、鉄鋼産業との連携を示しいています。

E 金属組織・時効硬化・状態図；

本多－田丸、Benedicks、小久保らによる析出型合金の時効硬化が議論され、G. P. ゾーンの発見（1938年）前夜の状況がうかがえますが、隔靴掻痒の感がします。また状態図研究は最盛期を過ぎたとはいえ、M.Hansen, K.Anderko の状態図集（1958年）に引用されたいくつかの論文が発表されています。

F 鉄鋼の変態・X線解析；

Sauveur, Bain, Westgren ら欧米の研究者の中で、西山のX線研究が唯一つ光っていますが、ほかに国内からの寄稿がないのは少々さびしい感じで、この分野の遅れを示しているようです。

G 浸炭・脱炭・鋳鉄；

武田、村上、沢村、菊田らが並び、鉄鋼研究所以来の研究者層の厚さがわかります。

H 水素・腐食；

遠藤が担当した金属腐食の研究が並び、森岡、関口、多賀谷ら当時の若手のテーマが興味を引きます。関口は後年、外遊の際に「記念号に掲載された論文がある」と伝えたところ相手の態度が一変したという思い出を語っています[12]。

I 内部応力・機械特性；

広根の内部応力の計算は、本多の晩年のテーマ－巨大応力（表1、㉚）と関連しています。また、木谷の内部摩擦の研究は東大地震研究所で行ったものです。1920年頃に高木の後を受けてKS鋼を研究した斎藤は、住友金属に戻って

摩擦・磨耗の研究に取り組んでいたことがわかります。

　ここで再び表1に戻ると、1937年には日本金属学会が設立され初代会長に本多が選ばれ、日本金属学会誌が創刊されました。学会本部の場所の問題で東京と仙台との間で綱引きがあったようですが、すでに遠い昔の話です。創刊号の第一論文は、本多の総合報告㉗で、永久磁石、高透磁率材料、磁歪合金、磁気理論などをレビューしています。

　1938年に出版された㉘は、現場技術者向けの教科書で、今井（九大）が銅合金と軽合金、山口（阪大）が鋳鉄、そして本多が鉄鋼を分担しています。「鋳造技術」と云うよりも金属組織学入門ですが、巻頭写真には本多の書「技術報告」とともに文部大臣荒木貞夫（陸軍大将）の書があり、戦時色が反映されています。

　1940年には本多の古稀を祝い、執筆者に本多スクールが名を連ねて、金属学の知識を集大成する全10巻『最新金屬學大系』の出版が始まりました。本多が執筆した第7巻「鋼及び鋳鉄」㉙は1943年に出版され、1944年までに9巻が逐次発行されました。しかし、1945年敗戦で完結に至らず、また戦中戦後の混乱のため、あまり広く読まれなかったのは残念でした。私には戦後、神田の古本屋街を探し歩いて店頭で第2巻「金属研究法」を見つけた時の嬉しかった記憶がよみがえります。未完に終わった企画を継承した『応用金属学大系』が刊行されたのは、1960年代になってからだったと思います。

　マテリアルサイエンスの先駆者としての本多の業績を語るには、極低温と強磁場研究への寄与を省くことはできないので、ここで補足することにします。本多が清水清蔵と共に、液体空気温度における磁歪の測定をしたのは、1903年と記されています。また、オランダのKamerlingh Onnesによるヘリウムの液化（1908年）のニュースを本多が知ったのは、Götttingenにいた時と思われますから、その頃から極低温での実験に関心を持っていた筈です。金研の発足後、青山にオランダとドイツにおける低温技術を学ばせ、1929年に（財）斎藤報恩会の援助を得て空気液化と水素液化装置を備えた低温研究室を立ち上げました。一方、強磁場については、1936年の在職記念事業の一部として建て

られた実験棟内に、大久保が中心になって瞬間強磁場発生装置を建設しました。これは当時の最強レベル（30テスラ）の磁場を発生できる装置でしたが、残念ながら1945年の空襲によって灰燼に帰しました。これらは、戦後における極端条件下での材料物性の研究の先駆けになったものです。

5 特許と財団設立

1940年5月に本多は総長の任期9年を終えましたが、その直前には財団法人金属材料研究奨励会の設立者となり、特許実施料を財源とする研究助成と発明奨励のためのシステムを作りました。この構想のルーツは、1938年に設置された本多を委員長とする金属材料研究所設備充実委員会にあるようです。中国大陸での戦線が拡大し軍事費増大のあおりで大学予算が圧迫される状況下で、研究費を確保する方策として財団を作る案が練られたと想像されます。本多が所長を退任した1933年金研には約60件の特許登録があり、年々増加する傾向がありました。表3は、1934年から43年までに金研の教官が取得した主な特許ですが、防弾鋼、スーパーパーマロイ、センダスト、チタン製錬法などに混じって新KS鋼関係の6件が目に付きます。新KS鋼の発明者が本多の単独名になった経緯、また7月に4件が追加されている理由については、本筋からそれるので詮索しないことにします。

1940年2月に本多が設立者になって申請した財団法人は、6月1日付けで認可されています（理事長は村上武次郎所長）。本多は同年5月末日で総長を退任しましたから、戦時色が濃くなる将来を案じつつ、文字どおり金研への置き土産にしたものと推察されます。その後財団は、新KS鋼については住友金属㈱と、またセンダストは東北金属㈱と実施契約を結んでいます。

図9は、1934年から1948年まで戦前から戦後にかけての特許の登録件数と実施件数です。1944年までは増加していますが、それ以後は減少に転じ、敗戦の影響がはっきり表れています。それでも1948年には、25件の特許が実施され、200万円程度の実施料収入があり、国家予算の不足を補う貴重な財源になりました。本多は1944年から47年までの間、敗戦前後の混乱収拾のため金研所長事務取扱を命じられていましたから、このような財団の状況を直接把握

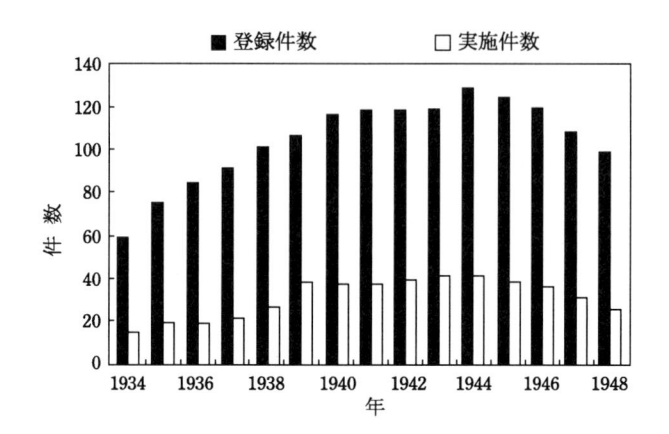

図9 金研の特許登録件数と実施件数（1934〜48年）

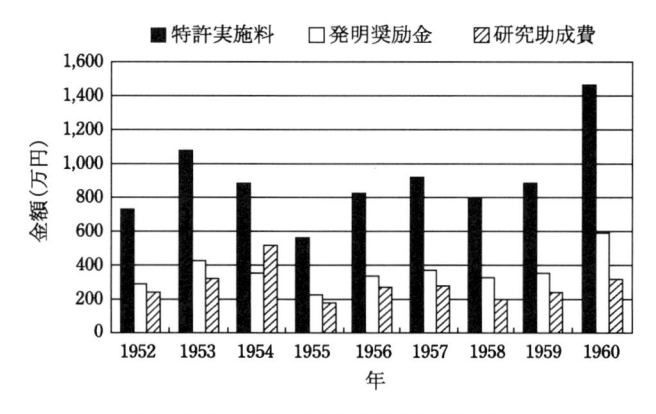

図10 特許実施料、発明奨励費と研究助成費（1952〜60年）

していたと思われます。

　財団と特許実施契約を結んだ企業は、製品の販売価格の一定比率(5％程度)の実施料を支払い、一方、財団は実施料の30〜40％を発明者に対する報奨(奨励)金として交付し、10〜20％を国庫への納入金に当て、5〜10％程度を特許手数料として特許事務所に支払う方式をとりました。その残りを研究助成費(設備費、非常勤職員の人件費など)や、財団が購入した職員寮(金研寮)と

東京日本橋に置いた連絡事務所（今の liaison office）の維持費などに使用していました。

図10には戦後復興期1950年代の特許実施料、発明奨励金と研究助成費を示しましたが、ほぼ順調に推移しています。晩年の本多は、このような財団運営に満足していたと推測されます。高度成長期には、実施料収入は3000万円をこえましたが、1970年代に入ると石油ショック後の社会情勢の変化もあり、特許登録数はふえても実施料は次第に減少する状況になり、さらに特許法の改正によって国有特許の実施料を財源とする財団の運営は不可能となり、ついに1986年に解散となりました。なお、本多と財団との関わりについては、「研友」に多少詳しい記事を載せました[15]。

本多は、約60件の特許権を持っていたと云われます。KS磁石の特許実施権を住友に与え（図4）、その見かえりに多額の寄付を受けて研究所の建設や設備の整備を進めた経験をもとに、特許実施料を財源とする研究助成財団を作ったのは、戦争前という社会情勢の下で、特許権（知的資産）の維持管理を大学側が自主的に行うシステムの必要性を認識していたからと考えられます。その方式は、もはや今の社会には適応できない部分も多々ありますが、大学における知的資産の扱いや、発明報酬、あるいは産学連携については、現在でも学ぶべきものがあります。本多と特許との関わりについては、いくつかのマイナスの印象もあったようですが、激動する社会情勢の中で30年以上にわたって研究活動を支えた財団方式を作ったことは、高く評価される本多の業績と云えるでしょう。しかし、一方で特許偏重との批判も残しました。

6 本多が遺した人脈

記念号に寄稿した外国の研究者（表2）と本多の研究との関係を探ることは、興味ある科学史のテーマですが、ここでは立ち入らないことにして、本多が遺した国内の人脈について述べます。表2に含まれている論文著者の大半は、本多に直接指導を受けた第一世代で、戦後の復興期に全国の大学や企業で活躍し、現在の学界・産業界の基盤作りに貢献した人々です。本多を源流とする磁性研究者の流れについては、安達[6]の詳細な記事と論評、および河宮・篠原

による補足（本書107頁）がありますので、ここでは磁性以外の分野における研究者の流れをまとめてみました。表4は、臨時理研、鉄鋼研、金研と各大学や研究機関との間の研究者の移動を示したもので、第一世代からの人脈がどのように現在に連なっているかを知る一助になると思います。この表には、およそ1940年以前に生れた方までを記載しましたが、網羅したものではなく、偏りがあることもご容赦願いたいと思います。

50年以上も昔の事情を理解することは難しいと思いますので、第一世代の人について補足を加えながら各地区ごとに説明します。

(0) 旧満洲にあった旅順工科大学（旅順工大）は1922年に官制化され、旧帝大の教官が出世コースとして赴任していました。金研との交流は、今井弘（1917年東大冶金卒、1925年金研助教授）が1928年教授に就任したのが最初と思われます。今井は1933年に九州帝国大学教授となり、戦後工学部長をつとめました。今井の後を受けて、大日方が東大から旅順工大に赴任しましたが、ドイツ留学を終えて1939年帰国して金研教授となりました。私には、東大第二工学部を兼務していた今井が、同じく集中講義で仙台から来学した大日方と落ち合って杯を重ねたという話を聞いた思い出があります。大日方の後を受けて、1945年8月敗戦までの間に、福島（後に姫路工大）、木谷、森岡が旅順工大に赴任しています。

(1) 北大には、1930年茅が理学部に移っていますが、磁性関係としてこの表には入っていません。磁性以外で北大から金研へは、丹羽と幸田のほかに、竹内栄、鈴木平、鈴木秀次、本間敏夫、松本昇などが学部卒業後あるいは旧制大学院から移っています。なお、茅と共に磁性規則格子を研究した里は、他の物性分野でも業績を残していますが、理研に在籍していたので(3)に、また諸住は工業技術院から移っているので(5)に分類しました。

(2) 東北では、第一世代の鈴木（重光）が1949年弘前大学に、磯部が1961年岩手大学に移っています。なお、東北大学内での移動・交流は多岐にわたるのでこの欄には含めませんでした。

(3) 飯高は理研（後に早稲田大学）、橋本は金材技研の創設期に移っています。

(4) 臨時理研時代から嘱託として本多に協力していた俵は、金研が発足した

1922年から約10年間、東大との兼務となっていました。

　東京工大については、第一世代の武井武と山田良之助に触れなければなりません。武井は東北帝国大学理科大学化学科を卒業後（卒業実験は金研村上室で行った）、2年間金研の研究補助となって村上・岩瀬室で二元合金の状態図を研究し、Sb-Zn系（1927年）とCo-Mo系（1928年）についての論文（単名）を発表しています。前者は本多－曽禰が帯磁率を測定（② 1913年）した系であり、また後者はCoの変態温度がMo添加で急に下がる点で、本多も関心を持ち、武井の研究を高く評価したと云われています[16]。武井は1929年東京高等工業学校から昇格した東京工業大学の電気化学科助教授となり、すぐにフェライト磁石の研究を始め、翌年には加藤與五郎とともに特許を得ています。なお、希土類磁石（Fe-Nd-B）を発明した佐川眞人が、東工大電気化学科出身（1939年）の下平三郎の研究室（表面化学部門）で学んでいたことは、本多のDNAが世代を超えて受け継がれていることを立証しているようです。

　山田（良）は1921年京大工学部講師から金研に移り、鉄鋼材料の機械特性の研究で本多に協力し、1930年東京工大の機械工学科教授に迎えられています。1941年に金属工学科に移って、河上や岡本を金研から招くなど、新設学科の整備に努めました。

(5) 1939年に創設された名古屋帝国大学工学部には、石丸、関口、武田、佐野の4人が移っています。これは、初代学長に本多を迎えたいとの要請を本人が固辞し[12]、代わりに金研の助教授定員11人のうち俊英4人に金属工学科の創設を託したためと推測されまれす。なお、村上が1940年から44年まで兼務していました。また、名古屋工大には関戸が移っています。

(6) 金沢大学の発足と整備に力を尽した庄司彦六は、戦後1947年に台北帝大から金沢高等師範学校長に迎えられました。

(7) 京都帝国大学からは、前述の山田（良）より前に、村上と岩瀬が、臨時理研と鉄鋼研の発足時にそれぞれ招かれています。さらにそれ以前、1905年からTammannの研究室にいた京都帝大理科大学化学出身の近重眞澄と本多が数ヶ月間の留学期間を重複したことが、両者の交流の原点で金属に関する物理と化学の学際分野が生れたルーツとされています。近重は1908年帰国して京

大教授となり、1920年化学教室に金相学講座を創設しました。村上は1914年京大を卒業し、2年後近重の推薦で京大講師から臨理研の研究補助となり、それから30年以上にわたって本多の研究を支えました。

　岩瀬は、1920年講師として鉄鋼研に招かれ、砂鉄製錬や三元合金状態図の研究など多くの業績をあげましたが、感情のもつれもあって本多の没後1954年に金研を去り京大に戻りました。その後も、井垣、可知をはじめ京大化学出身者（古川和男、鈴木謙爾、浅野肇ら）が金研で成果をあげ、また化学以外の分野でも世代を越えて交流が続いています。

(8) 大阪大学には、高橋清（軽合金）が1939年工学部教授に迎えられています。これは、1932年開設された大阪府立金属材料研究所への金研からの出張指導を恒常化したいという要望によると云われています。さらに1940年に西山、ついで多賀谷が移っています。産業科学研究所の西山は、マルテンサイト研究で先駆的成果をあげ、清水謙一ら多くの研究者を育て、この分野の発展に貢献したことはよく知られています。また、斎藤省三は、表2に記したように、後に大阪府立大学工学部教授に迎えられています。

(9) 戦後、内田は山口大学、大澤は徳島大学に移り、新制大学における教育と研究に携わっています。

7 おわりに

　本多の大学院時代から総長退任後までの研究の概要と発表方法や関連する特許、および人脈を駆け足で見てきました。偉大な業績のごく一部を概観しただけで、「衆盲象を撫ず」になったことをおそれます。第2章の本多自身の文章、及び第3, 4章の多くの執筆者の記事によって、本多の全体像に迫ることができると思います。

　最後に、アメリカのASM Internationalから1988年に金研に贈られたHistorical Landmark（図11）について触れます。碑文には、1920年に出来た鉄鋼研究所が、日本の金属に関するマテリアルサイエンスの発祥の地と考えられ、ここでKS鋼やセンダストが発明されたとあります。本多の研究業績が、金属を中心としたマテリアルサイエンスの先駆になったことへの賞記と云えるでしょう。

第1章 本多光太郎の業績

```
ASM
INTERNATIONAL

HAS DISIGNATED
RESEARCH INSTITUTE FOR IRON AND STEEL
TOHOKU UNIVERSITY
AN HISTORICAL LAND MARK

Constructed in 1920, this site is considered to be the
birthplace of physical and chemical science of metallic
materials in Japan. KS and Sendust magnet materials
were invented here.
                                              1988
```

図11　ASM Landmarkの文面
（金研1号館の壁に埋め込まれている）

　本多の研究はちょうど20世紀前半の戦争の時代に行われています。1930年代金研では前述した防弾鋼のほか、日本刀の研究、あるいは砂鉄からの純鉄の生産、煙幕の製造などを行い、本多の著作や研究報告の巻頭文には、時どきの背景がにじんでいます。「乃木将軍遺愛の松」を金研の正面に移植させたのは1936年ですが[14]、本多の育った時代を司馬遼太郎が明治を描いた小説「坂の上の雲」とダブらせると、その心情を理解できると思います。

　「記念号」は、金研在職中には研究室の書棚の一番高いところに置いてありましたが、取り出して読むことはほとんどありませんでした。表2の作成で苦労したのは、著者の姓名がアルファベットで書かれているために漢字表記が判らない方があること、また論文に勤務先や所属が記されていな著者が、国外も含めて、多いことでした。これは「理科報告」の欠点で、学内の著者や読者には勤務先や姓名は自明の場合が多く、記述がなくても差し支えなかったのかもしれません。結局不明が数人残ってしまいカタカナで表記しました。

　執筆に際して東北大学百年史の草稿を見る機会を頂いた百年史編纂室庄野安彦名誉教授に感謝致します。氏名の解明に協力下さった東北大学史料館高橋早苗氏、および表4について適切な助言を頂いた小岩昌宏氏にお礼申し上げます。また、金研図書室、本多記念会と研友会の方々にも文献閲覧や資料複写でお世話になったことを記し謝意を表します。

参考資料

1) 本多光太郎:「研究生活五十年 本邦における磁気学の発展」, 日本物理学会誌, **5** (1950), 329-333；本書67頁.
2) 東北帝国大学理科報告, 本多光太郎博士在職25年記念号；Science Reports of Tohoku Imperial University, Prof. Kotaro Honda Anniversary Volume, (1936). なお, Bibliographyは, 柴田仁作(当時金研助手)の集録による.
3) 本多の1940年までの175編の論文紹介が, 山本正一「本多先生七十年の御略歴」「研友」6号(本多先生古稀記念特集)1939年, 5-34にある. 山本は金研から移って東洋刃物㈱の創設にかかわり, 後に日産自動車㈱工場長などを歴任した.
4) 河宮信郎:金属, **48** (1978), No.10, 76-80；**50** (1980),No.1, 150-156；本書p.84-106.
5) 小岩昌宏:金属, **71** (2001), 1254-1267；本書p.123-128.
6) 安達健五:金属, **73** (2003), 966-972；本書p.107-119.
7) 勝木渥:科学史研究, **23** (1984), 96-109, 150-161；本書p.77-82.
8) 津金仙太郎:『日下部四郎太-信仰物理学者』, 中央書院, 1973年.
日下部四郎太は, 後に東北大学理学部教授, 大正3年「岩石の弾性」で学士院賞を受賞.
9) Nature, **173** (1954), 755.
10) 茅誠司:「本多光太郎先生を悼む」, 科学, **24** (1954), No.5, 264-266.
11) 石川悌次郎:『本多光太郎傳』, (財)本多記念会, 日刊工業新聞社, 1964年.
12) 『本多光太郎先生の思い出』, 本多先生記念出版委員会編, 誠文堂新光社, 1955年.
13) 物理冶金実験法については, 斎藤安俊, 北田正弘編著『金属学のルーツー材料開発の源流を辿る』(内田老鶴圃, 2002年)第6章 熱分析 斎藤安俊 に詳しい解説がある.
14) 平林眞:金属, **74** (2004), 681-692.
15) 平林眞:「本多先生と三つの財団」, 研友, **61**(2004), 63-72.
16) 松尾博志:『武井武と独創の群像-生誕百年・フェライト発明七十年の光芒』, 日本工業調査会, 2000年.

(東北大学名誉教授、元金属材料研究所長)

表1　1912年〜1949年の主な論文と著作

	年	テーマ	共著者	発表誌
\multicolumn{5}{l}{理科大学物理教室}			
①	1912	元素の帯磁率		理科報告
②	1913	元素と合金の帯磁率	曾禰武	理科報告
③	1914	鉄と鋼の磁性	高木弘	理科報告
④	1914	磁気理論		理科報告
⑤	1915	熱天秤		理科報告
⑥	1915	鉄のA_2変態の本性		理科報告　J.Iron & Steel Inst.
\multicolumn{5}{l}{臨時理化学研究所}			
⑦	1916	特殊鋼の高温での変態	俵国一・高木弘	理科報告　J.Iron & Steel Inst.
⑧	1917	鉄鋼中の炭化物の磁性	村上武次郎	理科報告
⑨	1918	アンバーの説		機械学会雑纂
\multicolumn{5}{l}{鉄鋼研究所}			
⑩	1919	焼き入れの理論		鉄と鋼
⑪	1919	『鐵及び鋼の研究』第一巻		内田老鶴圃
⑫	1920	『鐵及び鋼の研究』第二巻		内田老鶴圃
⑬	1920	KS磁石	斎藤省三	理科報告　Physical Review
⑭	1921	『鋼の燒入』		大日本図書㈱
\multicolumn{5}{l}{金属材料研究所}			
⑮	1922	鉄-炭素系状態図		理科報告　理研彙報　J.Iron & Steel Inst.
⑯	1924	『鐵及び鋼の研究』第三巻	今井弘・石原寅次郎　浜住松二郎	内田老鶴圃
⑰	1924	純アルミニウムに変態はあるか	五十嵐勇	理科報告　金属の研究
⑱	1926	鉄単結晶の磁化	茅誠司	理科報告　金属の研究
⑲	1926	『鐵及び鋼の研究』第四巻	山田良之助・増本量　村上武次郎・加瀬勉	内田老鶴圃
⑳	1928	マルテンサイト生成のX線研究	関戸信吉	理科報告　金属の研究
㉑	1928	鋼の硬化理論		Archiv Eisenhüttenwesen
㉒	1929	「常磁性および反磁性データ集」	石原寅次郎・曽禰武　山田光男	International Critical Tables VI
㉓	1930	Al-Cu合金の時効硬化	小久保定次郎	理科報告　理研彙報
㉔	1932	正方,立方マルテンサイトの性質	西山善次	理科報告　金属の研究　Trans.Am.Soc.Steel Treatment
㉕	1932	「防彈鋼の研究」	竹田源蔵・渡辺直行	科学協議会報告
㉖	1934	新KS磁石	増本量・白川勇記	理科報告
	1936	在職25年記念号	表2	理科報告
㉗	1937	磁性合金とその理論		日本金属学会誌
㉘	1938	『鑄造技術』	今井弘・山口珪次	中外工業新聞社
㉙	1943	『最新金屬學大系』第7巻 鋼および鋳鉄		誠文堂新光社
㉚	1949	変態に伴う巨大応力		日本金属学会誌　Proc. Japan Acad.

表2 「記念号」の論文と著者

	テーマ	著者	1936年当時の所属、その他
A	**理学部関係**		
1	空間幾何学	窪田忠彦	理学部数学教授
2	閉じた双曲面のモデル	高須鶴三郎	理学部数学助教授
3	Inのゼーマン効果	大久保準三*，佐藤貞弥	*金研教授
4	Mgの吸収スペクトル	松山英太郎	理学部物理
5	マックスウェルの回折格子	渡邊義一	理学部物理
6	分光格子用の新しいルーリングエンジン	Manne G.Siegbahn	スウェーデン、1924年X線分光学でノーベル物理学賞
7	遅れ破壊と衝撃破壊	Adolf G.Smekal	ドイツ、1933年「結晶の構造敏感特性」を著す
8	熱ひずみのあるガラス板への打撃による割れ目	寺ющ寅彦、山本龍三	理化学研究所、割れ目に関する寺田の最期の論文であろう
9	超伝導における緩和現象	W.H.Keesom* P.H.Van Laer	オランダ、*ライデン大学教授
10	X線デバイ環の幅と結晶粒の大きさ	山田光男* 阿部 裕、手島逸郎	*金研教授（X線分光）
11	Be薄膜による高速電子の散乱	三枝彦夫*，菊地啓司	*理学部物理
12	金属薄膜の低温における反射率と電気伝導	袋井忠夫	金研助手、後に金研教授
13	X線の干渉	丸江仁	海軍
14	絶縁固体へのX線照射効果	清水定吉	
15	固相における相変態の特性　熱力学	Gudmund Borelius	スウェーデン、ストックホルムの金属物理学者
16	Znの荷電子のエネルギーレベル	佐藤 充	
17	高温におけるFe、Ni、Coのヤング率測定	中村 清	
18	減衰率が大きな振幅に比例する振動運動	樋口盛一	後に工学部教授（材料力学）
19	ねじり振子の振動	野邑雄吉	第二高等学校、後に理学部教授
20	粒子気体の圧力	佐藤瑞徳	水戸高等学校
21	日本中央部における磁気俯角の変化	中村左右衛門太郎* 加藤愛雄**	*理学部教授 **助手、後に理学部長

22	北日本の冷夏 1902, 06, 13, 31, 34 年の飢饉	須田皖治	福岡気象台，後に海上保安庁水路部長
23	日本周辺の気象予報における相関法	白鳥勝義	
24	新しい航空機用タコメーター―KS ボールビースを使用	岡田元三	東京計器製作所
B	磁気と磁性材料		
25	強磁性体の弾性変形	Francis Bitter	アメリカ，MIT 教授（磁区観察，強磁場発生）
26	集団現象としての結晶反磁性	Alexander Goetz	アメリカ，カルフォルニア工科大学
27	キュリー点	Walther Gerlach	ドイツ，ミュンヘン
28	ディラックの式による原子の磁気能率	ウエダ コウイチ	氏名所属不詳
29	温度に依存しない常磁性	G. Foex	ドイツ，γ鉄の磁化率を測定，P. ワイスの弟子
30	弾性応力下にある強磁性金属のヒステレシス	Nikolai S. Akulov	ロシア，モスクワ
31	元素の磁気的性質（概説）	Edmund Clifton Stoner	イギリス，1934 年「磁気と物質」を著す
32	石英粉末の反磁性の粒径依存性	清水与三松*，高取 昇	*金研助教授
33	蛍光と透磁率	竹内時男*，稲村賢三**，イナイ タケシ	*東京工業大学教授 **住友伸銅（株）
34	鉄単結晶のヒステレシスと磁歪	茅 誠司*，高木秀夫**	*北海道大学理学部教授 **後に京都大学理学部教授
35	有機化合物の反磁性	木戸 潔	横浜高等専門学校
36	磁性合金の磁気特性 パーマロイ，パーミンバーの改良	仁科 存	金研助教授，後に金属工業研究所
37	Ni-Co 合金の磁気抵抗効果	白川勇記	金研助手，後に金研教授
38	新合金センダストとその磁気および電気特性	増本 量	金研教授
39	KS 磁石を用いた可動コイル型マイクロフォンの設計	抜山平一*，堀川初夫	*東北大学電気通信研究所教授
40	改良したレールの磁気的欠陥検査機	鈴木益広	鉄道省技術研究所，1921〜22 年甲種研究員

C	化学反応・酸化物など		
41	拡散と化学反応の微分方程式の図式解法	Jacob Kunz, H.F.Johnstone	
42	化学反応速度の熱分析	堀場信吉	京都大学化学研究所教授
43	$CaO・Al_2O_3・2SiO_2-CaO・TiO_2・SiO_2-CaO・SiO_2$ の三元系状態図	岩瀬慶三*、西岡卯三郎	*金研教授、後に京都大学教授
44	$CaO・SiO_2・TiO_2$ の過冷却による $CaTiO_3, TiO_2, SiO_2$ と $CaSiO_3$ の準安定結晶化	岩瀬慶三、福島政治*	*金研教授、後に旅順工科大学、姫路工大教授
45	水蒸気による鉄の酸化・還元平衡の静的研究法	岩瀬慶三、佐野幸吉*	*金研助手、後に名古屋大学工学部教授
46	五酸化バナジウムの分解圧	岩瀬慶三、那須信行*	*金研助手
47	$TiO_2-SiO_3-H_2O$ の100℃における平衡	佐川達四郎	金研助手、後にチタン工業、茨城大学
48	ニッケルの新しい間接定量分析	石丸三郎	金研助教授、後に名古屋大学工学部教授
49	水中の空気含有量の測定	沼知福三郎	工学部教授、後に高速力学研究所
50	高温用毛細管粘度計	F.B.Schanze, F.Sauerwald	ドイツ
51	セメントとその混合物、化合物の物性	内田秦郎	金研助教授、後に工学部教授
52	新鉱物 Ruthenosmiridium $RuOsIr$ 夕張鉱山産出	青山新一	金研教授（低温化学）
D	製鋼		
53	熔鋼中の炭素と酸素の平衡	的場幸雄	工学部教授（金属工学科）
54	酸素と平衡した熔鉄中における Si, P, C の化合物生成	Friedrich Korber, Willy Oelsen	ドイツ、デュセルドルフ、カイザー W.研究所
55	平炉作業で考慮すべき重要因子	藤原唯義	日本鋼管(株)
56	電気アーク炉における脱酸化過程	矢島忠和	日本特殊鋼合資会社
57	鋼のインゴット 不均質性調査報告	William H.Hatfield	イギリス シェフィールド大学
E	金属組織・時効硬化・状態図		
58	精密金相顕微鏡の分解能	Francis F. Lucas	アメリカ、ベル研究所
59	金属の相変態とその利用	Paul D. Merica	アメリカ、国立標準局

No.	題目	著者	所属
60	包晶反応とそれによる結晶粒微細化のメカニズム	岩瀬慶三, 朝戸順那須信行	金研助教授, 後に金研教授
61	金属の変態点と拡散との関連	加瀬 勉	*金研助教授, 理化学研究所, 後に大阪府立大学
62	合金における潜伏現象	本多光太郎, 田丸鶖爾*	スウェーデン, ストックホルム 金属研究所
63	時効硬化の理論的視点	Carl Benedicks	金研助教授, 後に甲南大学
64	Al-MgZn₂ 合金の時効硬化	小久保定次郎	海軍航空技術廠
65	Cu-Be 合金の時効硬化	河村宏矣	*旅順工大教授, 後に金研教授
66	Ag-Al 合金の Ag 側状態図	大日方一司*, 萩谷正巳	後に東京工業大学教授
67	Al-Mg 系	河上益夫	金研教授, 後に工学部教授
68	Al-Mg-Zn 系の状態図	浜住松二郎	*金研助教授, 後に東京工業大学教授
69	Ni-Si 系の状態図	岩瀬慶三, 岡本正三*	ドイツ
70	Fe-FeSi-グラファイト系	H. Hanemann, H. Jass	
F	鉄鋼の変態・X線解析		
71	鋼の硬化と変態要素	Albert Sauveur	アメリカ, ハーバード大学
72	オーステナイトの変態	Edgar C. Bain	アメリカ, U.S.スチール
73	炭素鋼における焼き戻しマルテンサイトのX線研究	西山善次	金研助教授, 後に大阪大学教授, 産業科学研究所
74	Fe-W および Fe-Mo 系の中間相の結晶構造と組成	Arne Westgren	スウェーデン, ストックホルム大学 (X線結晶学)
75	Hg₅Tl₃ の空間格子	E.Osswald*, F. Sauerwald	ドイツ
G	浸炭・脱炭・鋳鉄		
76	浸炭材とタングステン炭化物との反応, Co-W-C 系と Ni-W-C 系の状態図	武田修三	金研助教授, 後に名古屋大学工学部教授
77	焼き入れた高速度鋼の脱炭効果と組織	村上武次郎*, 八田篤敬	*金研教授
78	ねずみ鋳鉄の成長	澤村 宏	京都大学工学部教授

番号	題目	著者	所属等
79	可鍛鋳鉄の熱特性	菊田多利男	日立製作所、臨時理化学研究所創設時に助手
80	溶融シアン化物浸液による鋼の硬化	イシザワ M.	氏名所属不詳
H	水素・腐食		
81	金属からの脱ガス法	A. Portevin*, A. Moreau	フランス
82	二元合金における水素の溶解度と状態図との関係	福島政治、三井三郎	
83	蒸留水中の鉛の挙動	O.Bauer, G. Schikorr	ドイツ、ベルリン国立材料試験局
84	マグネシウム合金の腐食	遠藤彦造、森岡 進**	*金研教授、**金研研究員、後に工学部教授
85	鉄と鋼の硝酸による溶解のメカニズム	遠藤彦造、川瀬秀夫	
86	水溶液中の鋼の腐食に対する光の効果	遠藤彦造、関口春次郎*	*金研助手、後に名古屋大学工学部教授
87	鋳鉄の腐食	多賀谷正義	金研助手、後に大阪府立大学工学部教授
I	内部応力・機械特性		
88	球状鋼塊の冷却による内部応力	広根徳太郎	金研助手、後に金研教授
88	衝撃試験片の相似則	山田良之助*、マツオカ ヨウゾウ	*東京工業大学教授
90	疲労した金属のねじれと曲げ	イチハシ ミチトシ	氏名所属不詳
91	金属の疲労と内部摩擦	木合要一	旅順工科大学教授
92	金属疲労研究における、二、三の疑問	浅川勇吉*、フジタ シュン	*日本大学教授
93	潤滑剤のない鋼どうしのすべり摩擦による摩耗防止法	斎藤省三	住友金属工業(株)、住友鋳鋼社の研究員としてKS鋼の研究、後に大阪府立大学工学部教授
94	クリープによる機械部品の応力分布決定の近似法	高橋越二	愛知時計電気(株)、後に茨城大学
95	鋼の焼き戻し脆性	永沢 清	日本特殊鋼合資会社
96	ホワイトメタルのハンマー落下試験 Sn-Cu, Sb合金	須永信二	三菱航空機(株)
97	アーク溶接部の残留応力	村田栄太郎	

註：アルファベット表記のため、漢字姓名がわからないときはカタカナ表記とした。

表3　1934～1943年の主な特許権

特許年月日	特許番号	存続期限	発明の名称	発明者	
1934.5.5	105980	1949.2	馬匹用防弾装身具	本多光太郎 渡辺直行	
1934.10.16	108104	1949.7	磁性合金	本多光太郎 仁科 存	スーパーパーマロイ
1935.1.8	109086	1949.10	耐磨硬合金	本多光太郎 小柴定雄	
1935.2.27	109771	1949.10	磁性鉄心	本多光太郎 増子 正	
1935.3.15	109937	1949.1	ニッケル・チタン鋼製永久磁石	本多光太郎	新KS鋼実施権は住友金属
1935.4.4	110203	1949.1	コバルト・ニッケル・チタン鋼製永久磁石	本多光太郎	
1935.7.24	111703	1949.1	ニッケル・チタン・コバルト鋼製永久磁石の改良	本多光太郎	
1935.7.24	111704	1949.1	ニッケル・チタン・コバルト鋼製永久磁石の改良	本多光太郎	
1935.7.24	111705	1949.1	ニッケル・チタン鋼製永久磁石の改良	本多光太郎	
1935.7.24	111706	1949.1	ニッケル・チタン鋼製永久磁石	本多光太郎	
1936.5.25	115891	1951.3	防弾用合金鋼	本多光太郎・大野嘉一・小柴定雄	
1936.6.8	117114	1951.6	磁性合金	本多光太郎 増子正	マスコロイ
1937.4.14	120006	1951.6	磁性合金（センダスト）	増本量・山本達治	東北金属
1937.11.22	122805	1952.8	含「チタン」鉄鉱製錬炉の改良	岩瀬慶三 西岡卯三郎	
1938.7.27	125944	1953.4	金属チタニウム又は炭化チタニウムの製造方法	岩瀬慶三 那須信行	
1939.1.6	128161	1953.10	珪素・アルミニウム・鉄合金より成る圧粉磁性心の製造方法	増本 量 山本達治	東北金属
1939.6.29	130820	1954.2	磁気録音用合金線又は鈑	本多光太郎 仁科存・永井健三	
1940.2.2	134537	1954.11	活字合金鋳滓より完全に地金を回収する方法	佐野幸吉	
1940.7.18	137459	1955.4	特殊ベリリウム銅合金	岩瀬慶三 岡本正三	
1942.1.30	147921	1955.7	不変振動数又は不変偏倚を有する弾性作動体	増本量	ひげゼンマイ
1943.3.9	155368	1957.12	合金の遠心力分別装置	大日方一司	

表4 各地の大学・研究機関と臨時理研・鉄鋼研・金研との間の移動

	地 区	金研から	金研へ
0	旧満洲 旅順工大	今井 弘→10　福島政治→8　木谷要一 森岡 進→2	大日方一司
1	北海道地区 北大　室蘭工大 北見工大	丹羽貴知蔵　師岡保弘　菅原英夫　厚谷郁夫 前田 弘　三澤俊平	丹羽貴知蔵→1 幸田成康
2	東北地区 山形大　岩手大 秋田大 弘前大など (東北大を除く*)	鈴木重光　磯部満武　藤村 尭　宮沢亮夫 柳橋哲夫　吉崎 昊　松浦圭助　佐藤幸三郎 大坪秋雄　佐藤経郎　林 成行　植村 治 斉藤安俊→4　西 義徹　大橋正義 池田弘毅　田野崎和夫　本間恒夫　渡邊慈朗 森田博昭　池田俊夫	*東北帝国大学以来の 学内の移動は、非常に 多岐であるので省略し た。
3	関東地区・研究所 理研　原研 金材技研 物材研機構 高エネ研など	飯高一郎　橋本宇一　板垣 彰　川崎正之 柳原 正　栢 明　渡邊 治　和田次康 古屋広高→10　須藤恵美子　鈴木秀次→4 藤田英一→8　古川和男　天野 恕→5 勝田博司　岩崎 博　中島哲夫	田丸莞爾→8 里 洋　鈴木 平 木村 宏　矢島聖使 小松 啓　前田 弘→1
4	関東地区・大学 東大　東京工大 筑波大 横浜国大 群馬大　など	武井 武　山田良之助　岡本正三　河上益夫 浅川勇吉　高橋越二　木村錬一　小熊一郎 佐川達四郎　横山 亨　沖 進　栗原健助 野村羊観　津村喜重　門屋 卓　小川忠彦 友成忠男　六崎賢亮　日景武夫　三浦維四 飛澤昌太郎　田沼静一　石崎哲郎　鈴木 平 鈴木秀次　斎藤安俊　井野正三 武居文彦→8　伊藤文武　浅野 肇	俵 国一 木内修一→6 下平三郎　増田良道 川崎正之→3 田中英八郎　長崎誠三 末高 洽　坂上六郎 庄野安彦　鈴木秀次
5	中部地区 名古屋大 名工大 静岡大など	石丸三郎　関口春次郎　武田修三　佐野幸吉 関戸信吉　篠崎竜夫　塩川孝信　乾 忠孝 大谷南海男→10　桐原朝夫　天野 恕 中島耕一　深野泰茂　宮崎 亨　小畑直己 小林純一　藤村全戒	諸住正太郎 井村 徹・野口精一郎 ：内地留学1954年頃
6	信越地区 新潟大　富山大 金沢大など	庄司彦六　上田益造　近堂和郎　大井信一 木内修一　加藤良雄　竹村松男　田巻 繁 杉田吉充　森 克徳　斎藤 節	

第1章 本多光太郎の業績

	地区	金研から	金研へ
7	京都・奈良地区 京大　奈良女大 奈良教大など	岩瀬慶三　可知祐次　辻川郁二　遠藤裕久 小林はな子　小岩昌宏	村上武次郎 岩瀬慶三→7 山田良之助→4 井垣謙三→8 可知祐次→7
8	大阪地区 阪大　神戸大 大阪府立大 姫路工大など	高橋　清　西山善次　斎藤省三　多賀谷正義 福島政治　小久保定次郎　高瀬孝夫 下村保光　武者宗一郎　井垣謙三→2 足立　彰　吉識忠継　森田善一郎　飯田孝道 藤田英一　池田重良　武居文彦　橋本雍彦 山形一夫　横山　友　岡村清人	小田　孜　立木　昌 山田竹実
9	中国・四国地区 広島大　岡山大 山口大　愛媛大 徳島大など	大澤與美　内田黍郎　丸山益輝　熊田健三郎 鈴木光泰　鈴岡俊郎　飛田守孝	
10	九州地区 九大　九工大 熊本大など	今井　弘　渋谷喜夫　徳永洋一　大谷南海男 吉永日出男　古屋広高　根本　實　藤森泰亘	清水武雄　小松　登→5

註：金研および各大学・研究機関などに勤務、兼務した研究者の移動であって、卒業あるいは出身大学別ではない。

東北大学本多光太郎記念賞メダル

　金属材料研究所では、東北大学との国際学術交流に貢献した海外の主要大学や研究機関に贈る本多光太郎記念賞（Tohoku University HONDA KOTARO Memorial Prize）を制定し、本多光太郎のレリーフを刻んだメダルを作成した。メダルは井上明久教授（金研所長）のグループが開発した金属ガラス製（組成は$Pd_{42.5}Cu_{30}Ni_{7.5}P_{20}$）で、直径70mm、最大厚さ5mmの銀白色の円盤状である（写真）。本多の肖像は、レーザースキャナーを用いて図案化し、川村三郎氏にデザインを依頼した。

　第一回の記念賞には、1907～8年に本多が留学したドイツ・ゲッチンゲン大学が選ばれた。2003年10月22, 23日、同地において、両大学の関係者多数が参加して、先端材料に関する研究会と大学間学術交流協定の締結が行われ、学術交流への貢献者にメダルが授与された。

　第二回の記念賞授与式は、イギリス・ケンブリッジ大学で2004年6月10日に行われた。翌11日には、先進材料科学、ナノ・テクノロジーなどについてのワークショップが開催された。

　（写真と資料は、後藤孝、岩佐義宏両教授からの提供による。）

第2章　本多光太郎の著作から

『新撰物理學』より
『鐵及び鋼の研究』第1章　研究の方法
鐵鋼研究所長としての私の希望（『鋼の焼入』より）
「金屬の研究」創刊に際して
日本金屬學會の設立に就て
普通の鋼と特殊の鋼
研究生活五十年

本多光太郎著作について、漢字仮名遣いは、原本に従った。ただし、読者の便を考慮して、一部原本にはないルビを添えた。（編集部）

『新撰物理學』より

201 X放散線の實驗

　ガイスレル管内の氣體を一層稀薄ならしむるときは、鱗狀の光は次第に其數を減じ、遂に全く消滅して、唯陰極に對する硝子管の壁に青綠色の薄光の現るゝを見るのみ、かゝる眞空管の壁は特殊の性質を有し、之より一種の放散線を發す、之をX放散線と云ふ、此放散線は肉眼に感ぜずと雖も、能く通常の寫眞板に作用し、且青酸白金加里或は青酸白金バリウムに當りて之に螢光を放たしむ、殊に此放散線の著しき性質は、通常の光の透過し得ざる物體をも能く通過し得るとなり、例へば此放散線はアルミニウム・亜鉛・木・布・紙・肉等を通過すれども鉛・白金・硝子・骨等を通過するを能はず、是れ獨人レントゲンの發見せる事實にして、醫學上其應用甚だ廣し、圖はX放散線にて撮影する模樣を示せるものなり、又別紙に掲ぐるは、同放散線にて撮影したる手の寫眞*なり。

　　　　　　　　　　　　　　　　　（*編注：1章4頁寫眞參照）

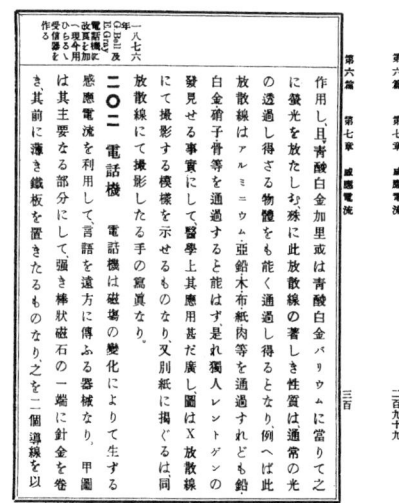

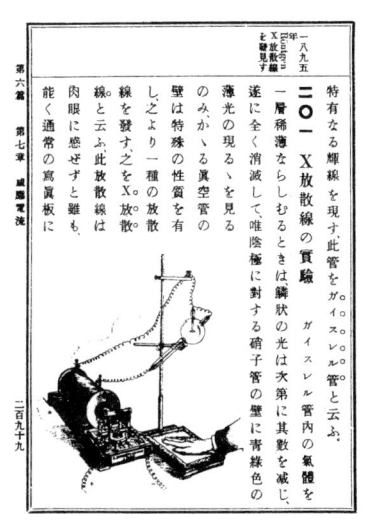

『新撰物理學』本文より
（本多光太郎・田中三四郎著、内田老鶴圃、1901年（明治34）初版發行）

『鐵及び鋼の研究』中表紙（左）と奥付（右）

鐵及び鋼の研究

第一章　研究の方法

　爾來冶金學に於て用ゐられたる方法は化學分析、熱分析及び顯微鏡的研究なりと雖も、複雑なる變化は到底是等の方法のみによりては知ること能はず、故に本研究所に於ては磁氣分析法と名づくる新方法を併用す。其他高温度に於ける熱膨脹、電氣抵抗等の研究も平行に實行しつつあり。一般に物質が或温度に於て變質するときは、熱の發生或は吸収を伴ふと同時に、諸機械的及び物理的性質に於ても變化あるべき理なり、例へば磁氣の強さ、熱膨脹、電氣抵抗等も非連續的に變化す。從て温度に對する是等の諸性質の變化を同時に研究することは、物質の變化の内容を明かにする上に於て極て重要なりとす、之れ本研究所に於て諸種の觀測を平行に行ひつつある所以なり。以下順を追って是等の方法に就て述べんとす。但し化學分析に就ては改めて述るの要なければ之を略す。

Ⅰ. 熱分析法（Thermal Analysis）

　物體を徐徐に熱するか或は冷却するときは、加熱或は冷却の曲線は1圖に示すが如く簡單なる曲線をなすと雖も、若し或温度に於て物質に變化を生ずるときは、熱の發生或は吸収を生ずるが故に、加熱及び冷却の曲線は2圖に示すが

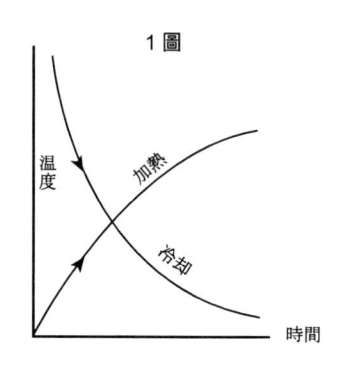

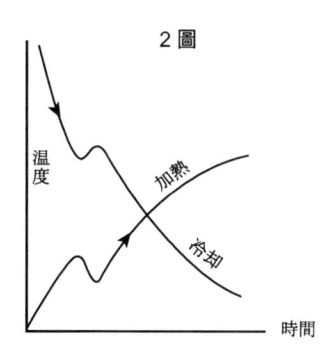

3 圖

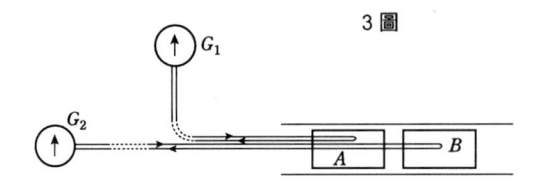

如く異常を呈すべし。故に加熱或は冷却の場合の曲線の異常變化より、逆に熱の發生或は吸収即ち物質の變化と其變化の生ずる温度とを知ることを得、之れ熱分析法の原理なり。實際には變化の際に生ずる熱量は極て小量にして數カロリーを越えざれば、示差法（Differential method）を用ゐるを普通とす。即ち 3 圖に示すが如く、小孔を有する圓柱状の試料 A と同形の變態點 (Transformation point) を有せざる金屬片 B とを相併べ、示差熱電對の繼目の一は A の内に、他は B の内に置き、其電路中に感じよき電流計 G_2 を入る。又他の熱電對の繼目の一は A の内に置き、其電路中に電流計 G_1 を入れて試料の温度を測る。斯くして A, B 全體を温度の分布一様なる電氣爐内に入れて之を熱す。A が變態を爲さざる間 A と B は殆ど同温度にあるが故に、電流計 G_2 のフレを生ぜざれど、若し A が變態點に達して熱の吸収或は發生を生ずれば、電流計のフレを生ず。故に電流計 G_1 の讀み、即ち温度と電流計 G_2 のフレとを觀測せば、4 圖の如き曲線を得て、變態の生ずる温度を知ることを得。されど熱は一度發生すれば周圍に逸散するに相當の時を要するが故に、此方法は變化を生ずる正確の温度及び變化の進行の程度を知るに便ならず、又數時間に亘るが如き徐徐の變化は此方法によりて知ること能はず。

4 圖

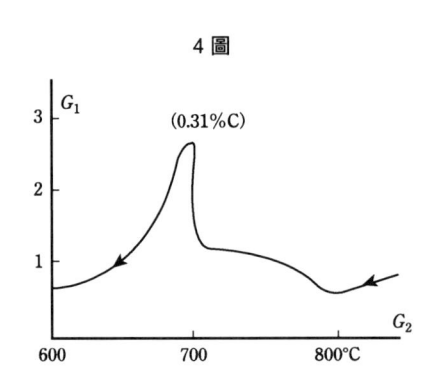

II. 顯微鏡的研究 (Microscopic Investigation)

此方法は爾來化學分析と相併びて研究上最も有效なる方法の一と考へらる。

第2章 本多光太郎の著作から

先づ金屬の表面を琢磨し、之を適當の藥品にて腐蝕するに、若し金屬の組織が一樣にして一相（Phase）より成るときは、各部一樣に作用せらるるも、二相或は三相より成るときは、相によりて腐蝕の度を異にするが故に、之を顯微鏡にて望むときは、明瞭に其差異を認むることを得。

此方法に於ては金屬によりて適當なる腐蝕劑を撰むこと及び結晶形及種種の物質の集合狀態に關する經驗的知識を豫め習得するを要す。

III. 磁氣分析法（Magnetic Analysis）

強磁性體（Ferromagnetic substance）を一定の強き磁場に於て熱するときは、其變化簡單にして、磁氣の強さは溫度の昇るに從ひ、始めは徐徐に減少し、次て其割合次第に增加し、遂に全く磁氣を失ふに至る（5 圖）、此磁氣を失ふ溫度を臨界點（Critical point）と云ふ。磁氣の減少と溫度との關係は凡て單一なる強磁性體に於ては前記と同樣にして、且其臨界點は物質に固有の値を有す。若し一物體が二個の強磁性體の集合より成るときは、磁氣と溫度の關係を表はす曲線は二個の臨界點に相當する變化（6圖）を表はすべし。

5 圖　純鐵

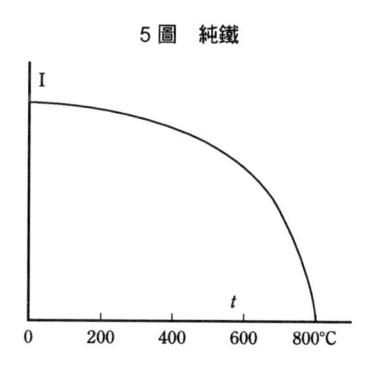

6 圖　炭素鋼（0.6%C）

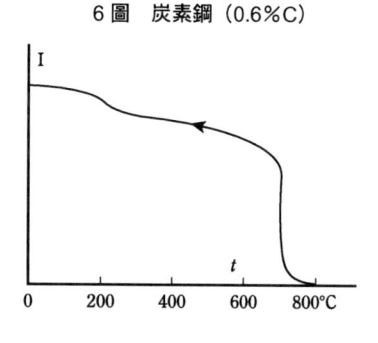

されど若し二物體が混合物として存在せずして互に固溶體（Solid solution）を作るときは、其臨界點は單一にして二物體の何れの臨界點とも異なる。故に是等の事實を逆に利用するときは、一物體中に存在する物質の何たるかを化學分析法によらずして、判定するを得べく、且つ場合によりては是等の物體が混合狀態にあるか、或は固溶體の狀態にあるかを推知することを得。磁氣分析法は此原理に基づけるものにして、吾人の經驗によれば爾

來の方法中化學分析に次ぎて最も有效なものなり。
　下に現今確定せる且つ鐵鋼に關係ある物質の臨界點を揚ぐ。
　鐵…790℃
　ニッケル…380°
　コバルト…1150°
　セメンタイト（Fe_3C）…215°
　鐵とタングステンの複炭化物（$4Fe_3C.WC$）…400°
　磁鐵鑛（Fe_3O_4）…580°
　鐵とクロムの複炭化物（$18Fe_3C.Cr_4C$）…150°
　猶磁氣の強さは物質の變態點に於て非連續的に變化するものなれば、逆に磁氣と温度の曲線を觀測するときは、其曲線の異常變化の存否によりて物質の變態の有無を見出すことを得。例へば炭素鋼は冷却のとき約700°に於て非連續的（6圖）に磁氣を増すが故に一種の變態の存在するを知るが如し。
　強磁性體の磁氣の強さと温度との關係を研究するには磁力計法によるを便とす。磁力計は7圖に示すが如く小なる馬蹄形磁石を極めて細き絹絲或は石英線にて吊し、此磁石の上に小さき鏡を附着したるものなり。又二個の同形なる起磁コイルを取り、兩者の軸を水平に一直線上に置き、之を東西に向はしめ、其中央に磁力計を置くこと8圖の如くす。先づ試驗すべき物體を起磁コイル内に挿入するに先ち、兩コイルに方向反對なる強き電流を通じ、コイルの距離を調整して、之が磁力計に及ぼす作用をして互に相消さしむ。次に起磁コイルの内に試驗すべき棒状の物體を入れて、コイルに電流を通ずれば、棒は附磁せられ、磁力計に作用を及ぼし、磁力計の小馬蹄形磁石に附着せる鏡のフレを生ずるが故に、之より磁氣の強さを知ることを得。磁氣分析を行ふには起磁コイル内に電氣抵抗爐を入れ、其中に先端の

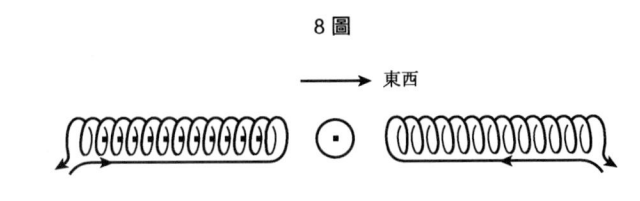

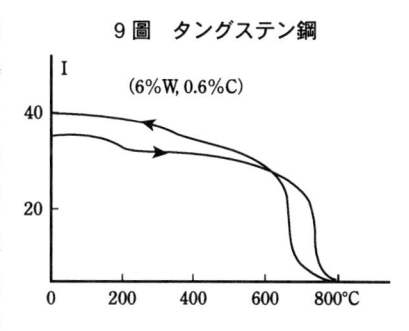

閉ぢたる石英管を置き、試験すべき物體と温度を測るべき熱電對の一端とは相接觸せしめて石英管内温度一様なる部分に置く。管の他端はポンプに繋ぎ、磁性體を眞空にて熱し、其脱炭を防ぐ。此装置によりて、先づ起磁コイルに一定の電流を通じ、電氣爐の電流を種種に變じて其温度を上昇或は下降せしめて、磁氣の變化を測り、磁氣と温度との關係を研究す。前圖5、6の両圖は、純鐵及び炭素鋼に就て此方法によりて測定せる結果にして、6圖の200°附近の異常の變化は炭素鋼中に遊離セメンタイト（cementite, Fe_3C）の存在するを示し、700°の非連續的の變化はセメンタイトが固溶體より析出する場合の變化を示す。又9圖は炭素0.6、タングステン6パーセントを有するタングステン鋼の曲線にして、加熱曲線は6圖と同様なるも一旦900°まで熱して後冷却するときは400°に異常變化を生じ、200°の變化は消失す。前者は鐵とタングステンの複炭化物の臨界點なるが故に、冷却曲線は炭化物Fe_3C及びWCが900°にて化合して複炭化物を作ることを示す。

9圖　**タングステン鋼**
(6%W, 0.6%C)

猶強磁性體は臨界點に於て其強磁性を失へども、全く磁性を有せざるにあらず、極て弱き磁性は融解點を超ゆる高温度に至るも依然として存在す。此微弱なる磁氣も強大なる磁場と捩り秤を用ゐるときは精確に測定することを得。臨界點以上の磁性を常磁性（Paramagnetic）と云ふ。此方法によりて純鐵の臨界點以上の磁氣の強さを測定すれば10圖に示すが如き曲線を得。

10圖　**純鐵**

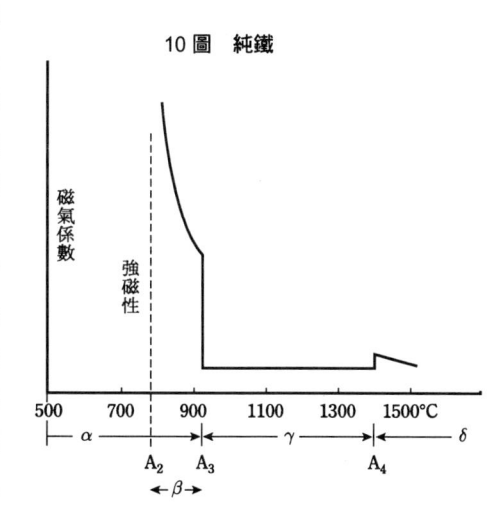

即ち純鐵は910°に於て磁氣の非連續的減少を生じ、同時に熱の吸收を生ず。從つて鐵は此溫度に於て性質を異にせる異種の物質に變化せるを知る、故に此溫度以下の鐵をα鐵と云ひ、以上の鐵をγ鐵と云ふ、又α鐵よりγ鐵への變化をA_3變態と云ひ、此變態の起る溫度をA_3點と云ふ。更にこれを熱して1420°に至れば、磁氣の強さは急に増加し、同時に熱の吸收を生ずるが故に、γ鐵は更に他種の鐵に變ずるを知る、之をδ鐵と云ひ、γよりδへの變化をA_4變態と名づけ、此溫度をA_4點と呼ぶ。而して鐵は1545°に於て融解して液態となる。

次にA_3點以下に就きて考ふるに790°は既に述べたるが如く臨界點にして、鐵の強磁性の消失する溫度なり。かく強磁性の減少に相當する内部變化をA_2變態と名づけ、此變化の終點即ち臨界點をA_2點と云ふ。A_2變態はA_3及びA_4變態の如く一定の溫度に於て起るものにあらずして、磁氣と溫度の關係を表はす曲線の示す如く、極て緩慢ながらも既に常溫より始まり、600°以上に於て急速に進行す。爾來A_2及びA_3の兩點間に存在する鐵の狀態をβ鐵と名づけ、之を獨立の相と見做せる學者も多かりしも、余は次章に説明する理由により、之を相の變化と見做すを不當と考ふるが故に、10圖に於てA_3點以下をα鐵と名づけたり。

炭素鋼は前に述べたる如く、磁氣と溫度の曲線上臨界點以下に二つの異常變化を有す、第一は700°附近の磁氣の非連續的變化にして、セメンタイトが固溶體より析出する變化に相當す、此變化をA_1變態と名づけ、此變化の生ずる溫度をA_1點と名づく。第二は200°附近に生ずる漸次的變化にして、遊離セメンタイトのA_2變化と稱すべきものにして、此變化をA_0變態と云ひ、其終りの點をA_0點と名づく。是に依つて純鐵に於ては$A_2 A_3 A_4$の三個の變態點ありて、其中A_2は相の變化と云ふを得ず。鋼に於ては$A_0 A_1 A_2 A_3 A_4$の五個の變態點あり、其中A_0及びA_2は純鐵の場合の如く相の變化にあらず。猶後に説明するが如く、其中二三の點は炭素の量によりて其溫度下降し、且つ互に相重なりて現はるることあり。

猶強磁性體及び常磁性體の磁性一般併に其測定法の委細に就ては余の著「磁氣と物質」（東京裳華房出版）を參照されんことを希望す。

Ⅳ. 高温度に於ける熱膨脹（Thermal Expansion）

　鐵を熱すれば膨脹し、其長さの變化と温度との關係は始めは略直線によりて表はさる、されど純鐵に於ては11圖に示すが如く900°附近に於て一時急に収縮し、其後再び温度の増加と共に膨脹す。冷却の場合には870°附近にて急速に膨脹し、其後は加熱の場合と一致す。以上の異常變化はA_3變態による變化にして、A_3點以上と以下と膨脹係數の著しく異なるは物質の變化せるを表はす。又A_2點以下に殆ど異常膨脹を見ざるは注意すべき事項なり。

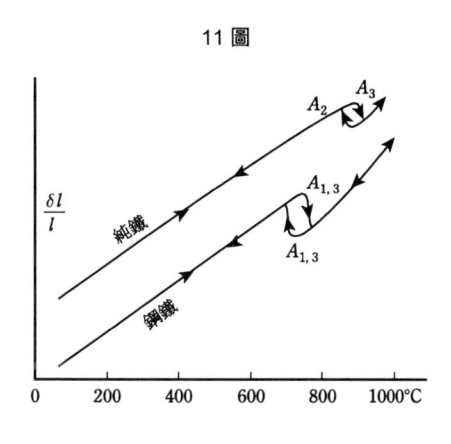

　鋼に於ては700°乃至800°に於て異常變化を認むるのみ（11圖）。此變化は後に説明するが如くA_1及びA_3變態の合成効果によりて生ず。この場合に於ても異常膨脹點以上の膨脹係數は、其以下の膨脹係數よりも著しく大なるは注目に値す。これに依りて見れば、種種の高温度に於ける長さの變化を測定し、其異常變化の存在より物質の變態を推知することを得。扨て長さの異常變化がA_2變態に於ては非常に小にして、A_1及びA_3變態に際して著しき事實は一變態がA_2なりや或はA_1なりや、或はA_2とA_1或はA_3が合致し居るやを判定するに有力なる材料となる。例へば熱分析或は磁氣分析によりては、A_2に他の變態が合致しおるか否かを判定し難きことあり、かかる場合に熱膨脹の實驗によりて異常變化の有無より容易に之を判定することを得。

　我研究所に於ては、熱膨脹測定の方法はシュブナール（Chevenard）の装置を少しく變更せるものを用ゆ。12圖に於てＳは長さ二十糎直徑五粍の試料にして、其左端に深さ五粍、直徑三粍の孔を有し、熱電對の繼目の一をここに収む。bは太さ約一糎、長さ六十二糎の石英管にして、其右端は閉ぢられ、左端は臺dに固定せらる。aは直徑六粍、長さ四十八糎の石英管にして、二個のバネによりて試料Ｓをb管の閉端に押し付く。cはaの左端の運動を小反射鏡Ｍ

12圖

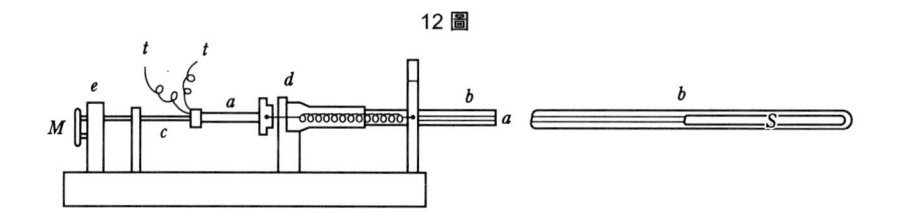

に傳ふる眞鍮製の棒なり。また此鏡の臺は三脚を有し、其一脚は棒cの左端に接し、他の二脚は支臺eより出づる小脚の上に座る。此裝置によれば試料の長さの微小なる變化は鏡の傾きを生ずるが故に、之を垂直の尺度と望遠鏡とによりて讀むことを得。熱電對はa管の左端より其内部に入り、其繼目の一は試料Sに接觸す。試料を熱するにはb管の周圍に長さ五十糎の電氣抵抗爐を置き、試料をして溫度の一樣なる部分にあらしむ。尚高溫度に於ける脱炭を防がんが爲め、裝置の左半を氣密に硝子瓶にて蔽ひ、眞空中にて熱し得るが如くせり。

V．高溫度に於ける電氣抵抗（Electric Resistance）

鐵鋼の電氣抵抗は溫度の上昇と共に著しく増加し、其變態點に於ては非連續的に變化す（13圖）。故に電氣抵抗の溫度に對する異常の變化より逆に物質の變化を推定することを得。又一物質が少量の他物質を含むとき、之が混合物として入るときは、其電氣抵抗に影響すること少なしと雖も、若し固溶體(いえど)として入るときは、著しく其抵抗を増す、故に逆に抵抗の測定より、共存せる物質の狀態を判定することを得。例へば高炭素鋼の燒入せるものと鈍(も)せるものとは其抵抗約二と一の比をなす、故に燒入せる鋼に於ては炭化物Fe_3Cは固溶體となりて存在するを知る。後に述ぶるが如く此固溶體はマルテ

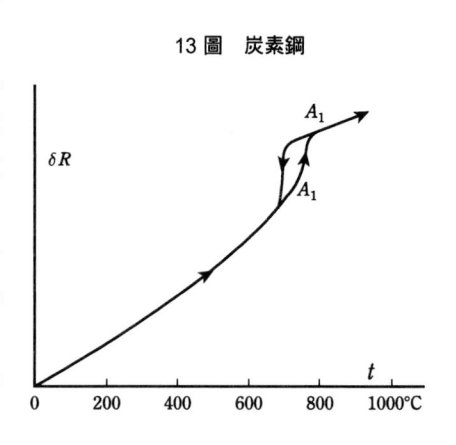

13圖　炭素鋼

ンサイト（Martensite）の名によりて知らるるものなり。

　鐵の合金には脆くして針金に引くを得ざるもの少なからざるが故に、抵抗の測定は之を棒に就てなすを便とす。太き棒の抵抗を測定するには之に強き一定の電流Cを通じ、棒の二點間の電位差Vを電位計（Potentiometer）によりて測れば、抵抗Rは$\frac{V}{C}$によりて與へらる。若し此棒を温度の分布一様なる電爐中に入れて、種々の高温度にて測定するときは、抵抗と温度の關係を知るを得べく、從って物質の變化を判定するを得。但し此場合も鋼の脱炭を防ぐが爲め、棒を眞空中にて熱し得るが如き装置を附せざるべからず。

　以上の諸方法中最も重要なるは、化學分析、磁氣分析、顯微鏡的研究にして、是等を適當に併用するときは複雑なる特殊鋼の組織をもよく探求することを得。其他の三法は寧ろ補助的方法にして特別の場合に之を用ゐるを便とす。近來歐米の冶金學者は熱分析に於て電流計のフレδと温度tの曲線を與へずして、$\frac{\Delta\delta}{\Delta t}$と$t$との曲線を畫き、其極大點を取りて變態點とするもの多し。是れ此曲線の極大は熱の發生或は吸收の最も盛なる點を與ふればなり。然し此法は$A_1 A_3$の如き一定の温度に起るべき變化の場合には意義を有すと雖も、A_2點の如く元來廣き温度の範圍に渡りて徐徐に行はるる變化に對しては意義を有せず。又鐵鋼の場合には此二者を區別し得るは實際困難なる場合多きが故に、寧ろδとtとの曲線を與ふる方却って變化の内容を明かに示すものなりと考へらる。

　　　　　　　　　（『鐵及び鋼の研究』第一巻、内田老鶴圃発行、1919年初版）

［文部省主催講習會講義］

鋼の燒入

全

東北帝國大學教授
理學博士
本多光太郎 著

發行所
大日本圖書株式會社

緒言

現今我國内外の情勢に鑑みまして、國民の道德並に思想や、趣味の向上善導を圖ると共に、學術研究の成果を普及し利用して、生活方法の改善や職業上の指導を行つて、國民一般の活動能率を增進せしむることは焦眉の急務と信じます。是れ近來本省が社會教育に努力しつゝある所以で、卽ち昨年來數囘に亙つて「鋼の燒入れに關する講習會」を開いたのも、亦職業指導上の直接運動の一端に過

緒言　一

ぎないのであります。

鋼の強度を增し或は銳利な刄物を造るには、鋼を燒入れしなければなりません燒入れは鋼の中に含む炭素量燒入溫度、水の溫度などに依つて大いに其の效果を異にする難かしい作業であります。然るに普通鍛冶屋などでは唯經驗のみに據つて燒入れして居る有樣なので、從つて強い鋼良い刄物を造ることが容易でありません。ところが東北帝國大學教授本多博士は數年以前から苦心研究の結果、その科學的理論を明かにし、本邦製鋼業

緒言　二

の進步發達に大いなる貢獻をしてをられますので、特に本省の企の爲めに、その造詣深き學殖を極めて通俗平易に講義して下さいました。依つて普く斯業從事者の參考資料と致し度い考で、茲に大日本圖書株式會社に囑して之を上梓することに致しました。

大正十年二月

文部省普通學務局

緒言　三

『鋼の燒入』初版中表紙および緒言

第2章 本多光太郎の著作から

鋼の燒入

目次

一 緒言 ... 1
二 鋼と繊織 ... 3
三 鋼の組織 ... 5
四 鋼の變態 ... 8
五 鋼の燒入 ... 13
六 燒入の理論 ... 17
七 吐粒洲と粗粒胚組織 ... 31
八 麻亞田組織 ... 43
九 特殊鋼の燒入 ... 47
十 及物の燒入組織 日本刀 ... 52

目次 二

十一 燒入後の長さの變化 ... 56
十二 燒割れ ... 64
十三 塗炭法 ... 68
十四 磁石鋼の燒入及び磁化法 ... 75
十五 高溫度測定法 ... 87
十六 硬度測定法 ... 97

附錄

鐵鋼研究所長としての私の希望 ... 玄

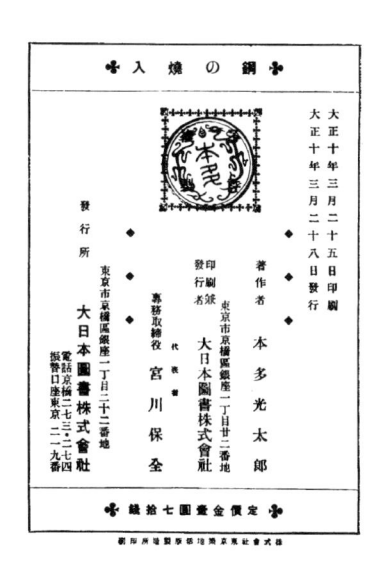

『鋼の燒入』目次および奥付

鐵鋼研究所長としての私の希望
(『鋼の燒入』より)

　鐵鋼研究所の前身たる臨時理化學研究所は大正五年四月より開始せられました、當時歐洲大戰爭は、愈々酣(たけなわ)に、外國よりの物資輸入は極て制限せらるゝに至った、殊に工業及び兵器の主要分をなす鐵鋼等も同樣の運命に陷りました。そこで本邦でも俄に鐵鋼自給に迫られ、ひいて其研究の必要が喧しく唱へられる樣になりました。私も其以前から鐵鋼の研究を始めて居ましたから、此重要なる問題の解決に努力しやうと考へました、所で先立つものは研究費であるが、大學としては餘裕はない。夫で當時の北條總長が種種盡力された結果大阪住友家の厚意で年額七千圓三ヶ年繼續合計二萬一千圓の研究費の寄附を得て、此研究を始めることになりました、之が臨時理化學研究所の始めであります。研究の場所としては物理學教室の一部を借用し、研究機械も殆ど凡て同教室のものを使用して研究を開始しましたが、七千圓の約三分の二は研究員の招聘助手の雇入等に費され、殘り三分の一を研究費に充て猶不足の二千圓乃至三千圓は物理學教室の補助を仰いでおりました。かく小規模ながら所員一同非常な勉强を以て研究を進め、約二ヶ年を經過しました、所が其成績は意外に好良であったので、之を臨時的でなく規模を擴張して永久的の國立研究所とするのが本邦の工業界の爲めに非常に有利だと考へました。然し之は容易の業でない、何故なれば、先づ建築物を作らねばならぬ、なほ新に器械を買入れて諸設備を完成し、其上多額の經常費を要するからである。此研究所を工學的規模即ち農商務省に於ける諸研究所の程度にするとして最小研究費約十萬圓、外に研究員助手の俸給事務費等を加ふれば經常費年額二十萬圓を要します。創立費は篤志家の寄附に仰ぐとしても、經常費は其性質上國家の支辨に俟つべきものである。此企は本邦の幼稚な鐵工業の狀況より見ても極めて緊要なる事業であるから、私は時の北條學習院長に創立費の寄附の件を相談しました所が、幸ひにも再び住友家が多大の厚意を以て建築費十五萬圓設備費十萬圓及び初め一二年間の經常費補助として五萬圓合計三十萬圓の寄附を承諾して呉れました、何等の

第2章 本多光太郎の著作から

條件もなく全く自由な此多大の寄附に對して私は國民の一員として同家に深く感謝の意を表するのである。そこで時の總長福原氏に依賴して文部當局に經常費の支出を乞ふたが、中中容れられなかった、併し遂に三萬七千圓の經常費を得て國立鐵鋼研究所が出來ることになりました、官制は大正八年に發布せられ、八九の兩年度で完成することになりました。かくして國立研究所が規模は小さいながらもその芽を出したのは本邦の學術界及び工業界にとって眞に慶賀すべきである、吾々は多大の創立費を寄附された住友家に對しては勿論、時の文相岡田氏、總長北條、福原兩氏の御骨折に對しても深き感謝の意を表する次第である。國立鐵鋼研究所はかくして成立し本年度で完成しました、所員は研究教授二人、助教授五人、助手九人其他雇員數名よりなる、目下は一般增給の結果、經常費は約五萬圓に增し、其中二萬圓が機械費及研究費である、併し諸物價騰貴の結果此研究費では從來の如き小規模の研究を繼續するとしても著しく困難を感じてをります。本研究所は鐵及び鋼の基本的研究を本位とし、併せて一般合金の研究をもなすので、現にアルミニウム輕金屬及び眞鍮等の研究も目下進行中である、即ち一般金屬材料の研究所であります、又本所は研究の結果を工業に應用することに深く注意してをります、從て極く解放主義を取り、陸海軍の工廠民間會社等より研究の目的で入所を依賴さるるときは喜んで御引受してをる。此種の研究者にして短きは半ヶ年、長きは三ヶ年も本所で研究された人は既に二十四五人に達してをる、尚此後も諸方より續々研究に來られんことを希望します。本研究所は臨時理化學研究所の創立以來五年を經てをる、此五年間に研究されたる事項は五十餘種の論文(英文)として其大部分は已に東北帝國大學の理科報告によりて發表せられてをる、是等の論文は廣く歐米の大學、有名な冶金學者に配布されて、かなり學者の注意を引ひてをります。又其大要は昨年及び一昨年十月の鐵道協會に於ける講演會で發表し、廣く本邦の學者技術家に御紹介してなるべく多く實地に利用せらるるやうに力めました、尚講演錄は「鐵及び鋼の研究」第一卷及び第二卷として出版し、廣く世人の御參考に供しました。

　斯く本所が其規模小である割合に、創立以來の發育には見る可きものがあった、併し之を一方本邦金屬材料の學術的研究機關たらしめ、他方金屬工業界の

有力なる顧問機關たるの資格あらしむるには、少なくも農商務省に於ける諸研究所の規模に擴張しなければなりません、殊に大戰後本邦工業の發展、兵器の充實八八艦隊の編成、航空隊の增設に伴ひ優良なる金屬材料の需要激增するに當り、之か研究機關を完成するのは極て重要である。諸君は又本邦に石炭の缺乏、石炭の保存と云ふ問題が唱へられて、最近農商務省が燃料研究所なるものを設置して此問題の解決の爲めに盡さんとして居る事を御存知でありませう。これと同樣なる問題が製鐵業界にもあるのであります、即ち世界に於ける鐵鑛も決して無限ではないから、何時か其缺乏の爲めに苦まねばならぬ時に出逢ふのであります、而して鐵鑛を多く有しない我國の如きは最も早く此困難に遭遇せねばなりません。此苦痛の一部は過去の歐洲大戰の際に既に經驗した處である。即ちこの問題の解決は燃料問題以上國防及び工業上緊急の事であって、此衝に當ることも亦本研究所の使命の一つとする處である。一般に研究費は物資製作費に比して極て微小なるものである、然るに研究を怠る結果は多額の出費をなして不良の物資を得ることゝなり國家の損失は至大である、所謂一を吝（おし）みて百を失ふことゝなるのである、是に由て觀るに鐵鋼研究所の擴張は目下の急務で一日も早く完成しなければなりません。本年度に於ける鐵鋼研究所の經濟狀態は頗（すこぶ）る困難で、物價騰貴の爲めに設備は豫定の約半を爲し得るに過ぎない。また消耗品の暴騰と研究の發展に伴ひ益々多くの研究費を要するにかかはらず、本年度に於て實際研究に使用し得べき經費は一萬六千圓に過ぎない、從て去十月に於て既に本年度の豫算を使用し盡せるのみならず、七千餘圓の負債をなすに至った次第である。

　以上の經濟狀態は本年度の始めより既に豫想されたから、十年度の豫算に擴張の前提として後れながら三萬餘圓の增額を申出でたが、之は文部省で削除されました、私は國家の爲め甚だ遺憾に思ってゐます。私の考へるには文部當局者が擴張費を削除したのは畢竟（ひっきょう）其必要の程度をさほどに感ぜられなかったに依る、勿論文部省は農商務省と異なり、工業界との交涉が直接でない、從て工業の進步の爲めに拂ふ注意も多くないから本研究所の擴張が顧みられなかったのも無理はありません、若しそうとすれば此擴張の緊要にして一日も早く完成せざるべからざるを文部當局者に諒解せしむるは、研究者として又國民の一員と

して私の重大なる義務の一つである、夫故私は機會ある毎に大に其宣傳に努めてゐます。諸君は鐵工業に直接關係せらるゝ方であるから私の意見に贊成せらるゝは勿論と考へますが、進で適當なる方法によって此研究所擴張の急務が當局に諒解せらるゝ樣助力せられんことを切望します、此御努力は諸君の國家に對する義務の一部ではないかと考へます。

　若し研究所が一私人或は一會社の經營にかゝるものであれば、其所で研究されたる重要なる成績は世間一般に發表されずに終るものが多い、之は事情止を得ざることである。然るに國立研究所で研究された事項は其大小に關らず、凡て公表せられ國民全般其結果を利用することが出來、從て工業界全般の進歩を促進することになります、之れ國立研究所の設立の必要なる所以である。我鐵鋼研究所は其規模は未だ甚だ小であるが、金屬材料に關する本邦唯一の國立研究所である、吾々は速に之が擴張を完成するの義務を負ふてをる。私は今後も鐵鋼及び金屬材料の研究に一身を委ねて本邦工業界の進歩を謀る決心であるが、諸君に於ても此重要なる研究機關を一住友家の厚意にのみ委せないで、本邦機械工業に關係ある諸君が一團となりて、我鐵鋼研究所の保護者となり、後援者となって其完全なる發達に助力せられんことを切望します。

　大正九年十一月十二日講習會を終れる晩

(『鋼の燒入』大日本図書發行、1921年初版)

「金屬の研究」創刊に際して

　我金屬材料研究所は從來其研究の結果を東北帝國大學理科報告に收めて廣く內外に頒布し又各地の講演會及講習會等に於て之を發表し一意斯學の向上と技術の進步とに努めて來ました。然るにこれまでの經驗に由りますと一つの研究が完了してから理科報告として發表さるゝまでには尠（すく）くとも一年を要します。且（かつ）其理科報告は數學物理化學等の論文を輯載し、而も歐文で書いてありますので金屬に關する研究のみを知らんとする一般の人々に對しては頗る不便なものである上に其發行部數にも限りがあります。又講演會や講習會では勿論一般に行き涉る譯には參りません。從て本邦で研究せられた事柄が先づ外國で利用せられ然る後本邦に逆輸入せらるゝやうな傾があるのは甚だ殘念な次第であります。是等の缺陷を除くためには特に金屬に關する研究の發表機關を設けて當研究所に於ける研究結果は直に之に依て發表し先づ本邦で利用し得るやうにせねばなりません。

　これは獨り吾々の考ばかりでなし輓（ばん）近（きん）本邦の技術家が學術の研究に重きを置かるゝやうになり當研究所の報告を盛んに要求して來らるゝに徵しても明かであります。

　是に於て當研究所は今般多大の經濟的苦痛を忍んで本誌を發行し主として本研究所及び新設工學部金屬工學科の研究報告を之に收め又廣く本邦各方面の金屬に關する有要なる論文を掲載すると同時に歐米に於ける新研究の拔萃其他苟（いやし）も學者技術家の參考となるべき事項はすべて之を網羅することに致しました。之に由て一は本邦斯學の向上技術の進步に資しまた大方の要望に副はんことを期する次第であります。

大正十三年正月元旦

　　　　　　　　　　金屬材料研究所長　理學博士　本多光太郎

　　　　　　　　　　　　　（「金屬の研究」創刊号 1924 年發行）

日本金屬學會の設立に就て

理學博士　本多光太郎

　本邦に於ては一般に金屬材料に關する學會が無かったので斯る學會の設置に關し豫(かね)て各方面より希望がありましたが、昨十一年の春以來有志諸氏は廣く關係方面と協議し案を練って愈々(いよいよ)新學會設立の件を決定せられ、私に對し、眞に時勢に適し併も有力なる金屬學會を作り度いから是非共助力して呉れとの御希望で御座いました。實に結構なる計畫でありますので私も喜で發起人の列に加はり本會創立の事務に當て參りましたが、茲(ここ)に目出度く日本金屬學會の成立を見まして御同樣邦家の爲眞に慶賀に堪へない所で御座います。此機會に於て實行委員各位の眞摯なる御努力と並に會員諸君の熱誠ある御協力に對し深甚なる謝意を表し度いと存じます。

　さて彼の歐洲大戰は戰勝國と相手國とを引き離して益々大なる距離に置きましたが其結果は終に何れの國に取りても滿足な結果を生じなかった。大なる經濟力と豊富なる資源を有する大國は製産品に對する顧客を失って産業の不振に陷るし、巨額の國費をついやしたる上工業原料までも奪はれたものは國民の生存に對する安全感をさへ失ひました。景氣恢復の爲め各國の間に屢々商議が行はれたがその結果は經濟上何等の振興をも齎さなかったものであります。それで之等の諸國は自力に依てその産業を復興し又科學的の研究に基礎を置いて工業原料の欠乏を補ふ可きの國策を定めて有らん限りの努力をして居ります。

　この傾向こそ全世界が稀有の犧牲を拂って得た最大の教訓であって今後永く産業界の原動力となって働くでありましょう。この不斷の努力は終に報ひられる日が來ます。

　例へば獨逸(ドイツ)の如きは空中窒素の固定、液體燃料の合成は云ふ迄も無く綿毛の代用品、人造ゴムの製造にすら成功せりと傳へられて居る位でありますから、今後の世界は非常に激烈なる科學戰を招來するものと思ひます。

　世界大戰が我産業界に及した影響は極めて良好であって輸入品の欠乏は却

而、工業界の飛躍的發展に貢獻し經濟界は稀有の活況を呈しました。併しこの景氣も時に消長を免れなかったのみならず、未曾有の震災に遇って我國運に多少の危惧をさへ感ぜしむるものがありました上に又も世界の經濟界に起った大動搖の餘波を受けて折角目を吹いた我產業界は次第に沈滯を來し經濟界は又稀に見るの大破綻を來しました。

　我國に於て解決の最も急なるは人口問題でありますが、移民の道が鎖されて居る場合、產業に依るの外道はありませぬ。併しそれには資源が必要であり製產品に對する市場を要する。この要求が大陸政策となり貿易依存の策ともなり我國不動の大方針が工業立國の實現になったのであります。この國策遂行に向って今や國を擧げて凡ゆる努力をして居るのでありますが、幸にして我經濟界が頗る好況にある事は御同樣實に慶賀に堪へない所であります。但し之も所謂非常時の刺戟が大なる原因をなせる事を認めねばならぬとすれば全く割引なしの我產業界は果して樂觀を許す程度のものでありませうかと疑はざるを得ません。併も產業や軍備の獨立に滿足し得る程度の資源を有する事は到底望み得られないとするならば、吾々も亦研究に基礎を置き其成果をもって列强の間に於ける科學戰に參加して必ず勝利者となるの決心が必要であると共に之に對し間然する處なき不斷の準備が肝要であります。近時我國に於ても各種の研究機關や研究の補助を目的とする財團が設けられ又夫々專門の學會があって互に聯絡を保って研究の促進に貢獻せる事は邦家の爲め誠に慶賀に堪へませぬ。

　工業の振興は現在に於て最も重要なる國策であります。各種工業の發達は相對的のもので、一工業の發達は軈て他の工業の發展を助長します。例へば蒸汽機關の發明と其應用は鐵鋼の製造とその需要の上に劃紀的の躍進を齎し、又低廉なる鐵鋼の供給は機械工業を今日の隆盛に導きしが如きであります。併し各種の工業中基礎工業と稱せられ從て其影響の最も大なるものは實に金屬工業でありまして機械電氣の兩工業はもとより最も關係薄しと考へられた化學工業に於てすら反應室として容器として又は輸送管として金屬材料を必要とし之無くしては成立せざるものが多い位であります。

　而して輓近に於ける諸工業の金屬材料に對する要求は次第に六ヶ敷くなって來ました。就中精密兵器、航空機、化學機械等はその最たるもので極めて高度

の耐壓耐温乃至耐蝕性の材料を要求して居ります。
　從って之が解決なくしては國防はもとより産業の獨立は期し難く到底國際的競争の圏内に止まることは出來ないのであります。故に各國共金屬材料の研究は極めて眞劒であって其取扱ふ處は非常に廣く且つ深く實に科學研究の第一線に働いて居ると云ふも過言ではありませぬ。
　本邦に於ける金屬材料の研究は以前餘り盛んであったとは云ひ得ないのであります。私は二十年來東北帝國大學に設置された金屬材料研究所に於て所員と共に研究を續け多少此方面に貢献をなしたと信ずるものでありますが、近來世間でも其必要を自覺して金屬工業の發展に伴ひ公私共に此種の研究機關を設置して盛に研究を始め其成績に於ても相當見る可きものある事は誠に慶賀に堪へない處でありますが、未だ歐米のそれに比して遜色なしと云ひ得ない事を遺憾とするもので、今後一層研究機關の完備と、卓越せる研究者の養成とが必要であると信ずるものであります。
　今回設立せられた日本金屬學會も其目的とする所は研究の助長と、研究と工業との聯絡を圖り以て我國の金屬工業に貢献せんとするものである。即ち時々開催せらる可き講演會乃至は會誌に依って研究者は研究論文に對し各方面の學者より有益なる意見を聞き又實際家の貴き體驗に基く適切なる批判や要求を知って今後の研究に便を得るのみならず他の有意義なる問題を捉ふる事が出來る。又實際家は經驗學識ある権威者の意見乃至重要なる時事問題を聞いて事業の開發進展に資し或は直ちに自己の工場に應用し得る如き研究結果をも捉へることができる。從って本會々誌の内容の如きも眞にこの目的に適合するものであることを希望する。又金屬材料に關する海外の重要なる研究をも抄録して會員に紹介し歐米に於ける研究の大勢を知らしめ且つ會員の如きも内地のみならず諸外國の專門家をも入會をせしめて本會をして世界的の存在たらしめ度いと考へるのであります。
　而して現在未だ三千名に近い會員を擁するに過ぎないが今後益々その發展に努力し本會が速かに本邦は勿論世界の金屬界に大なる貢献をなし得るに至らんことを切望して止まないのであります。

（「金属」7巻3号1937年掲載）

普通の鋼と特殊の鋼

日本金屬學會會長・東北帝国大學總長
理學博士　本多光太郎

鐵、鋼及び鑄鐵

　鐵は日常最も廣く用ひられる金屬材料である。鍋、釜は勿論、五徳、鐵瓶、火箸等いづれも鐵で出来て居る。また電信、電話、鐵道、船舶、橋梁等の大部分は鐵である。のみならず工業用諸機械の多くは鐵に依って造られて居る。斯様に世界に於ける鐵の使用高はすこぶる多く、年々優に一億噸(トン)を超えて居る。從って物質的文明を測るに、鐵の使用高或は産出高を尺度とすることが出来ると云はれて居る位である。然し吾々の普通に鐵と呼んで居るものは科學的に云へば鐵ではなく、大部分は鋼、もしくは鑄鐵と稱するものである。然らば鐵と

第2章 本多光太郎の著作から

鋼、鐵と鑄鐵の區別はどうであるか？これに就き一言説明して置きたい。

科學的に云ふ「鐵」は元素即ち單體であって、これ以上説明を要しないが、鋼と鑄鐵は何れも鐵と炭素の合金である。即ち鐵と炭素1.7％以下の合金を「鋼」と云ひ、これ以上の鐵と炭素の合金を「鑄鐵」と云って居る。即ち鋼と鑄鐵の區別は炭素量の1.7％以下と以上の相異にすぎない。但し普通に使用する鑄鐵は炭素2.5％〜4.5％を含めるものである。鍋、釜は鑄鐵より出來て居るが、五德、火箸等は鋼から造られて居る。

* * *

鋼と云ふ言葉は何所から來たか？一般に刃物には硬さを要するから、先づ鋼を材料として火造に依って刃物の形に作り、然るのち後に述べる如く燒入法に依って硬化する。從ってこの種の鋼を刃に使用する金、即ち刃の金、「ハガネ」と云ふのである。

又炭素の多い合金を鑄鐵と云ふのは次の理由に依る。一般に鐵は、その含む炭素量の增すに從って、熔融點が下降して熔け易くなる。たとへば、純粹の鐵の熔融點は攝氏1530度であるが、炭素4％內外の鑄鐵の熔融點は1130度に下降してをる。昔學術がいまだ進歩せぬ頃には高溫度を得ることが困難であったから、炭素の多い熔け易い鑄鐵が先づ用ひられ、鍋、釜等を鑄造して居た。それで此の種の合金を鑄鐵と名付けるのである。

* * *

次に鋼中の炭素は、炭素として存在するか、或は化合物として存在するかと云ふに、炭素は鐵と化合して一種の炭化物を作って存在する。この炭化物はFe_3Cの形をもち、金屬的光澤を有し、非常に硬い物質である。鋼中に於ける炭素1％は15％の炭化物を作って居る、從って鐵に少量の炭素が加はっても、多量の硬い炭化物が出來て居るのであるから、著しく鋼を硬くすることゝなる。炭素含有量1％以上の鋼では、この炭化物が結晶粒の境界に存在して、恰も煉瓦造の建物に於けるセメントの如き役目をして居る。そう云ふところから、この炭化物を**セメンタイト**（Cementite）と名付けて居る。

* * *

また炭素2％內外の鑄鐵を俗に「半鋼」と云って居る。これは鑄鐵であって、

その性質が半ば鋼に似て居るからである。德川初期頃盛に輸入された「南蠻鐵」はこの種の鑄鐵に屬する。南蠻鐵と云ふのは舶來鐵と云ふ意味で、その當時では高級品であったに違いない。昔は高溫度を得ることが困難であったため、低い溫度で出來るものから次第に發達して來たものである。即ち鑄鐵より發達し、次第に炭素の少い熔解點の高い鋼の製造を見るに到ったのであって、南蠻鐵は發達の中途にある製品である。

* * *

鋼には前述の如く炭素の多いものから少ないものが種々あるが、炭素の多いものは非常に硬いセメンタイトを多く含むで居るから、かゝる鋼は非常に硬い。普通、鋼を區別して「軟鋼」「硬鋼」等と云ふが、軟鋼は炭素の少い鋼で、硬鋼は炭素の多い鋼である。

* * *

鑄鐵を折ってその破面を見れば鼠色を呈して居るものと、白色を呈して居るものとがある。前者を「鼠鑄鐵」、後者を「白鑄鐵」と呼んで居る。普通使用の鑄鐵は、いづれも鼠鑄鐵である。鑄鐵は多量の炭素を含んで居るが、その炭素がすべて炭化物となって居れば破面は白色を呈しいはゆる白鑄鐵であるが、この炭化物が分解して黑鉛の狀態となって存在すれば鼠色を呈し、いはゆる鼠鑄鐵となる。白鑄鐵はセメンタイトの存在のために非常に硬く、容易に削ることが出來ぬが、鼠鑄鐵は軟かで、任意の形に削り出すことが出來る。普通、「銑鐵」と稱するものは「高爐法」に依って造られた一種の鑄鐵で、炭素以外に珪素、マンガン、燐、硫黄等を含んで居る。

鋼の燒入

　鋼は鐵に較べると相當硬いが、刃物としてはなほ充分でないから、「燒入法」に依って硬化する。即ち先づ鋼を刃物の形に火造した後、これを赤熱して、水或は油中に入れて急速に冷却すると非常に硬度を增す。では次に燒入に依って何故に鋼が硬化するかを簡單に說明する。

　鋼にはいはゆる「變態點」と云ひ實質の變化する溫度がある。即ち鋼を徐々に熱すれば、或溫度までは餘り性質の變化はないが、摂氏730度に於て鋼の性

質は急に變化し、甲の性質を有する鋼から乙の性質を有する鋼に變化する。反對に一度變化したこの鋼を徐々に冷却すれば、約770度で逆の變化をなして、甲の性質を有する元の鋼となる。この變化を「鋼の變態」といひ變態の生ずる温度を「變態點」と名づける。この變態點は燒入れ硬化に最も深い關係を持ち鋼を燒入れして充分なる硬度を得るには、燒入温度は必ず變態點を越えねばならぬ。變態點より10度低くとも5度低くとも決して著しい硬度の増加は得られない。然し燒入温度が餘り高いと却って充分な硬度が得られないのみならず、時には裂罅(れっか)を生じて製品を無駄にすることがあるので、昔から燒入れは非常に難しい操作と考へられて居た。

＊　＊　＊

一旦高温度に熱して、變態せる鋼を徐々に冷却すればもとの鋼に返るが、急に冷却すれば變化するに要する充分の時間を與へられないため變化が完全に進行しないで、中間の物質が現れる。この中間物質が非常に硬いものであるため、急に冷却すると鋼が硬化するのである。それ故鋼を硬化するには、必ず變態點を越えて熱することが必要である。

鋼を硬化するに要する燒入温度は、必ず變態點を越えねばならないが、然し餘り高ければ硬度を減じ時に裂罅を生ずる。かやうに燒入する温度範圍の狹いことは、燒入作業の困難なることを示すもので、昔刀匠が日本刀を製作するに困難を感じたのは主にこの點にある。勿論刀を作る材料の配合、鍛錬の技術等も相當の經驗を要するが、これ等は燒入技術に比較すれば左程難しい事ではない。昔は700度とか800度とかの高温度を正確に測定する器械がなかったから刀匠は永い間の經驗に依って錬え上げた目で、燒入温度を判定して燒入しなければならなかった、故にその困難は非常のものであったに相違ない。殊に目はその人の心理状態、天候の良否に依って影響すること大であるから、判斷を誤り易いのである。それ故に正宗の如き名匠でも、鍛った刀が悉く自分の意に叶ふ様に出來上るのではなくて、多數鍛った中から二、三の滿足した刀が出來ると云ふ位に止まるのである。昔より刀匠は朝早く暗いうちに起き、齋戒沐浴(さいかいもくよく)して仕事にかゝり、明るくならぬうちに主な仕事を終ったと云ふことであるが、これは眞に道理に叶った仕方である。齋戒沐浴は精神統一のためで、暗いうち

に仕事をするのは、火色を見て温度を判定するのが容易であるからである。

　日本では沸、匂(にえ にほひ)の分布が非常に重要視されてゐるが是は切味には直接關係のないのないものである。學術的に云へば沸、匂は燒入された部分より十分燒入されない部分に移る中間組織である。其中前者に近かい組織が沸で後者に近かい組織が匂である。刀匠は刀に燒入する前に燒刃土と稱する粘土質の微粉を水でねって塗った後よく乾かして後燒入する。塗方は刃部を殘して棟に至るに從ひ次第に厚くしてある。從って刃部は十分に燒入されて硬化するが棟部に至るに從ひ次第に軟かになる。從って其境界が沸、匂となって現はれるのである。

　日本刀では通常硬軟二種の鋼を鍛合せて造り刃部の炭素量を高く、棟部の炭素量を低くしてある。從って燒入後刃部は非常に硬いが、棟部は靱性を帶びてゐるから良く切れて折れない刀が得られる。然し日本刀も北支の如き寒冷で温度が零下三四十度の低温にさらさるれば所謂低温脆性の爲めに折れ易くなる。この欠點を避けるにはニッケル・クロム鋼の如き特殊鋼を用ひる外はない。

　現今では鐵鋼學が非常に進歩して燒入の理論も明かになり、また鋼材に於ても後に述べるように昔の鋼に較べて遙かに優良なる多數の特殊鋼が發見された。また鋼の温度もパイロメーターと稱する測温器によって正確に測ることが出來る。從って現今の冶金學の力を用ひれば切味と耐久度に於て正宗に勝る刀を作ることは決して困難ではない。しかし今より數百年の往昔單に經驗によってその當時の鋼を用ひて、現今の學術を利用して到着し得べき最高の切味を有する刀を作り得たることは寔(まこと)に感心すべきことである。

　燒入した鋼は前に述べた如く硬いが脆い欠點を持ってゐる。從って高級の刃物は燒入後150℃乃至300℃位の温度に二、三十分間熱するが普通である。かやうに燒入せるものを再び低温度で熱することを「燒戻」といってゐる。

　燒入鋼は燒戻によって硬度を減ずるが粘氣を増す。從って刃物を磨く際刃が付き易く切味もよくなる。しかし餘り高い温度で燒戻しすれば却って切味を減ずる。日本刀は普通燒戻を行はないが流儀によっては多少燒戻を行ふ者もある。

(つゞく)

(「金属」8巻1号1938年掲載)

普通の鋼と特殊の鋼—承前—

特殊鋼、及び特殊合金

　昔の鋼は前に述べた通り、單に鐵と炭素の合金であったが、現今ではこれに色々の元素を加へて特殊の性質を帶びさせた特殊の鋼が發達して來た。特殊の性質を持たせるために少量の元素、例へばニッケル、コバルト、クローム、タングステン、モリブデン、バナヂウム、マンガン、珪素等を特に鋼に加へて作った合金を特殊鋼と名づける。又これ等の元素を多量に加へた場合は特殊合金と云って居る。たとへばニッケル、クローム等の2〜3％を加へた鋼は特殊鋼である。10〜20％の多量の元素を加へたものは特殊合金である。現今の如く工業が發達して來ると、種々新しい設計を必要とするから、これ等の目的に叶ふ種々の新しい合金が要求される。例へば摩擦に依って磨耗しない鋼とか酸に對して強く錆ない鋼とか、温度が上昇しても軟化しない鋼、或は大なる抗張力と大なる伸長率を有する鋼の如きである。

　およそ機械は種々役目を異にする部分の組合せよりなって居るから、機械が永くその作用を営み得るためには、各部の役目に對し、之に適應する鋼を使用せねばならぬ、即ち適材適所と云ふことは機械に於ても最も必要である。從來日本で出來た機械は、初めは相當良く働くが、しばらく使用すると狂ひを生じて、精密機械も直ぐに其の精密度を失ふ。然し獨逸出來の機械は良く作られて居て、且つ永續性を持って居る。これは必要なところに適當な材料を使用して居るからである。それを本邦ではたゞ形だけを眞似して作るから、始めは良く働くが後になると狂ひを生ずるのである。最近では本邦でも材料に注意する様になり、機械の諸部分に特殊鋼を使用することが行はれて來たので、漸次前述の缺點(けってん)が改められて來た。

＊　＊　＊

　特殊鋼及び特殊合金の種類は数百種を數へて非常に多数であるが、その主なるものは構造用鋼である。構造用鋼とは各種の機械、橋梁、建築物の構成材料として使用するものを云ふのである。普通の特殊鋼としては、鋼にニッケル、

ニッケルとクローム、マンガン、珪素、珪素とマンガン、バナヂウム、クロームとモリブデン等を加へたものが多く用ひられて居る。

一般に構造用材料の特性を判断するには、その「抗張力」と「伸長率」が用ひられる。抗張力とは一定の太さの鋼棒を引張り切るに要する力を云ひ、伸長率とは、その場合鋼棒の中央の二點間の伸びる割合を云ふ。構造用鋼材としては強く且つ靱かなことが望ましい。即ち抗張力が大で且つ伸長率の大なるものが必要なのである。

＊　＊　＊

一般に、普通の鋼の性質としては、抗張力の大なるものは脆く伸長率は小である。又伸長率の大なるものは軟かで抗張力は小である。従って抗張力が大で相當の靱性を有する鋼材を得るには、特殊鋼或は特殊合金に依らねばならぬ。普通の鋼に特殊の元素を加へて合金を作れば、抗張力が大且つ伸長率の大なる材料が得られる。

鋼を高温度に熱して緩かに冷却することを「燒鈍」と云ふ。鋼を燒鈍すれば多少硬度を減ずるが一般に靱性を増す。また高温度に熱せられた鋼を燒入すれば著しく抗張力を増すが伸長率は頗る小である。然るにこれを適當な温度に燒戻しすれば著しく靱性を増す。かくの如く燒入れ、燒戻し、或は燒鈍等の操作をなすこ

第1表　炭素鋼

種　類	熱處理	抗張力 kg/mm²	伸長率 ％
軟鋼（0.14％C）	燒鈍	38	38
同　　上	燒入	62	20
半硬鋼（0.32％C）	燒鈍	52	30
同　　上	燒入	95	16
硬鋼（1.0％C）	燒鈍	68	28
同　　上	燒入	107	1

とを、一般に「熱處理」又は「熱錬」と云って居る。第1表は各種の炭素鋼即ち普通の鋼に就て燒鈍及び燒入れしたものゝ抗張力及び伸長率を示したものである。

この表によれば炭素量が増すに従って抗張力を増すが、伸長率は逆に減少する。また燒入れした鋼の抗張力は非常に大であるが、その伸長率は著しく小である。硬鋼の場合に於ては、燒入後の抗張力は頗る大であるが、その伸長率は殆ど零である。前述の如く一般に抗張力の大なる鋼はその硬度も大であるが伸

第2章 本多光太郎の著作から

第2表　特殊鋼

種　類	熱處理	抗張力 kg/mm^2	伸長率 %
ニッケル鋼 (3%Ni, 0.3%C)	燒　鈍	72	28
同　　上	燒　入	183	12
同　　上	燒　戻	77	26
ニッケル・クローム鋼 (3%Ni, 0.8%Cr, 0.3%C)	燒　鈍	120	16
同　　上	燒　入	180	15
同　　上	燒戻 (500°)	112	19
同　　上	燒戻 (600°)	96	23

長率は小である。そしてこの關係は特殊鋼ではどうであるか？第2表は2種の特殊鋼の抗張力と伸長率を示す。

　炭素鋼にニッケル3％内外を加ふれば燒鈍鋼及び燒入鋼の抗張力は非常に増加するが、炭素鋼と比較すれば、伸長率の減少は比較的小である。即ちこの鋼は燒入状態に於ても相當大なる伸長率を有する。更に燒入鋼を650度に燒戻すれば抗張力は大いに減ずるが伸長率は著しく増加する。

　ニッケル・クローム鋼の燒鈍せるものは120kg/mm^{2}に達する大なる抗張力を有すると同時に、16％の伸長率を有する。次にこれを燒入れすれば、抗張力は更に増加して180kg/mm^{2}にも達するが、伸長率は餘り減少しない。一旦燒入れしたニッケル・クローム鋼を500度に燒戻すれば抗張力は減少するが伸長率は相當に増加する。更にこれを600度に燒戻すれば抗張力は更に減少し、逆に伸長率は益々増加する。

　斯くの如くニッケル・クローム鋼は大なる抗張力と大なる伸長率を有するから、大砲の砲身、軍艦の甲板、自動車や飛行機の車軸等に廣く用ひられる。又ニッケル・クロームのほかにモリブデンの少量を加へることもある。

　ニッケル・クローム鋼又はこれと類似の特殊鋼は防彈鋼として有効である。防彈鋼とは彈丸に對して抵抗力の大なる鋼をいふ。しかし如何なる鋼でも充分厚ければ彈丸を防ぐことが出来るから要するに厚さの問題となり、充分薄くし

て彈丸を止め得る様な鋼と云ふことになる。防彈鋼としての必要なる性質は硬くして粘さの大なることである。然るにニッケル3％、クローム1％、炭素0.3％内外を有する特殊鋼は相當の硬度と粘さとを併有するから防彈鋼としても適當である。

東北帝国大學では金屬材料研究所に於て10年ばかり前より防彈鋼を研究し、ニッケル・クローム鋼に少量の他の元素を加へ且つ適當なる熱處理を施せるものは、彈丸に對して高度の抵抗力を有することを發見した。尚ニッケルは本邦に多く産しないから、ニッケルの代りに1.5％内外のマンガンを用ひたる特殊鋼をも研究して前者と同様彈丸に對し大なる抵抗力を有することを確めた。普通の鋼鈑は銃口前1米の距離に於て三八式小銃彈を防ぐに、約10粍の厚さを要するが、我々の所で研究した防彈鋼では3.8粍の厚さで充分である。從って200～300米の距離ならば1.5粍位の厚さで充分に彈丸を止めることが出來る。尚この鋼鈑を諸外國の優秀なるものに比較すれば、厚さに於て約2～3割有利である。拳銃の場合には彈丸も小さく速度も小であるからモーゼルでは1.5粍、小型ブローニングでは0.6粍位の厚さで完全に彈丸を止めることが出來る。今この種の薄板で身體の重要なる部分を蔽ふに目方は二三瓩で足るから非常に有効である。從って戰争には必ず防彈チョッキ、防彈服を用ひる様になることは想像に難くない。現在軍隊では鐵兜を用ひて頭部を防禦して居ることは周知のところである。鐵兜の使用され始めたのは歐洲大戰の中頃からであるが、當時の鐵兜は材料の研究がまだ進んでゐないため餘り有効ではなかったが、それにも拘らずこれを使用したゝめ頭部の負傷率が24％から5％位に減ったと云はれて居る。同様に防彈服を用ひて身體の要部を蔽へば、餘り動作を妨げることなしに致命的の重傷を防ぐことが出來る。殊に小銃は200～300米の距離で撃合ふことが多く、また大砲の彈丸の破片も速度は餘り大でないから、防彈服に用ひる鋼鈑は、1.5粍の厚さが

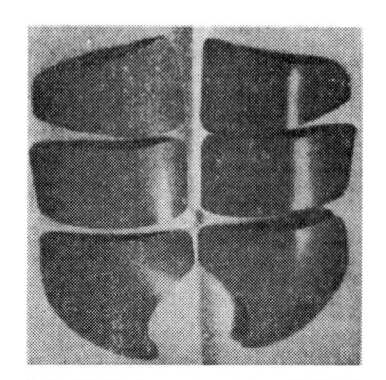

金研式防彈チョッキに入れる防彈鋼鈑

第2章 本多光太郎の著作から

測量器械も重要なところ
は特殊鋼で作られてゐる

適當であると思はれる。現に或る部隊が我々の防彈チョッキを用ひたがその効果は頗る大であるとの報告に接して居る。

　昔は兵器として專ら刀槍弓矢等が用ひられて居たので兜や鎧が相當の防禦力を持って居た。ところが小銃が發達するに從ひ甲冑は効力を失ったのみならず、却って動作を妨げるから、その使用は次第にすたれて、現在の如く輕い毛織や木綿の服裝が用ひられる樣になった。然るにその後鋼の研究が發達して薄板で充分彈丸を防ぎ得る樣になったから、今後次第に鋼の鎧即ち防彈服、楯等が使用される樣になると思はれる。

　尚我研究所で研究して出來上った防彈服の構造は、チョッキの前面と背面とが數個に分割されたポケットよりなり、其のポケットは上下左右とも二三糎位互に重なり合ふ樣になって居る。普通前面は左右各三個、背面は四個のポケットを有して、恰度これに適合する鋼鈑を納れる樣に出來て居る。この服の特徴は、單に鋼鈑の抜き差しに依って普通の服ともなり又防彈服ともなり、一着で兩樣に用ひられる點にある。

　世間では防彈服を用ひるが如きは武人の潔しとしないところであると云ふ樣

巨大なクランクシャフト、これにも特殊鋼はその特性を遺憾なく示している

に考へる人もあると聞くが、これは大なる間違である。喜んで戦に向ひ君國のため死を恐れざるは大和民族の偉大なる特性であるが、又一方出來るだけ多くの功をたてゝ後斃（たお）るゝのは一層國家につくす所以なりと思はれる。從って適當なる防彈具を用ひ出來るだけ身體の傷害を防げば益々奮闘し繼續し得て夫れ丈け多くの損害を敵に與へることが出來る。かの古武士が甲冑を衣て戰場に向ひまた現在軍隊に於て鐵兜を用ひるのも同一の趣意に外ならない。申すまでもなく戰の勝敗は專ら将校の指揮如何によることが多いのであって一人の将校を失ふことは多數の兵士を失ふに相當する。從って将校は殊に防彈具を用ひらるゝことが必要であると考へる。勿論将兵共に防彈服を着用するは眞に望ましいことであるが、然しそれも出來ない場合には少くも将校のみでも之を用ひられる様お勧めしたい。然し将校としては自分だけ防彈服を着ることは人情として忍びないと考へらるゝかもしれないが、これは佛教の語を借りて云へば所謂小乗的人情で大乗的の人情ではない。即ち将校は前にも申した通り先頭に立って多數の兵士を指揮する重要なる地位にあるのみならず、層一層重大なる場合に臨み働かなければならないのであるから、出來るだけ傷害を防ぎ、奮闘を繼續さるゝことがより多く國家に盡さるゝ所以であると考へる。

私は以上の趣意により又現在の事變の重大性に鑑み、鐵兜と同様防彈服が速かに一般に使用さるゝに至ることを切望して止まないものである。

（「金属」8 巻 2 号 1938 年掲載）

研究生活五十年
本邦に於ける磁氣學の發展

本多光太郎　八十一歳

現在本邦に於ける科學の進歩は歐米に比して著しく遅れて居ることは否み難い所で眞に殘念の極である。其原因は長い間の鎖國主義の禍の結果である。然し、科學の一部門殊に物理學中磁氣學の研究は歐米の研究に比して、その質に於てもまたその量に於てもこれに匹敵するものが少くない。或ひは時には歐米の研究を凌駕するものもあることは事實である。

　今より七十年の昔、小數の若い熱心なる物理學者は相集って相談の上、本邦數學；天文、物理學の連合會を設置して社會に呼びかけて、國民一般に理科智識の普及を企てた。然し夫れ以來會員も著しく增大し論文の數も多數に上ったのでこれを夫々獨立せる天文、數學、物理の三學會に分割するの便を見るに至った。

　又、今の東京大學理學部は明治十九年東京理科大學として産れ、大正八年東京帝國大學理學部と改名せられて現在に及んで居る。本理學部は實に本邦理學の泉源であり、磁氣の研究の多くは直接間接本大學の研究より産れたものと云ひ得るのである。

　本邦に於ける磁氣研究の先驅者としては何人も、サー, ユーイング氏を推す事を躊躇しないであらう。彼は有名なる分子磁石の學説の提出者であり、又所謂磁區の學説に貢獻した學者である。氏は又磁氣履歷現象の發見者の一人である。實にユーイング氏は磁氣の基礎的考察に多大の貢獻をなせる學者の一人である。サー, ユーイング氏の本邦に滯在せる期間は四年八ヶ月に過ぎないが、氏の我學界にのこせる足跡は極めて大である。ユーイング氏についで我理學部に教鞭を取った外人は、メンデンホール、及びシー、ジー、ノットの兩博士で、主として電磁氣方面を研究して居られた。

　本年九十四歲の高齡に達せられて猶かくしゃくたる田中館愛橘先生は多年本邦各地に於ける地磁氣の三要素を測定して地球物理學に大なる貢獻をされた。

　又長岡半太郎先生は地球物理學、光學、等に關する幾多の重要なる論文を發表されたのみならず、磁歪現象を研究して遂に水中超音波發生器製作上の基礎を築かれた。之に關する研究に就ては、私も卒業後即ち明治三十年より九年間長岡先生の御手傳をした。磁歪效果に就てはその當時までは精密なる研究なく、單に鐵に就て二・三の測定があったに過ぎなかったが、我々は單に鐵以

外、ニッケル及びコバルトのみならず更に進んで各種鐵ニッケル合金の磁歪まで研究して種々重要なる結果を得た。

然るにこの微細なる磁歪現象が、その後三十年を經ざる間に應用方面に發展して軍事上缺くべからざる水中超音波發生器として使用されるに至るなどとは、その當時長岡先生始め我々の夢想だにも考へ得なかったことである。長岡先生はまたウィデマン効果、及びその逆効果も研究して現在シャフトの捩れを測定する捩れ秤の製作の基礎を作られた。

以上の他、私は中村博士及び二・三の同僚と共に夏休みを利用して、本邦各地の湖水、港灣内に於ける靜振（セイシ）の研究、即ち湖水或ひは港灣内に於ける水が全體として振動する状況を研究した。これは湖岸に打寄せる波を云ふのでなく、湖水全體としてのタンク・モーションである。この運動に於ては、原振動の兩端は上下動の腹で、中央はその節である。又港灣の靜振は湖水を長さの方向に直角に折半したものに等しいから、灣口は上下動の節であり、灣端は腹である。觀測の結果は大部の報告書として、震災豫防調査會より出版されて居る。尚、普通水位の昇降は數ミリ、乃至數十センチである。

丁度その頃私は熱海間歇泉を研究して居た。間歇泉とは一定の週期を以て熱湯を噴出する泉のことを云ふのである。本邦に於てはその數は小であるが、その中最も著名な間歇泉は熱海の大湯である。ところがこの大湯が明治三十五年頃より休止したので、町民大いに驚き復舊對策を私に依頼して來た。私はその當時寺田寅彦博士と共に大湯を研究して居り、間歇泉の機構も大體明かになって居たので自信を以て復舊工事を引受け豫定の通り二・三日にして大湯の復舊を見ることが出來て、町民と共に大いに喜んでゐた。然し之も亦一ヵ年半ほどで間歇性を失って休止した。其原因は大湯の周圍湯の不足を補ふため周圍に掘られた井戸の影響であることは明かであるが、今となっては仕方がない。あとで考へるともう少し大きな外科的療治を行ったらよかったと思ふが、然しこれは今からでも遲くはない。

私は明治三十年、東大理學部卒業後直に大學院に入り長岡半太郎先生指導の下に磁歪の研究に從事し、二年の後講師となり、同三十五年十二月大學院を卒業して理學博士の學位を授けられた。明治四十三年に仙臺に東北大學が開設せ

られる豫定になった爲め、新設理科大學物理學科の教授候補者の一人として、欧米に留学を命ぜられ明治四十年五月渡歐した。

　私は初めの半ヶ年を伯林にて語學の習得に費し、次の一ヶ年を月沈原大學（ゲッチンゲン）にて研究に過し、殘りの一ヶ年を再び伯林（ベルリン）に費し、米國を經て四十四年二月歸朝し、明治四十五年四月一日東北大學教授に任命された。月沈原ではタンマン先生の許に種々の成分の試料を造り成分對磁氣の強さの關係を明かにした。これと同時に一般合金製造法を習得するよう努力して歸朝後の研究準備にそなへた。合金の狀態圖を定めるに、合金の磁氣の強さを利用することは最も有效なる方法の一つで金研では「磁氣分析法」と呼び盛に之を利用してゐる。又月沈原の物理教室に於ては、フォグト先生の指導の許に強磁場に於ける水晶板の偏光面の廻轉を測定した。

　元來私の留學期間は三ヶ年であったが、大學の開設が一ヶ年延期されたため滯歐期間も一ヵ年延長された。そこで私は再び伯林に戻り、長岡先生の御紹介によりデュボア先生の個人研究室に於て各種元素の磁氣係數と原子量との關係を明かにした。

　この研究は純粹なる數多の元素を入手することの必要があるから、之を實施することは極めて困難である。幸ひ、デュボア先生の顏と熱意とによりこの困難を克服して各種元素に就て測定を行ふことが出來た。此研究の結果は非常に重要で磁氣係數と原子量との間に週期的關係あるを示してゐる。

　以上の研究を最後として私は英佛伊米の諸國を視察して歸國の途についた。

　以上述べ來った如く洋行前の私の研究は主として強磁性體なる單體に關するものであるが、歸朝後の研究は之を基礎として發展せる學問の一派である物理冶金學に属する研究である。前者は鐵、ニッケル、コバルト、及びその他特殊合金の物理的性質を研究し、後者は主として成分の相異による相の變化、即ち狀態圖を決定するのである。之には普通熱分析、顯微鏡、熱膨脹計、磁氣分析、電氣抵抗、熱天秤、等の研究用武器が用ひられて居る。近時は更に電子顯微鏡なども盛に使用されて來た。以上の中、熱天秤、磁氣分析、熱膨脹計、等は金研で發達した武器である。

　私の歸朝後五年、大正五年東北大學に臨時理化學研究所が設置せられた。そ

の理由は大學の教室内では研究者も物資も不足がちで十分の研究が出來ないので、時の北條總長によって提案されたものである。この研究所に於ては、主として鐵鋼の物理的性質に關する研究が行はれたが、其成績が良好であったので、大阪の住友家より前後二回に渡り、二萬一千圓と、三十萬圓の寄附の申出があった。臨時理化学研究所はその當時物理學教室の一部を借用して研究して居た位貧弱なものであったが、住友家の厚意に依って立派な研究所が新設せられるに至った。政府に於てもまた研究所の重要性を認め年額二萬一千圓の經常費を支出するに至って、名稱も鐵鋼研究所と改められた。之が現在の金屬材料研究所の前身である。

　以後着々設備を整へ毎年一定の經常費をもらふことになった。其後研究機關も年を追ふて擴張せられ、單に鐵鋼のみならず一般金屬及び合金を研究するに至ったので、其成果は内外に認められて來た。從って名稱も現在の如く金屬材料研究所と改められた。

　尚昭和七年には齋藤報恩會より數回に渡り、合計二十八萬圓の寄附を受けて本邦唯一の低温研究室を創設して液化水素までの低温度、即ち絶對温度三十度までの低温研究を進め得るようになった。現在はヘリウム液化に必要なる低温度の研究装置製作に着手して居る。扨て現在の金屬材料研究所は次の如き組織を持ってゐる。

一　基礎研究部　十分科
　　金屬物理　金屬化学　物理冶金　特殊鋼　低温物理　低温化學　高温化學　輕合金　磁性合金　防蝕
二　應用研究部　六分科
　　融解　鑄物　鍛造　加工　粉末冶金　分析

　以上は金屬材料研究所の歴史の大要であり、これが又同時に私の研究史であると云ひ得る。

　實際磁氣に關する私の研究はこの中に含まれてゐる。かくして金研は擴張に擴張を重ね現在では優に一學部に匹敵する規模の一大研究所に發展した。從って私自身の研究も頗る多く多方面に渡りその數三九〇を越えて居る。又現在各部に所屬する人員は、教授一六名、助教授二六名、助手六八名、その他工員雇

員を通算すれば三百名以上に達する。又經常費も年々増加して合計二千五百萬圓に達するようになった。

　尚、1910年以後、本邦に於ける磁氣に關する研究は主として東北大學物理學教室、及び金屬材料研究所に於て行はれた。その主要なるものを擧ぐれば次の通りである。

（一）諸元素の磁氣係数と週期率との關係（本多）
　　Sci. Rep. **1** (1912), 1.

（二）鋼の A_1, A_2, A_3, A_4 等の變態機構の研究（本多）
　　Sci. Rep. **1** (1912), 1 ; **2**(1913), 69 ; **4** (1915), 161 ; **4** (1915), 169 ; **8** (1919), 181.

（三）鋼の燒入、燒戻に關する研究　附オーステンパーの理論（本多）
　　Sci. Rep. **8** (1919), 181 ; **14**(1925), 165 ; **18** (1928), 503.
　　Proc. J. Acad. **22** (1916), No.4 ; **22** (1946), 84.

（四）磁歪の研究
　　物質の磁性（本多），教科書, 43〜78頁 ; 83〜89 ; 105〜129 ; J. Hokka. Univ. **1** (1935), 227 ; Kaya-Takagi.

（五）諸種の化合物の磁氣係數の測定
　　Sci. Rep. **3** (1914), 139 ; **3** (1914), 223 ; **3** (1914), 271 ; **4** (1915), 161.（本多）

（六）炭化物 Fe_3C の特性の研究
　　Sci. Rep. **4** (1915), 161 ; **6** (1917), 23 ; **6** (1917), 149 ; **9** (1920), 311.（本多）

（七）ユーイングの分子磁石説による強磁性體の磁化の理論
　　Sci. Rep. **5** (1916), 153 ; **6** (1917), 188 ; **7** (1918), 141 ; **12** (1923), 27.

（八）強磁性體單結晶の磁化曲線、低温、及び高温の場合
　　Sci. Rep. **15** (1926), 721 ; **15** (1926), 755 ; **17** (1928), 113 ; **20** (1931), 323 ; **24** (1935), 391.

（九）高導磁率合金、センダスト
　　9.6%Si ; 54%Al ;（増本）.
　　$\mu_0 = 117500, \mu_m = 117500$.

（十）耐久磁石鋼

(a) M.K. 耐久磁石鋼 (三島)*
Br = 700 〜 1000 ; Hc = 700 〜 200.
(b) K.S. 耐久磁石鋼
Br = 7000 〜 8500 ; Hc = 950 〜 700.
Sci. Rep. **9** (1920), 417. (本多, 増本, 白川).

(十一) 物質の變態に伴ふ巨大なる壓力、或は張力の發生に就て
Proc. Japan. Acad. **25** (1949), No.1, 11. (本多, 極めて重要なる事項と考へる).

(十二) 磁氣熱効果
Sci. Rep. **24** (1935), 745. (岡村).

(十三) ΔE 効果の測定
日本金屬學會誌, **6** (1942), 581. (山本).

(十四) 半導體の強磁性論
日本數學物理學會記事, **22** (1940), 528 ; **24** (1942), 560. (宮原).

(十五) 鐵單結晶に於ける磁氣分布の測定
Z. Physik, **84** (1935), 705 ; Sci. Rep. Anniv. Vol. (1936), 314. (茅、髙木)*

(十六) 集團電子模型による金屬並に半導體の強磁性論
日本數學物理學會, **17** (1943), 92.

(十七)
(a) 強磁性結晶體に關する磁氣の理論
(b) 磁化と力學的諸力との相互關係
Sci. Rep. **28** (1939), 20, 85. (髙木通泰).
Z. Physik. **84** (1935), 705. (茅)*
(c) 強磁性規則格子合金の研究
J. Fac. Si. Hokkaido Univ., **2** (1938), 29. (茅).
Proc. Phys. Math. Soc., Japan, **22** (1940), 126 ; **25** (1943), 179 (茅、中山)* ;
Sci. Rep. **1** (1949), 71.
日本物理學會誌, **3** (1948), 1, 8, 16. (里)*
日本金屬學會誌, **13** (1949), No.4, 3. (里)*

(十八) アイシング模型による強磁性論
　　Proc. Phys. Math. Soc., Japan, **23** (1941), 551.
編注：文献の記載について、編集者の責任において一部加筆（*印）、訂正した。巻号数、発行年などについて、できるだけ照合したが、なお調べがつかないものについては、原本のままとした。

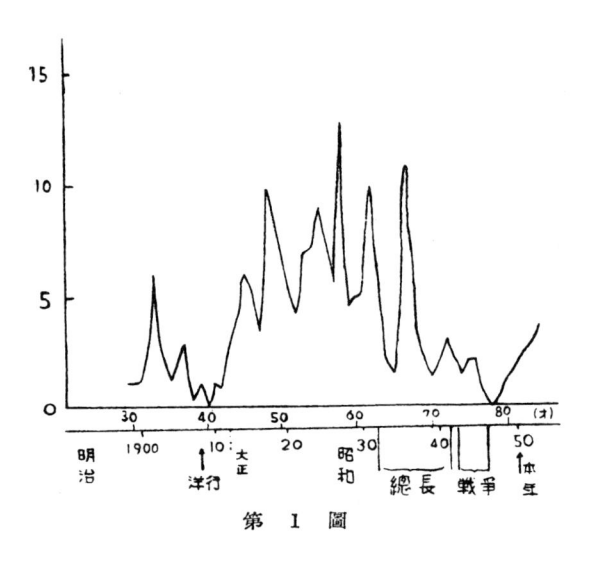

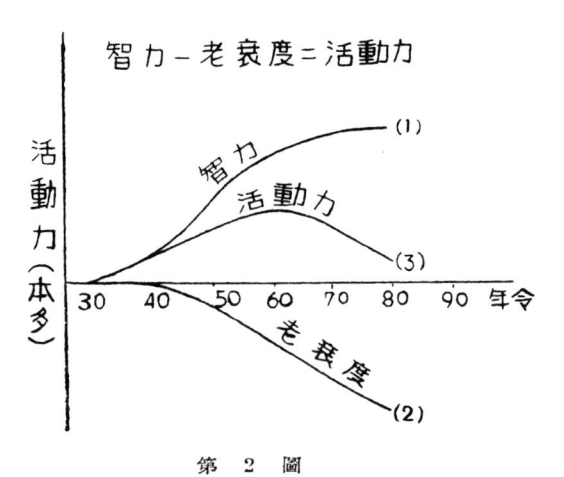

第　1　圖

智力 − 老衰度 = 活動力

第　2　圖

終りに私の活動力と年齢との關係について一言したい（科学圏第四巻）。私の研究上の活動力を示すものは研究業蹟であるから、私が毎年發表して來た各論文の價値を同一と假定して論文數を縱軸にとり、年號を橫軸にとって曲線を書けば、研究能力即ち研究的活動力が如何に年齢と共に變化するかが大體明らかになる。第1圖はこの變化を示すもので、曲線にジッグザッグのあるのは、活動力にかような急激な變化があるのではなく、活動力は徐々に連續的に變化するのであるが、一つの論文の出版から次の出版まで多少の時日を要する為めである。勿論論文の數よりもその質も活動力に影響すべきであるのみならず、論文の長短も活動力に影響すべきであるが、大體の變化を見るためその平均値をとれば論文數の場合と大體同一と考えてよかろう。第2圖の活動力曲線はかような平均値より得たものである。

なお少し詳しく第1圖に就いて説明すれば、論文數すなわち活動力は、初め急激に増加して後、徐々に減少し、洋行の時期に於いて最小點に達する。すなわち活動力は潜伏狀態となっている。從って歸朝後に於ける論文數は急に増大するが、遂に近似的値に近づきその後減少し始める。その最高點は昭和の少し前に現われる。その後總長になるに及んで、一時著しく増大するが再び急に減少する。その後數年を經て潜伏活動力の爲め再び大増加を生じて後、遂に零に近づく。然し最後に又小なる増加を示して終結せんとすることは面白い現象であり、丁度、線香花火のラスト・フラッシュに相當するものであろうか。

第2圖は第1圖よりの平均曲線で示すものであり、私の活動力が年齢によって如何に變化するかを示すもので、正負兩効果重合則の存在を示すよい好例である。すなわち智力が年をとるに從って曲線（1）の如く増加すると、老衰度は曲線（2）の如く四十年ごろより始まり次第に増加する故、これらの合成曲線として活動力曲線が得られるのである。

尚第1圖の最後に現はれてゐる活躍は初に想像せる所よりも著しく大である。今後尚上昇するか否かは注目に値する。

　　　　　（昭和25年9月18日受理、「日本物理学会誌」5巻6号掲載）

第3章　本多光太郎研究

金属学への磁気分析法の導入と本多の磁気理論および
　　本多学派初期の多様な業績について　　　勝木　渥
本多光太郎の研究　　　　　　　　　　　　　河宮信郎
日本の基礎磁性研究者と本多光太郎との人脈　安達健五
欧米の先進鉄鋼研究機関と本多光太郎　　　　前園明一
本多光太郎とKS鋼、新KS鋼の開発事情　　　小岩昌宏

金属学への磁気分析法の導入と本多の磁気理論およひ本多学派初期の多様な業績について

勝木 渥

1. はじめに

本多光太郎と本多学派の主要な仕事の歴史的意義を一言で述べれば、「日本における Materials Science の自立過程の展開と達成」ということができるであろう。それを可能にした鍵は、金属学への磁気分析の導入にあった。

磁気分析の導入を時間の原点にとり、本多の経歴と本多および本多学派の初期の業績をほぼ時代順に列挙してみる(ただし、状態図の研究およびKS鋼・超インバー・不銹インバー以外の素材開発は、記述することを省略した)。

- -2. 本多の研究経歴:磁歪の研究、合金の磁性の研究、地球物理学的研究(静振・間欠泉)
- -1. 留学:Tammann のもとで金属学の手ほどき;du Bois のもとで磁性の周期律
- 0. 磁気分析の導入
- 1. 元素の磁化率(本多・曽禰武、1913)
- 2. 反強磁性体(MnO)のネール温度での磁化率異常の観測(検出)等(本多・曽禰、1914)
- 3. ヘマタイトのモリン温度での磁化率異常の観測(検出)等(本多・曽禰、1914)
- 4. 渡瀬の風穴(鈴木清太郎・曽禰武、1914)(農業物理学・環境物理学の嚆矢?)
- 5. A_2 変態の本性の解明(1915)→鉄の神様
- 6. 鬼首の間欠泉(本多・曽禰、1916)(本多の最後の地球物理学的論文)
- 7. KS磁石鋼の発明 (1917)(素材開発)

8. 気体の磁化率の測定（特に水素の磁化率；世界の最先端）（曽禰、1919）（学士院賞）
9. 酸化窒素の磁化率の系統的測定（曽禰、1922）（分子磁性学の萌芽）
10. Fe, Ni, Co 単結晶の磁化測定（茅、1926-28）（Modern の芽）
11. 広根・彦坂の強磁性理論（1931）（Modern の芽）
12. 増本の超インバー・不銹インバーの発明（1931, 1934）

　伝統的な金属学は、熱分析と顕微鏡観察とをその主要な研究手段としていた。熱分析は金相学における最も有力な研究手段であったが、その鋭さにおいて欠けるところがあり、精密な研究のためには、鋭敏な研究手段によって補完される必要があった。磁化率測定はそのような鋭敏さを持つ研究手段たりうるものであり、本多がそれを「磁気分析法」としてドイツ留学中に着想して、金相学に導入したのである。ドイツ留学から帰国したとき、磁気物理学者であった本多はむしろ新しい型の「物理学的金属学者」として立ち現われた。後年の本多の物理冶金学の王国の礎石が置かれたのはまさに金属学への磁気分析の導入によってであった。

2. ネール温度やモリン温度での磁化率異常の、早過ぎた発見

　仙台での初期の仕事の一つに、本多と曽禰武（そね・たけ）による酸化マンガン MnO の $-165°C$ での磁化率のλ型ピークの発見（1914）[1] ― これは反強磁性体のネール温度での磁化率異常を世界で初めて見つけたものであった ― や、ヘマタイトの $-40°C$ での磁化率の急激な変化の発見（1914）[2] ― これは後年（1950）再発見されて、モリン温度での磁化率異常と呼ばれることになる現象を、36年も前に見つけていたものであった ― があるが、これらの発見を含むかれらの1910年代初期の固体の磁気的性質の研究は、金相学に本多が導入した「磁気分析法」の有効性・優位性の実証に力点が置かれていた。

　これらの磁化率異常はいずれも磁気構造に由来するものであったが、かれらはそれを磁気構造に結び付けて考えることはしなかった。そもそも、本多たちの発見を磁気構造と結びつける理論は、当時その片鱗さえなかったのである。

3. 本多の磁気理論の積極面と限界

本多は磁気理論への萌芽的着想を 1910 年にドイツで発表している[3]。その中で本多は常磁性体と強磁性体との違いを、磁化過程を妨げる傾向の強弱の差としてとらえていた。のちに、その強弱の差を分子の形状の違い（強磁性体：球形）としてとらえ、強磁性状態から常磁性状態への移行を分子の形状変化に帰した[4]。

本多が 1915 年に「鉄の A_2 変態の本性について」[5]を書いた頃、A_2 変態を原子の配列の変化と見なすか否かの見解が対立していた（β 鉄論争）。前者には Osmonnd（1887）以来、Tammann（1908）、Burgess（1914）、Howe（1913）、Sauveur（1913）、Rosenhain（1909）らの錚々たる金属学者がこれに与し、後者の見解は、まず Le Chatelie（1904）、ついで Weiss（1909）によって表明され、のち Hadfield（1914）、Benedicks（1912,1914）、本多（1913）らがそれに与した。本多は A_2 変態（＝磁気変態）を α 相内で起こる分子の漸次的変形によるものと考えた。かれはスピンの自由度であることが後にわかる分子の内部自由度を分子の形状の自由度として擬制的に把握していたのである。そして、内部自由度こそが A_2 変態の本性解明の鍵であったのだ。だから、本多の磁気理論は変態理論・相転移の理論としては積極的に機能し、本多による A_2 変態の本性の解明に寄与した。しかし、分子の内部自由度をスピンの自由度として正しく把握しえていなかったから、磁気理論としては失敗した。

4. 本多と Weiss

本多の「鉄の A_2 変態の本性について」[5]は 45 頁にわたる論文であるが、その最後の章（6 頁分）が強磁性の理論に割かれている。その章の冒頭に「以前の論文で私はここで列挙した諸現象をワイス理論で説明しようと試みた」と書かれている。本多をワイス理論に対する一貫した頑迷な反対者だったとする現在の通念的認識は、本多の上の言葉と相容れない。この「以前の論文」[6]で本多は Weiss と Beck の鉄・ニッケル・コバルト・鋼の磁気変態に伴う熱の発生と磁化の関係等を同時測定によって調べた論文[7]に言及して「Weiss と Beck は磁気的変態 α-β を温度とともに連続的に進行する変態であると見なした」

「分子場の導入によって、α-β変態での実熱量が磁気的エネルギーによって定量的によく説明できることを示した」と好意的に紹介し、かつ本多自身の実験結果(いろいろな強さの磁場をかけて磁気測定と熱分析を温度を変えながら同時にやり、磁化は磁場の強さに依存するが実熱量は磁場の強さに依らないことを見出した)について、「この実験結果は、熱の発生と磁気変態が一つの共通の原因に帰せられるという見解と矛盾するものではない」「磁気的エネルギーにおいて、したがって熱の発生において、主役を演ずるものは外場に比べて法外に大きな分子場である。発生する熱量が外場にほとんど依らないのはそのためである」と述べている。磁気測定と熱分析を同時に行った本多は、この時、すなわち1913年6月の段階では、本多の観測した現象を説明する理論として、β鉄論争においては同志であったWeissの分子場理論を受け入れていたのである。しかし、Weissと本多の間には、Weissが磁気変態に伴う熱の発生を磁気的エネルギーの変化に帰して、その根源を磁性に求めたのに対し、本多は磁気変態と熱の発生とをより根源的な一つの現象(分子の変形)の二つの異なった様相だとみなすという違いがあった。翌1914年、本多はワイス理論に変わる新しい磁気理論[4]を提出し、ワイス理論にも言及しているが、そこでは分子場が大きすぎるという批判はまだ行われていない。

　本多がワイス理論批判の旗幟を鮮明にするのは、1915年[5]以後である。

5. 曽禰武の気体水素の磁化率測定と一連の窒素酸化物の磁化率の系統的測定

　曽禰が1916年から1919年にかけて行った一連の気体、特に水素の磁化率の測定[8]は、原子論的な問題意識(「これまでに提案された原子のモデルは光の現象を説明するために作られたが、磁性は原子の陽核の周りを回る電子によるものであるから、原子構造の正しい理論は、光の現象のみならず、磁性をも説明しなければならない。この見地から、種々の気体の磁化率、特に水素とヘリウムの磁化率を知ることが非常に重要である」との)のもとになされた。

　気体の磁化率測定の困難は、次の二点に起因する。一つは気体が固体や液体に比べて希薄であって体積磁化率が非常に小さいこと(それゆえ、測定管への

高圧での封じ込めと、高感度の磁気天秤が必要)、もう一つは気体に空気(酸素)が混入してはならないこと(気体の純化が必要)である。曽禰が世界で初めて、空気や酸素以外の気体について、磁化率の信頼すべき測定値を提供しえたのは、この二つの困難を克服しえたからであった。気体純化装置(特に水素の)、独特の設計になる巧妙な封入口をもった測定管、高感度磁気天秤、これらを三位一体とした気体磁化率測定装置、これこそが曽禰の測定の成功の環だったのであり、このような装置を我が国が独自に開発しえたことによって、日本はその時、気体の磁化率測定で世界の第一等の地位を占めたのである。この研究で後に曽禰は、1925年度の学士院賞(東宮御成婚記念賞)を受賞した。

曽禰は引き続いて、一連の窒素酸化物の磁性の研究に足を踏み入れるが、これは分子構造についての問題意識をはっきりと持った研究[9]であり、分子磁性学の萌芽と見なせるものであった。しかし、この研究のあと、曽禰は胸を病んで療養生活に入り、その中で自分の一生の仕事としてはキリスト教の伝道に携わりたいとの気持ちを強く持つようになったために、病が癒えたとき、物理研究の道には戻らず、キリスト教の伝道に携わる道を選んだ。

曽禰が自分の弟子または後継者を作らぬまま物理学研究の道から去ったために、曽禰の研究を引き継ぐ人も、これを語り伝える人も現れず、曽禰の仕事は後世久しく忘れられたままであった。

6. 渡瀬の風穴と鬼首の間欠泉の研究

本多学派後裔主流の人々が本多学派の業績として思い描くものは、新材料の開発・金属学・磁気学分野の諸業績、いわば近代工業社会に適合しそれと不可分に発展してきた分野の諸業績であって、初期の本多学派の中にあった、その枠に収まりきらない多様な萌芽が看過されがちであるように私には思われる。

鈴木清太郎と曽禰が1912年11月から翌年11月にかけて行った渡瀬の風穴の研究[10]は、農民たちが経験によって知り、それを養蚕に利用してきた自然現象(風穴)の物理学の目による解明であった。鈴木が1977年に90歳で逝去したとき、『朝日新聞』の訃報は鈴木について「九州大学名誉教授、もと日本農業気象学会会長として農業気象研究の草分け的存在。『農業物理学』『農業気

象学』『火災学』などの著書がある」と述べていたが、初期本多学派がこのような流れの源流でもあったことに注目したい。これはあるいは「環境物理学」の嚆矢であるかもしれない。

本多・曽禰には鬼首の間欠泉についての論文[11]もある。論文冒頭にある鬼首間欠泉の説明など、紀行文としても秀れていて、読んで楽しい。

KS磁石鋼発明（1917）の前年に書かれたこの論文は、本多の最後の地球物理学の論文であった。KS磁石鋼の発明の成功が、本多と本多学派の研究方向と研究テーマを、近代工業社会に適合するそれに収斂させたのであろう。

参考文献
1) K.Honda and T.Sone : Sci. Rep. Tohoku Imp. Univ., **3** 139 (1914).
2) K.Honda and T.Sone : Sci. Rep. Tohoku Imp. Univ., **3** 223 (1914).
3) K.Honda : Phys. Zeitsch., **11** 1078 (1910).（この論文はSci.Rep.Tohoku Imp.Univ. Honda Anniversary Volume (1936)の論文目録には採録されていない。）
4) K.Honda : Sci. Rep. Tohoku Imp. Univ., **3** 171 (1914).
5) K.Honda : Sci. Rep. Tohoku Imp. Univ., **4** 169 (1915).
6) K.Honda : Sci. Rep. Tohoku Imp. Univ., **2** 69 (1913).
7) P.Weiss and P.N.Beck : J. de Phys., **7** 249 (1908).
8) T.Sone : Sci. Rep. Tohoku Imp. Univ., **8** 115 (1919); Phil.Mag. **39** 305 (1920).
9) T.Sone : Sci. Rep. Tohoku Imp. Univ., **11** 139 (1922).
10) S.Suzuki and T.Sone : Sci. Rep. Tohoku Imp. Univ.,**3** 101 (1914).
11) K.Honda and T.Sone : Sci. Rep. Tohoku Imp. Univ., **5** 249 (1916).

（元 信州大学教授）

「本多光太郎研究会」（1972年度物性研短期研究会）について

「本多光太郎研究会」は1972/11/20～21に東大物性研で開かれた。参加者は勝木渥・河宮信郎・篠原猛・中沢護人であった。

この研究会は、それまでほぼ個別に独立に河宮・勝木らによって進められていた本多研究が一つに合流し、あるべき本多研究の全体像がイメージできたこと、全体像の中での個別の仕事の位置を見定める基準を持ちえたこと等によって、本多と本多スクールについての科学史的研究の面で、一つの画期となった。

この研究会で語られた内容は、テープから起こされて、私的な青焼き文書として、参加者の手許にある。

第3章 本多光太郎研究　　　　　　　　　　　　　　　　　　　83

本多・曽禰の鬼首間欠泉についての論文より
"On the Geyser of Onikôbe" By Kôtarô Honda And Také Soné
Sci. Rep. Tohoku Imp. Univ., 5 (1916).

Fig.2 Geyser in Repose : 噴出を待っていることろ（p.250）

Fig.3 Geyser in Full Activity : 噴出の瞬間（p.251）

Fig.4 : 測定装置、Fig.2の右上に見えている（p.254）

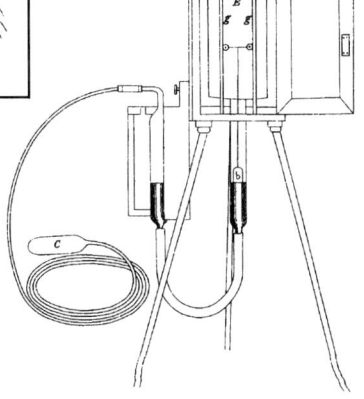

本多光太郎の研究

河宮　信郎

　本多光太郎は、日本の金属学研究に、何を遺しただろうか？すぐれた伝記『本多光太郎傳』[1] および『本多光太郎先生の思い出』[2] を繙くとき、偉大な指導者・教育者・組織者としての彼の本領を十分に知ることができる。

　しかし、そうであれば一層、本多についての確かな研究史的評価・記述が必要ではないだろうか？

　本稿は、金属物性論の側に偏った評価かもしれないが、前二著にない点を補うことができれば幸いである。

磁気研究から状態図の磁気分析へ

　本多光太郎の研究生活は、長岡半太郎とともに、強磁性金属合金の磁歪を測定することからはじまった。明治30年代（1900年頃）の東大物理教室にあって、Ewingの遺した磁気研究を受けつぐほかに、選択の余地が多くあったことは考えられない。この余儀ない「一つ覚え」が、金属の研究に広く適用できる有効な手段であることに本多が気づいたのは、ドイツのタンマンのもとに留学中であった。彼のもとで、一連の2元系合金の磁気を測定していたとき、本多は、Mn-Sb系において、MnもSbも非強磁性なのに中間組成MnSbやMn_3Sb_2、Mn_2Sbなどのところで強磁性になること、そしてMn_3Sb_5では、キューリー点T_Cにおける磁化の消失が、通常のCo, Niなどと異なり、2〜300°にわたって緩慢に生じることに気づいた。

　ある種のMn化合物が、Fe, Co, Niを含まなくても強磁性になることはHeusler合金、Mn-Sb系等ですでに知られていたが、2元系全域にわたっての磁気測定はなかった。さらにタンマンの所では弱磁場測定しか行なえなかったので、通常の熱磁気曲線がT_Cで垂直に近い急激な変化をするのであり、ゆるやかな変化は何かの「異常」をあらわすと考えられた[3]。

彼は、この異常は、Mn_2Sb が Sb 側融液と包晶反応的に結合して Mn_3Sb_2 を生成する際、完全に反応が進まず温度変化とともに組成が変化するためだと考えた。とすると、従来の熱分析は、「緩慢な温度変化」をとらえることが大の苦手であることがわかっていたから、磁気分析は熱分析を補う重要な測定方法となり得る。

しかし、この磁気分析を鉄鋼に応用し、セメンタイトの磁気変態点 A_0 を発見し、A_0 点で磁気変化量と炭素含量との関係を解明した人は、本多ではなく Smith[4] であった。『伝記』だけでなく『金研50年』[5] においても、A_0 点、β 鉄が独立の相でないこと等を「発見」したと書いているが、これは「確認」(confirm)したと訂正されなければならない。もちろん磁性分析への注目や、特殊鋼の変態研究への応用は本多および共同研究者の創見で、それ故に、始祖 Smith 以上に有名になったと考えられる。ただ本多の仕事に関しては、研究史の流れの中で相対的に評価されることが少なく、一方にこれを絶対化して「崇拝」する傾向が生じ、やがてその反対極に、「本多の考えは古い。だから、本多のやったこともすべて古いにきまっている」と「蔑視」（といっても本多の研究体制組織者としての能力を評価しない人はいない）する反動が生じたように思われる。

磁気的周期律の研究から「本多理論」へ

本多が大学入学（1894年）してから、ドイツ留学に発つ（1907年）までの十余年の間に、磁性理論は飛躍的発展をとげ、量子力学完成以前に望み得る最高の成果が達成された。すなわち、

1895年、キューリーの法則、実験的に発見

(1) 反磁性は、温度に依存しない。

(2) 常磁性帯磁率は、絶対温度に反比例：$\chi = C/T$

(3) 強磁性体も、温度を上昇させると、常磁性に変ずる。

1905年、ランジュバン、キューリーの法則(1)(2)を分子電流のモデルと統計力学的手法で導出。

1907年、ワイス、分子場の考えで理論的に(3)を導出。

キューリー、ランジュバン、ワイスというフランスの物理学者たちが、反磁

性、常磁性、強磁性という磁性の三基本型を鮮やかに解明した手際は、感嘆のほかはない。しかし、と本多は考えた。それが、真に基本的で一般的な法則かどうかは、もっとよく検討しなければわからない。キューリーはいろいろな化合物を調べたが、物質の基本型態である元素で調べてみるべきだ[6]…。

1910年、ベルリンのデュボアの研究室に移った本多は、大型の電磁石を用い、Maerck, Kahlbaum 社等から得た元素43種を常温から1000℃まで、徹底的に測定する。はたして、フランス物理学の精華－磁性理論－は一般的法則であったろうか？

本多の結果は「常磁性と反磁性に関するキューリーの2法則は、元素に対しては成立しない」[7] ということを明らかにした。

キューリー、ランジュバン、ワイスの理論は大変スマートであるが、限られた物質に対し狭い温度範囲で成り立つ「近似的」なものにすぎない、と本多は考えた。多数の元素が示す性質、温度変化の大きい反磁性、温度変化の小さい常磁性、などキューリー・ランジュバン理論の逆をゆく新しい磁性－本多の発見したもの－の本質は何であったか？

今日われわれは、金属電子論の知識によって、それらが、ランダウの反磁性、バンド電子の常磁性とよばれる本質的に量子力学的な物性であることを知っている。

しかし、本多は、自らの発見した磁性のタイプが、このような飛びきり難解（古典理論では想像もできない）なものだとは知る由もなかった。彼はランジュバンの分子電流の考えを踏襲して「拡張」し、ユーイングの分子磁石説と継ぎ合わせれば一般の磁性を説明できると考えて、「本多理論」をつくっていく。それはワイス分子場の考えと反対の方向に進むもので、ゆきつく先は破綻のみであったが、彼は自分こそ唯一正しい磁気理論家だと思っていたのであろう。

それは避け難いプロセスだったかもしれない。図1に本多の磁気データ[6]を、今日の文献値と比較して示した。折線は今日のデータを結ぶもので、黒丸が本多のデータである。

極大点、極小点、$\chi \simeq 0$ の弱い常、反磁性等、今日の値とみごとに符合している。この半世紀における試料精製・測定技術の進歩を考えるとき、彼の仕事

第3章 本多光太郎研究

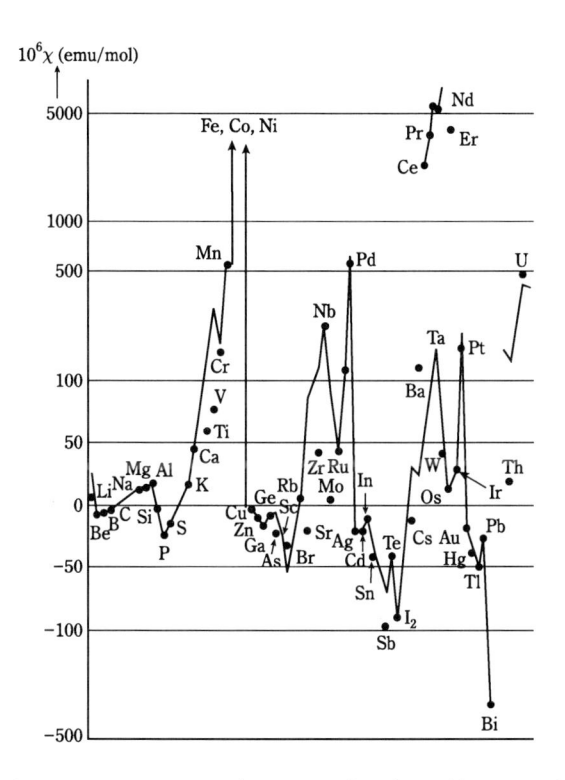

|χ| > 100×10⁻⁶emu/mol の領域のみ対数目盛りを使用した。折れ線は、現在の文献値を直線で繋いだもの。本多のデータは、グラム当りの値であったから、原子量（I_2 は分子量）をかけて換算した。

図1　常温における元素の帯磁率

の優秀さがわかるであろう。この一見複雑な磁気的周期律が長周期の周期性を示していることは明らかだが、本多は、さらに進んで、各元素帯磁率の温度変化を結合する経験則を見出した。

「温度の上昇に伴へる常磁性元素及び反磁性元素の磁気係数の変化は、原子量の増すが如き方向に起る」[8] というのがそれで、「本多の法則」とよぶことにする。これによれば、Sb, Bi, Nb, Pd, Ta, Pt 等極値をとる元素で温度上昇とともに、帯磁率 χ の絶対値が小さくなること、Ru, Rh, Os, Ir では χ が増大し、

Be～ダイヤモンド，Na～Al, Cu～Ge, Ag～α-Sn 等の元素で，χ の温度変化が小さいことが一目瞭然である。

「本多の法則」は，経験則としては，簡明で例外がほとんどなく，きわめてすぐれたものである。しかし，その物理的内容は，今日の発達した金属物性理論によってようやく解明し得るものであった。本多の発見はあまりにも早すぎたのである。

本多が，磁気周期律を何十年か後にできるかも知れない理論に委ねず，キューリー・ランジュバンの「単純」な理論を批判し，新理論を用意すべき根拠とみなしたことは無理もない。

彼は，(1) 磁性を担う単位要素は分子磁石であり，磁気モーメントは分子内電流の分布によって決まる。(2) 分子磁石は外部磁場によって整列しようとするが，熱振動によって妨害される。(3) 強磁性体とは分子磁石が熱振動による妨害をうけず，外部磁場によって容易に整列するものである。という骨子をもった，磁気理論「本多理論」に想到した[9)][10)]。

この理論は，強磁性の本質を技術磁化の容易さに見るというワイス分子場とまったく相容れない理論で，後年破綻するものであるが，1910年代において本多の研究活動を支える一つの理論的枠組を提供していた[11)]。

化合物磁性の研究[12)]と，それにもとづくワイス磁子理論の論破[13)]，A_2 変態の本性解明[14)]，KS鋼の発明等は，この理論の上に立って行なわれた。

鉄鋼の変態の研究

本多が，帰朝 (1912年) 後まだ鉄の溶解設備もないところで，Krupp 社から分析表つきで送られてきた各種の鋼を精力的に磁気分析・熱分析しはじめたとき，(磁気研究としてはすでに有名だとしても) 彼は駆け出しの鉄冶金学者にすぎなかった。

当時，鉄状態図と焼入れ硬化の機構は，最終的に解明されようとしていた。「焼入れ」において，鉄と炭素の関係はどう変化しているか，$A_2(\alpha \rightleftharpoons \beta)$ 転移は結晶変態か否か，等をめぐって，鉄冶金学者たちは熾烈な議論をたたかわせていた[15)]。もちろん今日から見て正しい見解も出されてはいたが，他の理論

とどんぐりの背較べであった。

1915年に、本多がA_2変態は磁気変態であって同素変態ではないことを確証し、$α$-$β$論争にケリをつけた[15]。

本多は、2～3年の研究で、一躍、鉄冶金学界の泰斗となったわけである。何によってであったか？

図2の二つの示差熱分析曲線を比べてみると、それ程違いがないように見える。しかし、本多は自分のデータから微分曲線$dq/dθ$がA_2で連続、A_3で不連続になる（定点で潜熱が出る）、そして後者こそ、同素変態の特性なのだ、と

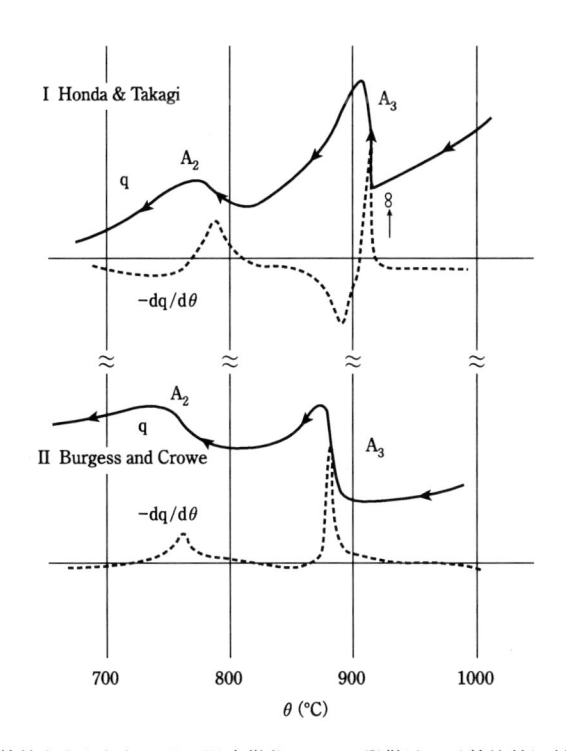

qが示差熱をあらわし、その温度微分 $dq/dθ$ の発散は、示差比熱に対応する。これは文献14)から写したものであり、Burgess & Crowe自身のデータは、もっとsharpに、A_2をとらえていたと思われる。(vid. Trans. A.I.M.E., 1913, 46)

図2　示差熱分析曲線

主張する[14]。彼は、同素変態をしないNiやその合金磁気変態が、熱分析的にA$_2$変態と同様のゆるやかな変化をすることを知悉していたので、両者の本質的同一性に全面的確信をもっていた。この点で、専ら鉄合金の熱分析と検鏡に依拠していた鉄冶金学者を抜きんでることができたのである。彼が英国鉄鋼協会からベッセマー賞を受けることになったのは、まずこのA$_2$の研究、ついでKSの発見によると考えられる[17]。

KS磁石鋼の発明

本多光太郎は、KS磁石の発明について、つぎのように解説している。

「私は海外留学中、工業の進歩発達には、是非とも鉄鋼及び合金の学術的研究が必要であり、その基礎的性質を徹底的に研究するにあらざれば本邦工業の確立は出来ないと確信するに至った」[18]。しかし、いくら本多の「確信」が強くても、政府も工業界も、「徹底的」「基礎研究」の意義を認めてはいなかったし、研究費を出し、さらには研究機関を設置するということは、毛頭考えていなかった。「したがって私は実績主義によって先づ研究業績を示して、工業の発展には科学的研究の必要なことを認識せしめようとしてこの方針で押し進んだ。」[18]

これは後年（1942年）の回想で、実際には、1916年（大正5年）4月1日に、金研の基になる臨時理化学研究所第2部が東北大内に設置され、本多が主任教授となっている。KS鋼の発明が1916年末であるから、まず「研究機関を設置」させた本多にとって、「研究業績、実績」を是が非でも達成しなければならなかったところであった。

「当時欧州大戦は愈々酣となり、外国よりの物資輸入は極度に制限されまして、殊に工業上の諸機械及び兵器の主要分をなす鉄鋼は殆ど途絶した…」[19]のであった。

磁石用W鋼も、当然自作するか、代替品の開発が必要となった。これは日本のみでなく世界的な現象で、その結果Cr磁石鋼が広く使用されるようになったのである[20]。強力磁石開発の話が陸軍からもちこまれたとき、本多がこれを引受けたのは、具体的な成算があって、これを機に社会的に通用する実

績を固めようとしたものである。

彼は、迷うことなく新磁石への「成算」を高Co合金一筋に賭けた。その最適組成を見出すために、高木弘は大量の試験を行なわなければならなかったが、完成したKS鋼の組成から本多のはじめからの狙いが何だったかは、明らかである。W=6～8％, C=0.6～0.8％は、それまでのW磁石鋼の最適組成である[21]。Crの添加も、すでに試みられていた。したがって、本多はそれまでに知られていた最もすぐれた磁石鋼のFe"balance"（残量）をFe≅2/3, Co≅1/3のFe-Co合金に換えたわけである。Fe-Co 2元系で、Co40％強の組成でキュリー点が最大になることを彼は知っていたし[22]、それよりややFe側で、磁化が最高になることもおそらく知っていたと考えられる。とすれば、本多の「作戦」－高Coで勝負－が、「不敗」であることはほぼ確実であった。しかし、「大成功」の保証までついていたわけではない。実際、KSの優秀性は、保磁力が従来のW鋼の3～4倍になったという点（焼入れ硬化組織の変化による）にあったのであり、Coは、本多が期待したに違いない残留磁気誘導の増大という効果を発揮してはいないのである。しかし、メカニズムはどうであれ、強力磁石という目的は成功裡に達成された。そしてひとたび成功してみると、それはまったくユニークな成果であった。W鋼の代替として世界的に研究・開発されたCr鋼、Mo鋼等は、W鋼と類似の性能しか出さなかったし、Coのように高価な材料を、高濃度（30～35％）に入れることは、本多以外の誰もが考えなかったからである。

従来製品の「代替」でなく、経済性を越えて性能第一主義に徹した、本多の執念が報われたのだといえるかもしれない。この成功は、本多の社会的評価を不動のものとし、彼自身それを鉄鋼研－金研の発展のための原資として大いに活用した。

組織の継承と問題意識の断絶

KS鋼が永らく永久磁石の王座を独占したあと、東大冶金の三島徳七らが、MK磁石鋼を発明（1933年）したことで、東北大金研と「名誉、名聞」のからむ泥試合的様相が生じた。岩瀬慶三がこれを痛烈に批判し、「発明なるものは

/その結果がいかに大きくとも／街の発明と同じく犬棒式のもので／学問の世界のことではない／学者ならばその磁石が／どのような状態になっているか／また何が故に強磁石たりうるか／を明らかにして始めて学問らしくなるが／そのような学問的なことは／KSもMKも新KSも全然発表されていない／…」[23)]と述べた。

　論文の表現を見るかぎり、岩瀬の指摘は正しい。しかし、KSに関しては、岩瀬の要求した学問的課題が、本多の頭の中では追求されていたことも確かであろう。

　しかし、本多は、「手の内」を明かさないでいる。

　「本多理論」は本多の偉大な業績－鋼の変態の本性解明、KS磁石開発－等を支えたパラダイム（理論的枠組）として、1910年代中葉において、有効に機能し得た。しかし、ワイス分子場理論に真向から反対するこの理論は、やがて限界を露呈し、その克服なしには、磁性研究を進められない桎梏に転化する。

　1935年、本多は総説「本邦鉄鋼科学の進歩」[24)]において「又鉄のA_2変態が単なる磁気的変化で、普通の変態の如き相の変態でないことは20年前から筆者によって提唱され来った所であるが、其後X線分析の結果その事実たることが證明され、今や世界中誰しも之に就き疑問を持つ者がなくなった。即ち此変化に際して鉄原子の配列は変化せず」（ここまでは正しい。しかし次は正しくない）「強磁性の消失は、分子磁石の複素体の熱的撹乱に因るのである。」

　実際には、鉄のX線解析は、「分子磁石の複素体」という「本多理論」の概念自体が成立しないことも「証明」していたはずなのである。1921年のX線解析の結果が本多の理論を「部分的に立証」し、「部分的に反証」したはずなのに、本多自身は「全面的に立証」したものと考えており、1935年まで弟子たちも（気づいた人は多いはずである）本多の見解を変えられないでいる。

　もちろんこの時期すでに金研の活動を担っていた人々は、本多の弟子からさらに孫弟子の世代になりつつあったから、本多が古い理論を脱却しようがしまいが、彼らは着々と多方面にわたる業績を積みつつあった。そういう自立的組織に金研を育てた点で、本多の業績は不朽のものである。しかし、敢えて未発に終った可能性をも考えるとき、以下のような乖離状況を惜しむことは許され

るであろう。

　すなわち、『状態図研究から実用合金開発へ』の道を進んだ研究者が本多権威主義に傾き、『状態図研究から、磁性・物性論開発へ』と進んだグループが、本多理論あるいはその研究スタイルに反発した。研究の発展が、分野の分化を必然的にした面も大きいが、前者が本多の捨てるべき側面まで保持しようとし、後者が本多の採るべきものを捨て去ったように思われる。

参考文献
1) 石川悌次郎：『本多光太郎傳』，日刊工業新聞社，(1964).
2) 本多先生記念出版委員会編：『本多光太郎先生の思い出』，誠文堂新光社，(1955).
3) Ann. d. Phys. u. Chem., **32** (1911), 1003.
4) S. W. J. Smith, Proc. Phys. Soc. **34** (1911), 64.
5) 『金研五十周年記念誌』，東北大学金属材料研究所創立50周年記念事業実行委員会，(1966)，仙台.
6) Ann. d. Phys. u. Chem., **32** (1910), 1027 f.
7) Sci. Rep. **1** (1911), 42.
8) Phys. Z., 11 (1910), 1078.
『磁気と物質』増訂版，裳華房，1922年
9) Sci. Rep. (Tohoku Imperial Univ.), **3** (1914), 171.
10) K. Honda and J. Okubo : Sci. Rep., **5** (1916), 153.
11) 河宮信郎：物理学史研究，**9**, No.2 (1973), 21.
12) K. Honda and T. Sone : Sci. Rep. **2** (1912), 1 ; op. cit. **3** (1914), 139.
13) K. Honda and T. Ishiwara : Sci. Rep., **4** (1915), 215.
14) Sci. Rep., **4** (1915), 169.
15) C. S. Smith : A History of Metallography Chap., 16.
16) A. G. Quarell : J. Iron & Steel Inst., 211 (1973), 840.
17) J. Iron & Steel Inst., 105 (1922), 8.
18) 科学朝日，**2**, No.8, (1942).
19) 『金属材料の研究』，岩波書店，(1922)，鉄鋼研究所説明概要.
20) W. Bozorth : "Magnetism", D. van Nostrand, (1951), N. Y. 371f.
21) 同上，p.374.
22) 文献2) 金子恭輔の「思い出」から本多は、Ruer & Kaneko の Fe-Co 系の論文を送られている。Fe-Co 系の磁化については、Preuss の博士論文（1912年）を、本多が1919年に引用している。いつ知ったかは未確認であるが、Coが鋼の磁性を改善する点に疑

念はなかったであろう。
23) 岩瀬慶三:『大学教授の随想』, 1971年11月.
24) 鉄と鋼, **21**, No.6, (1935), 12.

(「金属」48巻10号1978年掲載)

追記（本書への再録にあたって）

　本多は当時得られたかぎりの固体元素の磁性を測定したと思われる。それを原子番号順に並べると約30種の遷移金属や一部の希土類元素を含む長周期の周期性が現れる（ただし、当時の周期表は短周期表示）。図1で明らかなように、遷移金属のところで5族のNb, Ta, 10族のPd, Ptで鮮明に帯磁率の極大が現れている。これは4d, 5dバンドの状態密度極大に対応するものである。温度を上げたとき磁化率が周期表で右隣の元素のものに近づく（「本多の法則」）こともバンド磁性の視点から容易に理解できる。温度上昇でフェルミ面が膨張すれば、電子数の多い元素を混ぜた場合と同じような効果が現れる。

　要するに、彼はランジュバンの常磁性理論には合わない正磁化率を多くの元素で発見した。＜磁性理論、反磁性・ランジュバン型常磁性・ワイス理論に尽きるものではない＞という本多の考えは至極もっともだった。しかし、遷移金属のdバンド磁性は本多の手におえない難解なしろものであった。また、Cr, Mn, Feなどの酸化物における磁化率異常（ネール点に対応）の発見、水素の磁化率測定など（曽禰武による－勝木稿参照）もすべて1910年代に行われた。

　ドイツの研究組織では留学生の業績が指導教授の成果として吸い上げられるようになっていたと考えられる。そのなかで、本多は磁気研究の成果をAnnalen der Physik und Chemieなどに単名で発表している。本多の刻苦勉励が指導者たちを動かしたのであろうか。

　これ以前に私がまとめた研究としてはつぎのものがある。

　「日本における金属工学の成立と展開－本多光太郎を中心として」,『科学史研究』(1976) 80.

　K.HONDA : Founder of the Science of Metals in Japan, Japanese Studies in the History of Science, No.15 (1976) 145.

本多光太郎研究　その中間報告
－学問的評価に焦点をあてて－

河宮　信郎

序論および本多の位置づけ

本多光太郎については、追悼集『本多光太郎先生の思い出』[1]および伝記『本多光太郎傳』[2]によって、彼の研究者・教育者・研究体制の組織者としての非凡な業績を包括的に知ることができる。

しかし、本多光太郎の学説史的な評価、20世紀はじめの国際的な金属学研究における本多の位置づけ等を上記の2著に求めるのは無理であり、それらの点に関しては、原論文その他の同時代資料を典拠とした比較史的研究がなされなければならない。このような試みは、勝木渥氏（信大理）[3]や筆者[4]によって手がけられてきたが、未だ全体像を提供し得るものとはなっていない。

ここでは、まず比較史的な視角から、1890～1930年における金属学研究のポテンシャルを国別に見積ってみよう。図1は、ハンセン状態図集[5]のうち、Fe, Cu, Al等を含む約20の2元系に関する800余りの文献を、国・年次別に分類してヒストグラムにしたものである。当時の金属学において2元系状態図の研究が不可欠の前提になっていたことを考えると、これは金属学研究

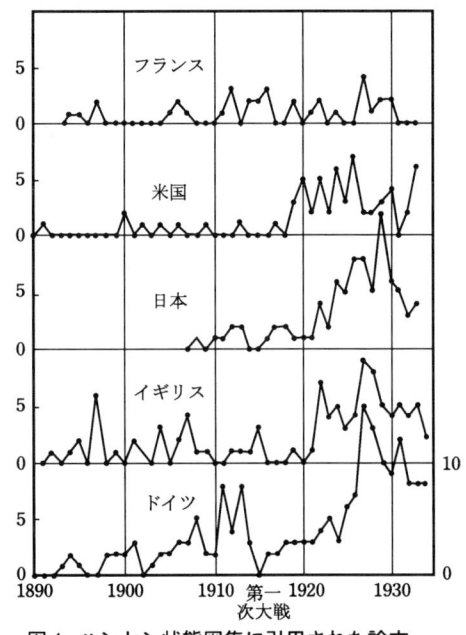

図1 ハンセン状態図集に引用された論文（一部）の国・年次別集計

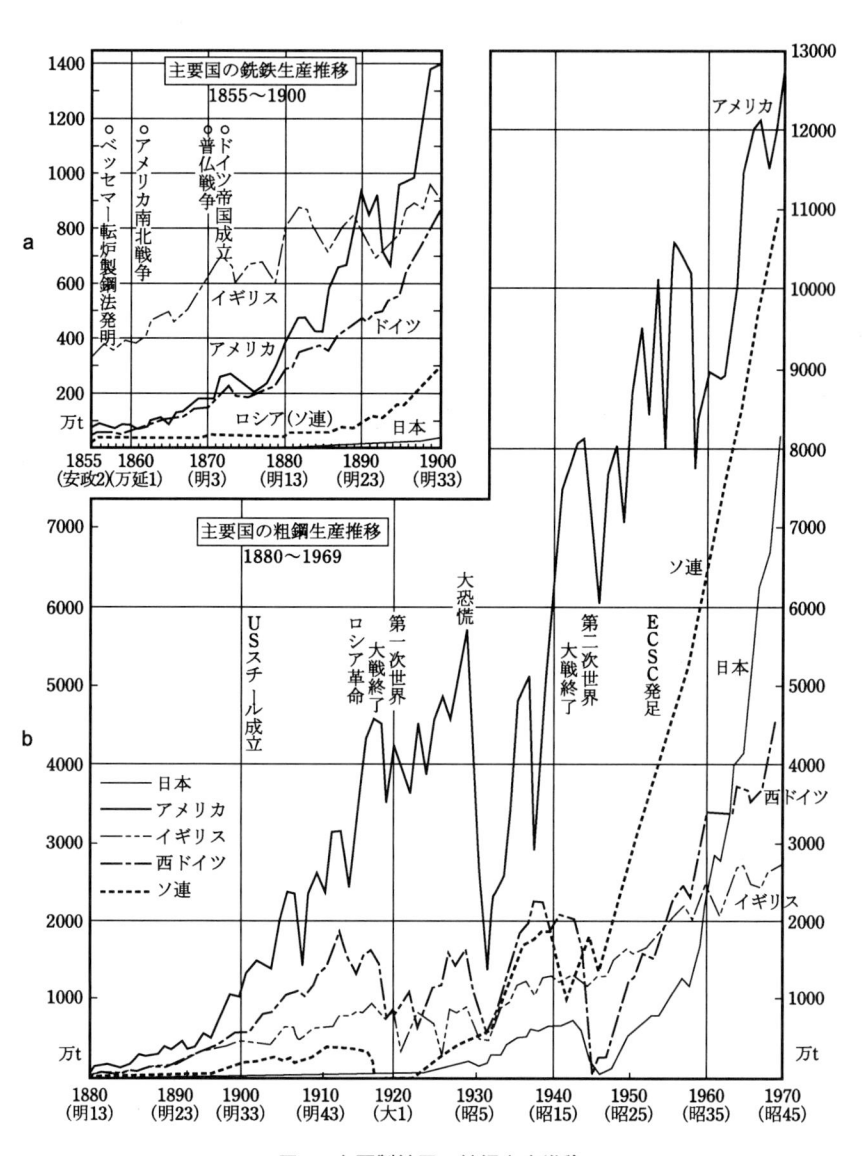

図2 主要製鉄国の鉄鋼生産推移

出典 (a) O.Johansen：「鉄の歴史」1925，三谷耕作訳（慶応書房，1942）
　　 (b) 日本鉄鋼連盟：「鉄鋼界報」No.870,(1970)

第3章 本多光太郎研究

のポテンシャルを測る有力な指標になっていると考えられる。

1910年以降において、ドイツの隆盛が顕著である。第一次大戦（1914～1918）および直後の落ち込みはあるが、イギリスを凌いでいることは明らかである。

またアメリカが未だ英独に一歩を譲っていること、日本が1910年代に、国際的な研究の場に登場し、1920年代にドイツにつぐ位置に達したことが解る。もちろん、これは量的な面からの評価であって、質的な評価は必ずしもこの通りではない。

さらに、これを、銑・鋼の生産高の推移（図2）と対照してみると、各国の金属工業と金属（材料）学との関係が特徴的な構造をもっている。

英・独では、図1と図2bの曲線はほぼ対応しているのに対し、アメリカは1890年頃から生産高は断然世界一であるのに、研究面では独英日に続いている。

他方日本は、研究量の増加が工業生産高の推移よりはるかに先行している。前者が、本多の帰国・東北大赴任（1911）、臨時理化学研究所第2部設置（1916）、鉄鋼研に改組（1919）、金属材料研究所に改組（1922）という本多およびその門下の活動と軌を一にしているのは偶然ではない。

実際、Hansen状態図（旧版）に引用された日本の文献の9割近くが、本多スクールによるもので、他に目につくのは近重眞澄（本多より先に、G. Tammannに師事した）の居た京大、大日方一司（Al合金を精力的に研究）の居た旅順工大等があったのみである。

金属の溶解炉、磁性管、石英管、熱電対、パイロメーターといった金属・合金研究における基本的な装置・器具を、輸入あるいは、技術指導しつつ国産化しなければならないという状況の中で、本多が帰国早々からつぎつぎに研究成果をあげていったことは、彼のエネルギッシュな活動によることはもちろんであるが、帰国前から周到な準備を行なっていたことによっている。

「伝説」と歴史

この時期（1910～20年代）における彼の仕事を、図式的に概括すると、図3のようになる。

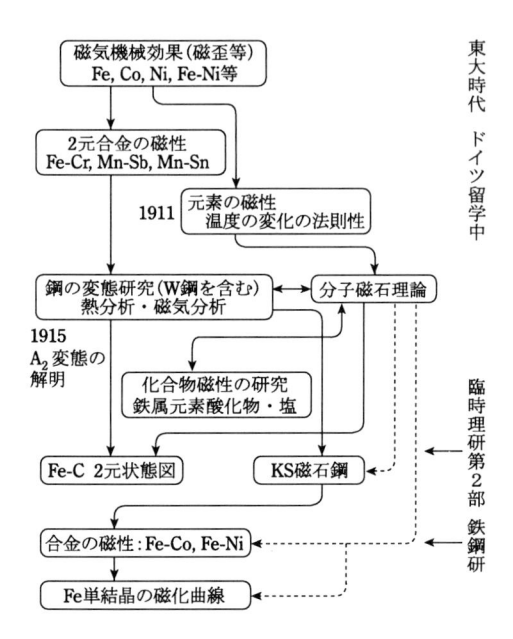

図3 前期における研究テーマ（共同研究を含む）

（図中テキスト）
- 磁気機械効果（磁歪等）Fe, Co, Ni, Fe-Ni等
- 2元合金の磁性 Fe-Cr, Mn-Sb, Mn-Sn
- 1911 元素の磁性 温度の変化の法則性
- 鋼の変態研究（W鋼を含む）熱分析・磁気分析
- 1915 A_2変態の解明
- 分子磁石理論
- 化合物磁性の研究 鉄属元素酸化物・塩
- Fe-C 2元状態図
- KS磁石鋼
- 合金の磁性：Fe-Co, Fe-Ni
- Fe単結晶の磁化曲線
- 東大時代　ドイツ留学中
- 臨時理研第2部　鉄鋼研

とくに1910年代の研究は、特殊鋼の研究が村上武次郎らにひきつがれたほか、研究の完結、中断等によって直接には継承されなかった。そのため、彼の研究の内容自体が、原論文あるいは他の同時代資料から遊離した「伝説」的なものになってしまった。それは彼の「時間の観念がまるでない」[6]ような精力的な研究（およびその督促）を伝えるさまざまなエピソードとともに、彼を"almost legendary figure"（Nature誌による本多の訃報での評言）[7]にしていった。

一方では、本来他の研究者に帰せられるべき業績が本多に帰せられている。

たとえば、「伝記」にしても「金研50年」[8]にしても、

（ⅰ）セメンタイト（Fe_3C）の磁気変態点（A_0点）の発見、炭素量と磁気変化量の関係の解明－磁気分析。

（ⅱ）鉄の"A_2"変態の本性解明－"β鉄"の否定

を本多の業績としているが、（ⅰ）は、S. W. J. Smithが1912年に明らかにしており、本多はそれを知っていた。（ⅱ）は、1913年にRuerおよびKaneko

第3章 本多光太郎研究

（金子恭輔）が、相律との関係からβ鉄が化学的"相"ではないことを明らかにし[9]、本多はその論文を贈呈されている。

本多は、これらの業績が自分に帰せられつつあったとき、何故にそれを否定しなかったのであろうか？

他方では、明らかに本多の重要な業績が、まったく省みられることなく忘れられている。

有名な元素の磁化率の測定から、本多は、「温度の上昇に伴う常磁性および反磁性元素の磁気係数の変化は、原子量の増すが如き方向に起る」[10]という経験則を見出している。要するに、元素の磁化率は、温度が上ると長周期律表上で右隣の元素の磁化率に近づく方向に変化するということで、今日遷移金属の電子構造が明らかになった時点でみると、元素磁性の大変適切な概括になっていることがわかる。理論的意味づけより、30〜40年先行したために（定量的法則でなかったためもあるが）、完全に忘れ去られてしまったものである。

(iii) また、P. Weissの"磁子"理論（"magneton" theory）を、論破するうえで、本多は重要な仕事をしているが、他方彼は"分子磁石"説を掲げてWeissの"分子場"理論に敗北した。「伝説」は後者の傷をぼかしただけでなく、前者の業績も消去してしまった。

(iv) KS磁石鋼の発明に関しても「伝説」と実際の乖離は小さくない。というより、「伝説」自体が分裂していて、一方で偶然性の高いものという見方があり、他方に大部分見通したうえでやったという見方（たとえば『本多光太郎傳』）がある。本多自身は、回想「KS鋼発明前後」[11]において、「当時最良」の永久磁石W-Cr磁石鋼の鉄を1/3 Coに置換して残留磁化を増せば必ずいい磁石ができると考えて、「2, 3回の試作で予想が適中したことが確められた」といっている。

ところが、実際に試料の試作・試験を担当した高木弘の博士論文は、W-Crの同時配合は、当初の計画になく、偶然的だったと述べている。すなわち陸軍からの供試料（主に国産）に見るべきものがなく、Coを1/3内外入れて、飽和磁化を高める方針のもとにFe-Co-W鋼を測定したが依然として特別優秀な磁石材料は見出されない。

成功への飛躍をもたらしたものは、奇妙なことに「成分不明の工具鋼」の配

合であった。すなわち「当時教室の工場に成分不明の工具鋼があって極めて硬度が高く大切にして居った材料があることを工員より聞いた。筆者は之を分譲してもらい之をFe-Co合金にWの場合と同様に配合した。その結果抗磁力180エルステッドの磁石が発明された。本多教授は非常に驚かれて早速分析を命じられた。その結果抗磁力の増加はCr元素によるとの結論になった。」[12]
(この「結論」を文字通り受取ってよいかどうか筆者は疑問をもっている。)

　高木論文の記述からすると、KS鋼（＝Co-W-Cr鋼）は、上記Fe-Co-CrにWを追加したものということになり、W-Cr鋼にCoを加えた、という本多の開発方針の解説[11]とは矛盾する。

　高木は、元来W-Cr鋼はW鋼より必ずしもすぐれているとはいえず、当時の輸入磁石の本命はW鋼であったと述べている。このような記述は、本多の「回想」より迫真的である。

　すると本多の"回想"は、忘却の結果なのか、作為なのか？これを解く鍵は、今となっては、彼の心情を推測する以外にはない。当時（大正時代）、本多がいくら「学術的研究」の「実際的効用」を説いてもおいそれと受け入れられなかった。ヨーロッパで、金属材料技術の進展が金属の基礎的研究を焦眉の課題としていることを知っていた本多は、何とかして自らの研究の社会的意義を知らせ、そして一層研究体制を拡充したいと考えていた。

　と同時に、彼は、一般論として＜研究→効用＞を論じるのでは説得力がない、実際に、自分の研究から実際的効用を生み出して、自分の主張を自ら「実証」しなければならないと考えていた。ここで、彼は、KS鋼発明を、基礎研究からの（当然の）副産物として位置づけ、自らの主張の例証として描いている。いわば、回想に事寄せつつ自らの主張を展開したものであって、意識的であるにせよないにせよ、バイアスがかかっていると考えられるのである。

　本多を、「神様」視する動きに彼がとくに抗わなかったのも、自らが鉄鋼研究のカリスマとなり、東北大金研が金属学研究のメッカとなることが、金属学研究の社会的評価を高め、ひいては研究条件を改善する布石となっていくことを意識していたのではないだろうか？

　だとすると、彼は、単に研究者、教育者としてすぐれていたのみならず、卓

越した"政治家"でもあったことになる。もちろん彼が、はじめからそれを意図していたのではなく、「研究の鬼」としてひたすら前進しようとして、その志向に少しでも有利な道を選んだ結果自然にそうなったのであろう。

しかし、「伝説」を単純に否定するのでは、かえって歴史的経過から遠ざかる。A_0変態、A_2変態の研究が、本来の発見者をさしおいて、本多の業績と意識されるようになったのは、決して本多門下、日本国内だけではなく、国際的にもそうであった。これは、本多の研究が継続的、系統的であったことの効果による。磁気理論における挫折も、彼の元素・合金に対する実験的蓄積との関連、鉄鋼研究を媒介的に推進した役割と切り離して論じることはできない。

学説史的評価が必要なのは、定型化された「伝説」は、それを生んだ社会状況が変わり「伝承」の条件が失われるとたちまち消滅してしまうことからもいえる。今日では、「伝説」としての本多さえ忘れられようとしているが、それは「伝説」としてしか伝承されなかったからで、ひとたび日本金属学史の中で、明確な位置づけがなされれば、忘却に委ねられる問題ではないことが明らかになる。

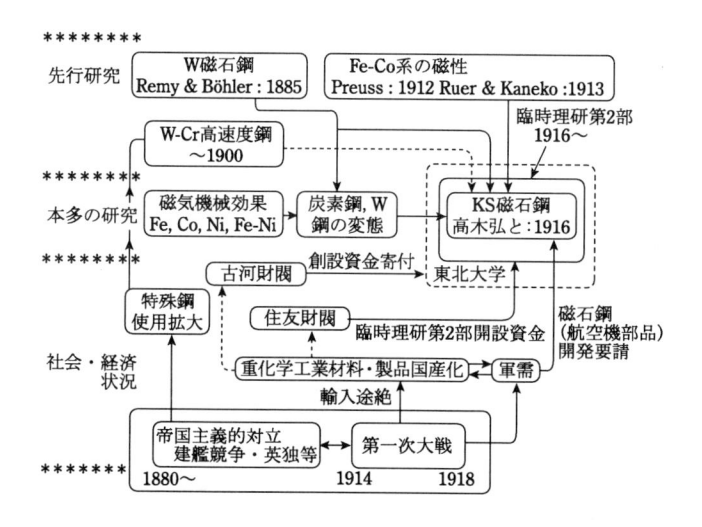

図4　KS磁石鋼発明をめぐる状況

本多と企業との関わり

　本多の研究史において、KS磁石鋼は、1副産物にすぎない。しかし、本多の研究体制史においては、それは決定的に重要な役割を果した。この点をみるために、KS鋼開発をめぐる状況を図式化したものが図4である。

　本多は、以下に見るように、研究資金の要請、企業への技術指導、人事交流等企業と濃密な関係をとり結ぶ。そもそも東北帝大自体、その設立資金を古河財閥に負っており、古河の出資は、足尾鉱毒事件での悪名を拭いさってイメージアップを計る意図を担ったものであった。すなわち、その資金はまずもって谷中村の農民への補償にあてられるべきものであったろう。

　臨時理化学研究所第2部（鉄鋼研の前身）設立は、資金的にはすべて住友財閥からの寄付に負っている。住友の場合は、古河とはちがって直接見返りを求めたものとはいえない。しかし、結果的には、KS鋼の発明によって住友は、名声のみならず、KS磁石の特許権を譲渡されたことによる経済的な利益をも手に入れた。住友はさらに寄付を増額して更新し、臨時理研第2部－鉄鋼研の経費の大半（図5参照）を負担した。

　もっとも、KS鋼特許の実施でその後住友が得た収入は出費を上回っていると考えられ[13]、住友としては言うことなしであった。ということは、（結果的には）独立採算でもやれたということであり、組織全体を本多が自分の"稼ぎ"で養っていたともいえる。

　金研が大きくなってからは、特許収入で自活するというわけにはいかなかったであろうが、

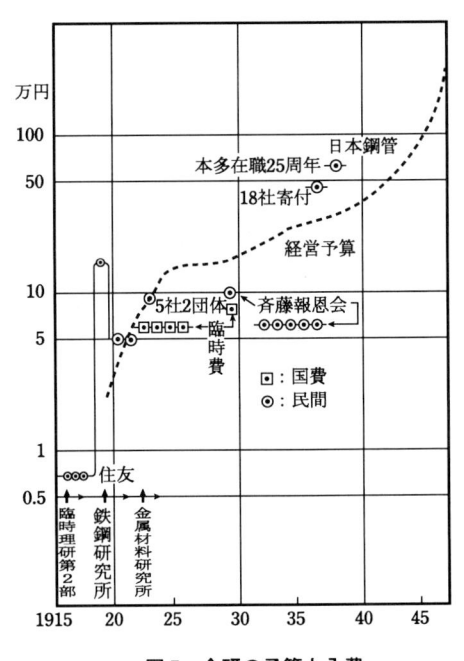

図5　金研の予算と入費

特許収入はつねに重要な財源を構成していた。また図5に見られるように、企業その他民間からの寄付金は経常予算（公費）と拮抗している。これは、大学附置研究所としては異例のことであろう。

　企業からの資金導入は、一般的な寄付要請のほか、特定テーマに対し関連企業に研究費拠出を要望する、という型のものもあった。すでに確立された本多の声望をもってしても、剣もほろろに断わられることもあり、他方領収書も不要だといってポンと1万円（鉄鋼研の初予算が2.7万円だった！）出してくれるところもある、といった状況であった。さらに興味深い点は、こうして集められた資金が、研究費（物件費）のみならず人件費にもあてられていたことである[14]。金研のダイナミックな活動は、基本的には、目的意識的に集まってくる学生、研究者、技術者を自らの研究体制に組み込んで訓練し、学界・産業界に送り出していった点にあるが、上記のような非公式の資金・ポストが、"潤滑油"として重要な役割を果たしていたと考えられる。

　本多の、企業との技術面における交渉は、資金面に優るとも劣らぬ重要性をもっていた。

　本多が帰国後、やつぎばやに出した鋼の変態に関する一連の研究は、彼がクルップ商会から得た種々の炭素含量をもつ鋼（分析結果がつけられていた）によって可能になった[15]。もちろん磁気分析・熱分析の装置は自作にしても、炭素量と不純物がきちんと押えられた標準的鋼種を揃えることは、初期の本多の研究室では困難であったから、クルップ提供の試料は、彼の研究活動の順調なすべり出しを保証し、ひいては学士院賞をもたらす基礎をなした。

　実は前述したRuer & Kanekoの論文[9]も、純鉄をクルップからもらったと述べており、クルップ社は、一般的に金属学者の便宜をはかることに熱意をもっていたようである。これは、クルップの側も、鋼の組織・変態の解明を切実に求めていたためであろう。当時、第一次大戦を前にした英独の建艦競争、砲・装甲板の性能向上のため、特殊鋼の大々的使用といった状況があり、英のヴィッカース等とならぶ世界的兵器メーカーのクルップにとって、鉄－炭素2元系状態図さえ未確定であるという当時の金属学の状況は、ゆゆしい制約と感じられたに違いない（同じ金属メーカーといっても住友の場合には、本来研究

成果の見返りを求める気持ちは稀薄で、北條総長－鈴木正也、本多－本荘熊次郎という人的コネクションが主だったと考えられる)。

このように、本多が技術の"受け手"になるのは特殊な場合であり、国内の諸企業に対しては、技術供与・指導という側面が支配的である。

KS磁石開発を担当した高木弘が住友金属へ移ったのを手はじめとして、技術的な意味では金研の"子会社"的な民間会社が数多くある。成瀬器械店は、本多考案の熱天秤、磁気分析装置をはじめとして、熱膨張計、磁歪測定装置等、金研で考案された装置の製造市販を重要な業務としている。本多考案の切れ味試験機は全国の刃物業に重要な寄与をなし、とくに東洋刃物は、金研の技術指導を当初から予定して設立された。

村上の指導下に行なわれた特殊鋼関係の材料、増本の指導下に行なわれた電磁気材料の特許・開発の実施は、大同製鋼、東北特殊鋼、日本電熱線等(前者)、東北金属、航空計器材料試作研究所(現電磁気材研)等(後者)の会社・財団の重要な業務となった[16]。本多はこのようなパターンを創出したわけである。

発明・考案の実施以外でも、会社のほうから技術スタッフの教育訓練を全面的に金研に委ねるといった例(不二越鋼材等)[17]もあった。

要するに金研は、諸企業が独自の技術消化力・開発力をもたなかった時代に、まったく骨惜しみしない"よろずコンサルタント"としての役割を引き受けていたことになる。

このような仕事は誰かがやらなければいけないことだった。本多グループは、おそらく他のいかなる人々よりも能力と意思においてその任に適していたと考えられる。しかし、それは金研の無限ではあり得ない能力にとって相当の負荷であったことも当然で、よりアカデミックな課題の追求に魅力を感じる若い世代の研究者達にとっては、金研の"古さ"は桎梏と感じられるに至った。

前述した本多の"伝説化"は、彼に対し一方では傾倒、他方では反発という相克の中で生じたものである。

中間的な"まとめ"

筆者は、編集者から示された表題にあまえて、本稿を"Honda digest"とし

第3章 本多光太郎研究

てまとめることよりも、今まであまり注目されなかった面に照明をあて、suggestive であることを目ざしてまとめた。これらは限られた資料を通して、外部から見た本多像であり、もっと事情に通じた人からみれば、突込みの足りない点やピントはずれの解釈を免れていないかもしれない。お気づきの方に、ご指摘をいただければ幸いである。

　本多を歴史的対象としてみるとき、KS鋼1つをとっても、図4で図式的に示したような時代状況が浮かび上がってくる。そこに、面白さと難かしさがある。

　ここでは扱えなかったが、1930年〜1945年、日本が、日中戦争から太平洋戦争へと向かう時代状況と、本多および門下の研究者達の営為（科学・技術上の、また個人・国民としての）との関わりあいを明らかにすることも重要な問題であろう。

　今日のエネルギー問題をみればわかるように、国家・社会の方向選択と、われわれの技術的あるいは市民的営為の関わりあいは、つねに現実的な問題である。筆者には、本多が生き、かつ彼を活かした時代というものが、"単なる過去"になったとは思えないのである。

参考文献
1) 本多先生記念出版委員会編：『本多光太郎先生の思い出』誠文堂新光社，(1955).
2) 石川悌次郎：『本多光太郎傳』日刊工業新聞社，(1964).
3) 物理学史研究，**9** (1977).
4) 科学史研究，**II -15** (1976), 80；金属，**48**, No.10 (1978), 76.
5) M. Hansen : Der Aufbau der Zweistofflegierungen, Springer, (1936), Berlin.
6) 参考文献2)，p.28.
7) Nature, **173** (1954), 755.
8) 『金研五十周年記念誌』，創立50周年記念事業実行委員会編，(1965).
9) R. Ruer & K.Kaneko : Ferrum **11** (1913/14), 5.
10) 本多光太郎：『磁気と物質』（増訂版，1922), 189ff.
　　原データは，Ann. Phys. **32** (1911), 1027.
11) 科学朝日，**42**, (1940).
12) 高木 弘：「KS磁石鋼の研究並に我国地表物質の磁性の測定」，東北大理，(1959).

この論文は，同時代資料に準じる重要資料であり，勝木渥氏が，審査委員林威氏から聞きだして所在を明らかにされたものである．

なお，当時の析出硬化型磁石では，よい（磁気的に硬い）磁石は，機械的に硬いことを条件としていた．したがって"硬い工具鋼"の成分をとり込むことは，自然な発想であった．

13) 2), p.208 ; 1), p.45.
14) 1), p.41.
15) 東北大 , Sci. Rep. **1** (1912), 207.
16) 主に 8)を参照．
17) 『不二越 25 年』(社史), (1953).

(名古屋大学鉄鋼工学科／「金属」50 巻 1 号 1980 年掲載)

補注（本書への再録にあたって）

「中間報告」と題したにも関わらず、筆者はそのあとのフォローをしていない。しかし、金研を含む研究体制史について、つぎの重厚な文献が公刊されている。

鎌谷親善：『技術大国百年の計：日本の近代化と国立研究機関』，平凡社, (1988)

(現中京大学教授)

日本の基礎磁性研究者と本多光太郎との人脈

安達　健五

はじめに

　表題の本稿は、日本の物質の磁性ならびにその応用研究の開祖と認められている本多光太郎博士[1]a,bのご逝去（1954年2月12日）の50周年に当たる記念号の記録として次の事柄が述べられている。

　(1) 磁性物理学より見られる、初期の本多（以下すべての人名の敬称を省く）と彼と同世代の研究者の業績。

　(2) 本多の直弟子と孫・曾孫・玄孫に当たる弟子達が如何に国内の各大学・研究所等へ拡散して行ったかを、本多学派の研究者構成ならびに時代背景と照らし合わせて、本多の人脈関係を揚げてみる。紙面の頁数の制限故、本稿の主旨以外の個人の業績には触れない。

人脈表

　金研（金属材料研究所）の本多から出発した日本の主な基礎磁性研究者の人脈表（表1）とその人名索引（表2）を示すが、これは全く筆者の独断で、薄れかけた記憶と稿末の名簿など[2]のもとに作成された。表は次の基準によって作られた。

　(1) 全国で基礎磁性研究者の比較的多い9国立大学とその地区の国公私立大学、東北大金研と東大物性研の2研究所と文部科学省管轄外の研究所を含め、地区別に⑪ n=0, 1, 2, …11 に分類した。

　(2) 物故者を含め、現在63歳以上の研究者を対象としたが、筋書き上例外の若い人も含まれる。企業や海外へ転出された方々は転出先の研究は充分把握できないので、敢えて省略させて頂いた。

　(3) 各地区の研究大学および研究所内の研究者名は、その大学の出身者を意味しない。そこである期間研究されたと思われる場所を示す。

⑦富山大・信越地区大（含北陸）

片山←⓪	勝木←⑤
佐藤←⑤/→⑥	神垣←⓪
森K←②	山田H←⑤
目片←⑧	

⑧京大、含基物研

岩瀬←⓪	松浦←⑨
高木D←⓪	新庄
久保←③	目方←⑦
可知←⓪	村尾←②
長谷田←⓪	安岡←④
中村Y←⓪	遠藤Y←④
禅←⓪/→⑥	村尾←②
志賀	松原
隅山→⓪	富田←④
	長岡Y←⑤/→⑤

⑨阪大・関西地区大

永宮	益田→⑤	前川→⑤
伊藤	国富→④	柳瀬←⑤/→②
芳田→⑤	伊達←⓪/→④	中野→⑤
金森	都←①/→①	片岡→⓪
守谷→④	本河→⓪	木戸→④
望月→⑩	奥田	中村T←⑪
吉森→⑤	勝又→③	大貫→③
立木→⓪	山口→⓪	田崎→③/→③
松浦←⑧		

⑪九大・九州地区大

武藤T←③/→④
中村T→⑨
山下→④
平川→④
対馬K←③

③東大・都・関東地区・筑波大（含理研・電総研）

長岡H	茅→⓪/←①	久保←⑧	長崎→⓪
本多→⓪	武藤T←⑪	三島	近藤←④
有山→⑤			浅野←④
高木Y←⑤			太田←①
近角→④	大山		長岡Y→⑤
石川→④	飯田		安西←⓪
三浦→④	関沢		大貫→⑨
中川→⓪	兼松		小川←①/→④
伴野←①/→④	権藤←⑥		対馬K←①/→⑪
今	小口		対馬T←①/→④
田崎→⑨/←⑨	岩間←⑤		勝又←⑨

④東大物性研・原研

武藤T←⑪	守谷←⑨	安西←③
近角←③	糟谷←②	近藤←③
石川←③/→②	吉森←⑤/→⑩	大塚←⓪/→②
平川←⑪	山下←⑪	遠藤←⑧/→②
安岡←⑧	富田←⑧	伴野←②
毛利←①	木戸←⑨/→①	好村←⑩
三浦←③	田沼←⓪	浅野←③
菅原←⓪	伊達←⑨	小川←③
対馬T←③	国富←⓪/→①	
芳田←⑤	浜口←①	

⑥横浜国大

宮田←⓪
権藤←③
佐藤←⑦
禅←⑧

⑤名大・東海地区大

有山←③		中野←⑨
宮原←⓪/→①	高木Y←③	長岡Y←③/→⑧/←⑧
芳田←⑨	益田←⑨	前川←⑨/→⑨
糟谷→②	馬宮	山田H→⑦
吉森←⑨/→④	安達	内山
志水	佐藤←⓪/→⑦	隅山←⓪
勝木←⑦	河宮	柳瀬←⑨
岩間←③	松井	

⑩広大・中国四国地区大

藤原T	山田O
平原←②	吉森←④
厚井←②	鈴木←②
辰本	檜原
岡本	藤井
藤原H	円山
村上K←②	笠谷←②
好村←④	望月←⑨

第3章 本多光太郎研究

表1 金研本多光太郎を中心とした基礎磁性研究者の人脈表

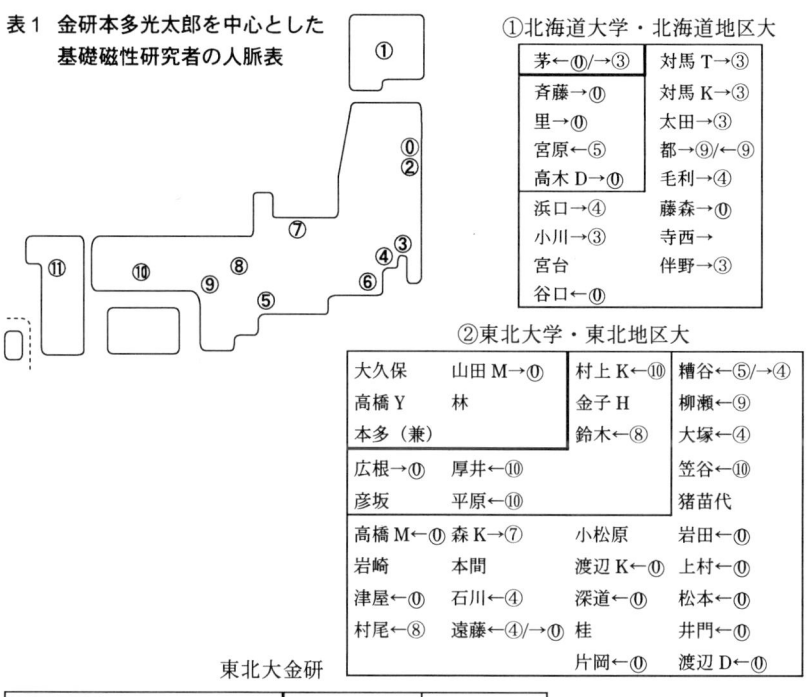

①北海道大学・北海道地区大

茅←⑩/→③	対馬T→③
斉藤→⑩	対馬K→③
里→⑩	太田→③
宮原←⑤	都→⑨/←⑨
高木D→⑩	毛利→④
浜口→④	藤森→⑩
小川→③	寺西→
宮台	伴野→③
谷口←⑩	

②東北大学・東北地区大

大久保	山田M→⑩	村上K←⑩	糟谷←⑤/→④
高橋Y	林	金子H	柳瀬←⑨
本多（兼）		鈴木←⑧	大塚←④
広根←⑩	厚井←⑩		笠谷←⑩
彦坂	平原←⑩		猪苗代
高橋M←⑩	森K←⑦	小松原	岩田←⑩
岩崎	本間	渡辺K←⑩	上村←⑩
津屋←⑩	石川←④	深道←⑩	松本←⑩
村尾←⑧	遠藤←④/→⑩	桂	井門←⑩
		片岡←⑩	渡辺D←⑩

東北大金研

本多←③	曽禰→	茅←③/→①	広根←②		高橋M→②
村上T	高木R	増本H	宮原←⑤		増本T
石原	岩瀬←⑧	増山	高木D←①/→⑧		深道←②
山田M（兼）			神田		中川→③
斉藤←①	白川	青山	袋井		木戸←④/→③
片山←⑦	渡辺H	山本			山口→⑨
竹内	里←①/→USA				隈山←⑧/→⑤
可知→⑧	前田→		金子T		前川→⑤
菅原→④	津屋→②		篠原		片岡→⑨/→②
長谷田→⑧	国富→④		井門→②		深瀬
田沼→④	中村Y→⑧		上村→②		渡辺K→②
伊達→⑨	長崎→③/→		松本→②		本河→⑨
武藤Y	安達→⑤		谷口→①		遠藤←②
俵→	神垣→⑦		岩田→②		馬宮→⑤
立木→⑨	佐藤→⑤		中道		渡辺D→②
佐川→	禅→⑧		藤森→①		
宮田→⑥			大塚→④		

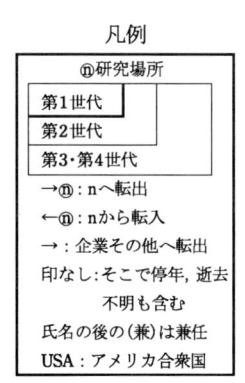

凡例

⑪研究場所
第1世代
第2世代
第3・第4世代

→⑪：nへ転出
←⑪：nから転入
→　：企業その他へ転出
印なし：そこで停年、逝去
　　　　不明も含む
氏名の後の(兼)は兼任
USA：アメリカ合衆国

表2 表1の人名索引

⓪は表1の研究場所を示す

あ行	大貫惇睦③⑨	神田英蔵⓪	*庄野安彦③④⓪
青山新一⓪	*大橋正義⓪	木戸義勇⑨④⓪③	白川勇記⓪
*浅沼 満①	大山哲雄③	*木村 練一③⓪	*白鳥紀一③④⑨⑪
浅野摂郎④③	*岡崎 篤⑪	国富信彦⓪④⑨	新庄輝也⑧
*朝山邦輔⑨	*岡村俊彦⓪	久保亮五③⑧	菅原 忠⓪④
安達健五⓪⑤	岡本哲彦⑩	*久米 潔④③	*杉本光雄③
*阿部俊也⓪	小川信二①③④	厚井義隆⑩②	鈴木 孝⑩②
*阿部 久⑧⑤	小口武彦③	*河野広志⓪②	隅山兼治⑧⓪⑤
有山兼孝③⑤	奥田喜一⑨	好村滋洋⑩④	関沢 尚③
安西修一郎④③	か行	*小林俊一⑨③	曽禰 武⓪→
飯田修一③	笠谷光男②	*小林はな子⓪⑧	た行
石川義和③④②	糟谷忠雄⑤②④	小松原武美②	*田岡忠美①③
石原寅次郎⓪	片山龍成⓪⑦	今桂一郎③	高木秀夫D①⓪⑧
伊藤順吉⑨	可知祐次⓪⑧	近藤 淳④③	高木 弘R⓪
井門秀秋⓪②	勝木渥⑤⑦	権藤靖夫③⑥	高木 豊Y③⑤
猪苗代盛②	勝又紘一⑨③	さ行	高橋 実M⓪②
岩崎俊一②	桂 重俊②	斉藤英夫①⓪	高橋 胖Y②
岩瀬慶三⓪⑧	片岡光生⑨⓪②	*斉藤好民⓪②	竹内 栄⓪
岩田孝夫⓪②	金子武次郎T⓪	佐川真人⓪→	*武井 武⓪③
岩間義郎③⑤	金子秀夫H②	*桜井淳児⑧⑩⑦	田崎 明③⑨③
内山 晋⓪	兼松和夫⓪	里 洋①⓪USA	*田沢修一⓪⑨→
*遠藤慶三③	金森順次郎⑨	佐藤清雄⓪⑤⑦⑥	立木 昌⑨⓪
*遠藤裕久⓪⑧⑦	垣知夫⓪⑦	志賀正幸⑧	辰本英二⑩
遠藤康夫Y⑧④②⓪	*上垣内孝彦⓪	篠原 猛⓪	伊達宗行⓪⑨④
大久保準三②	上村 孝⓪②	*渋谷喜夫⓪⑪	*田中 翠③
太田恵造①③	河宮信郎⑤	*清水武雄⓪③	*田辺弥左久⓪④
大塚泰一郎⓪④②	茅 誠司③⓪①③	志水正男⑤	谷口 哲⓪①

(4) 世代を3世代に分け、本多と同（第1）世代、本多の直弟子の第2世代、そしてそれ以外は第3、第4…（孫、曾孫、玄孫…）世代である。第3と第4世代の判別ははっきり区別はできない。

(5) 本多と全く関わりの無かった研究者も、その時代の全国の磁性研究者の所在とその子・孫弟子世代の金研との関わりを含めて併記させて頂いた。転出・転入は姓の後ろに→⑪，←⑪で、企業や国外、その他の転出は→のみ、印の無い人は、現在そこで研究中、停年を迎えた人、逝去された方、消息不明の人も含む。

(6) 著名な磁性材料関係者も若干含むが、材料と基礎の区別もそれ程はっき

第3章 本多光太郎研究

（＊印は河宮・篠原による追補）

田沼静一①④	＊仁科 存⓪	増本 健T⓪	望月和子⑨⑩
俵 好夫⓪→	＊沼倉健一⓪	増本 量H⓪	本河光博⑨⓪
＊丹下初夫⑩	＊能登宏七⓪②	増山義雄⓪	森 克徳K②⑦
＊丹治擁典⓪→	**は行**	松井正顕⑤	＊森 信郎N②⑨③
寺西暎夫①⓪	長谷田泰一郎⓪⑧	松浦基浩⑧⑨	守谷 亨⑨④
近角聰信③④	浜口由和①④	松原武生⑧	毛利信郎①④
＊津川昭良⓪②	林 威②	松本 実⓪②	**や行**
＊辻川郁二⓪⑧	彦坂忠義②	馬宮孝好⓪⑤	安岡弘志⑧④
対馬国郎K①③⑪	檜原忠幹⑩	円山 裕⑩	柳瀬 章⑤⑨②
対馬立郎T①③④	＊日比忠俊⓪	三浦 登③④	＊山内 宏⓪
＊坪川一郎⓪	平川金四郎①④	三島徳七③	＊山形一夫⓪④⑨
津屋 昇⓪②	平原栄治⑩②	＊三田 優⓪③	山口泰男⑨⓪
富田和久⑧④	広根徳太郎②⓪	＊三井惟靖①	山下次郎⑪④
伴野雄三①③④	深道和明⓪②	＊三倉二郎⓪②	山田 宰O⑩
な行	深瀬哲郎⓪	都 福人①⑨①	山田光雄M②⓪
長岡洋介Y③⑤⑧⑤	袋井忠夫⓪	＊宮崎 健⓪	山田銹二H⑤⑦
長岡半太郎H③	藤井博信⑩	宮田直憲⓪⑥	＊山田谷時夫①③
中川康昭③⓪	藤森啓安①⓪	宮台朝直①	山本美喜雄⓪
長崎誠三⓪→	藤原武夫T⑩	宮原将平⓪⑤①	禅 素英⓪⑧⑥
＊長沢 博③④	藤原 浩H⑩	＊三輪 浩④⑨⑦	芳田 奎⑨⑤④
＊中島哲夫⓪③	＊堀 伸夫①⓪⑧	＊三輪光雄⓪③	吉森昭夫⑨⑤④⑩
＊永田 武③	本多光太郎③⓪②	村上武次郎T⓪	**わ行**
中野藤生⑨⑤	本間基文	村上 幸K⑩②	渡辺 清K⓪②
中道琢郎⓪	**ま行**	村尾 剛⑧②	渡辺伝次郎D⓪②
永宮健夫⑨	前川禎道⑨⑤⓪	武藤俊之助T③⑪④	渡辺 浩H⓪
中村 伝T⑪⑨	前田清治郎⓪→	武藤芳雄Y⓪	
中村陽二Y⓪⑧	益田義賀⑨⑤	目片 守⑧⑦	

りしないので、材料関係者の表としては全く不完全である。

　以上の表の中の人名は、多分に筆者の知己に偏っていることは申すまでも無い。表中に現れない人達の中にも、立派な業績を残された方もおられるので、その方々には筆者の不認識のご容赦を乞う。

初期本多学派の偉業

　人脈表の本多と同（第1）世代においては、本多学派は磁性物理学上重要な発見をしている。多くの成果の内、筆者の独断で次ぎの6項目を選ばせてもらった。以下の記述の中の［人名］は共同研究者であるが、ただ本多の命ずる

まま受動的に行ったのではなく、自ら問題提起と意欲を持って努力された方々である。これらの研究内容について簡単に触れる。

(1) 諸元素の磁化率測定：これは［本多光太郎］自身がベルリン大学でDu Bois教授のもとに行った研究（1909～1910）で、43種の元素の磁化率を発表した[3a]。これは1864年のメンデレエフの元素の周期表の予言を検証するもので、物理学史上重要な意義を持つ。本多の帰国後、［曽禰武］がこの研究を引き継いだ（後述 (5) 参照）。

(2) FeおよびFe-C系の磁気変態：本多は［高木弘・村上武次郎・石原寅次郎］と共に、まずFeにおける $\alpha \to \beta$（A_2変態）は、bcc相内の磁気変態であることを確認した。そしてFe-C系のFeからFe_3C（セメンタイト）間の結晶ならびに磁気変態の機構を明らかにした（1912～1915）[3b]。

(3) KS鋼磁石の発見：［高木弘］は特殊鋼研究の一貫として、Co30～35％、W6～8％、Cr1.5％（何れもwt％）合金を約950℃から焼入れ、永久磁石材料を見出した[3c]。残留磁化も約1.1kGで当時は世界一の強力磁石であった（1917）。日本のその後の強力磁石開発はこれを契機として始まった。

(4) MnOおよびCr_2O_3そしてα-Fe_2O_3の磁化率の異常の発見：［曽禰武］(1914)[3d] により前2酸化物の磁化率がある温度で極大値を示す現象で、後にNéelやvan Vleckの実験と理論研究で反強磁性転移温度（ネール点）と名付けられている。Néelは同時に酸化物のフェリ磁性の研究を含め、1970年ノーベル賞を得た。第3の物質α-ヘマタイトはその弱強磁性がある温度で急激に変化し、磁化は磁場の方向に記憶現象を示す。後年Morinによって再確認され（1950）、変態温度はモーリン点と名付けられる。曽禰の発見が早過ぎた！。

(5) 気体の磁化率の測定：(1)の本多の研究を引き継ぎ［曽禰武］(1919)は自ら考案した精密磁気天秤で、空気、O_2, N_2, CO_2, H_2などの磁化率を測定した[3e]。これらの結果は現在の正確な値とあまり変らず気体の測定は世界で初めてである。

(6) Fe、NiおよびCo単結晶の結晶磁気異方性エネルギーの決定：［茅誠司］は［増山義雄］と共に独自の方法で作製された上記3強磁性金属の単結晶を用い、各結晶の主軸方向の磁化曲線を求めた。そしてこれらの飽和磁化値、磁気

異方性エネルギー値を決定した[3f]。Feについては1926年に発表され、世界の多くの磁気学教科書にその図が示されている。

これらの成果は何れも世界に魁ける成果で本多スクールの初期の研究は多分に評価できるものである。しかしながら大部分の論文の発表者はfirst nameはK.Hondaである。現今の内外の研究者は本多の業績として称えるであろうが、成果をあげた［張本人名］は忘れられているのではなかろうか。指導者たる者は、その研究に最も貢献した人を、少くてもfirst nameとするような心遣いが必要であろう。実際の研究の実情は、曽禰、高木そして茅と直接会って対談した物理学史家の勝木渥の報告書[4]を見れば明らかである[4a,b,c,d,e,f]。

以上の研究成果の中には、ノーベル賞受賞対象となり得るものもあるものと考えられる。勿論本多の業績に対して、内外からの推薦が無かった故とみなされるが、研究成果をあげた時期が早過ぎた憾みもある。また本多自身の自分の研究に対する科学的説明が弱かったこともあり、また日本の理論物理専攻者が関心を持つことが後れたことも一因であろう。

20世紀初頭に欧米に留学した日本の研究者の中には、後進国から教えを乞う者としての差別を受けていた例も聞く。例えば、北里柴三郎、野口英世（共に細菌学者）や鈴木梅太郎（農芸化学者）も受賞に値する立派な成果を残している[5]。本多もそのような立場にあった筈であるが、国内外により積極的に研究成果を報知させたようには見えない。

その証左として、本多と同世代の研究協力者や第2世代の教授群の中では茅と旅順工大から招かれた大日方一司を除いては、若い時代に研究のため1年以上の海外留学の経験者が見当たらぬことである。勿論1940年代に近づくにつれ、ヨーロッパとアジアでの戦雲も近づき、渡航の事情も難しくなったことにもよるが、それ以前だったら金研の所長としての推薦や協力で、何名かの研究留学が可能であった筈である。

中年以降の本多は専ら、研究室数（特に実用研究）や人員を拡充し、工場や設備を充実させて、発表論文、特許件数を増すことを主目標としていたようである。それ自体は金研として喜ばしい事ではあるが、海外のみならず国内での学術や研究者の交流が充分でなかったことが、本多および金研の研究陣にとっ

てマイナスであった。

　もう一つ不幸なことには、本多にとって20世紀の始めに興った物理学の新法則である量子力学を後年に至るまで理解しようとはしなかった。そして強磁性現象の本質を説明するWeissの分子磁場理論さえ無視しようとした。本多は強磁性の本質は、外部磁場の印加によるヒステレシスも含む磁化現象と考え、当時の東北大物理の大久保準三と共に、格子点上に並べた磁針集団の模型を用いてその磁化曲線の挙動の詳細を計算によって調べた（1916）[6]。彼はその後かなりの期間この模型計算に固執した。筆者の聞いた広根の話によると、磁化現象は、温度をパラメーターにした気体－液体の相変態に類似するもの（熱力学的には真実）と捉えていた様子であるという。磁針模型の磁場誘起の強磁性模型では、磁針間に10^6Oeもの内部磁場（交換相互作用）が働くとは想像もつかなかったに相違ない。

　本多も晩年になって、流石に公然と使われ出した分子磁場理論を無視し続けることはできず一人の量子力学のわかる人物［広根徳太郎］（筆者の金研在任時の指導者）を呼び入れた。広根は1928年東北大・理・物理を卒業し、物理教室（大久保研）と理化学研究所に籍を置いた。卒業後、H.Weylの「群論と量子力学」を読破し、当時は難解とされたHeisenbergの強磁性理論を理解した。そして志を同じくする2年先輩の［彦坂忠義］と共にHeisenbergの理論をより解り易い形で表した広根－彦坂理論を1931年にZ.Physikに発表した[7]。この論文は本多には関係なく2人の名前のみで発表された。それが本多が広根を物理学科から金研へ招いたきっかけであろう。この論文もHeisenbergのそれもWeissの分子磁場理論と直接結びつくものではない。エネルギー準位と温度と磁場による状態方程式の作り方によってWeiss理論との違いが生じている。過ぎ去ったことではあるが、大学卒業後3年で日本で最初の量子力学による物性論の論文を発表した広根の功績は評価されよう。物理学史から見たこの論文の意義は勝木によって報告[7]されている。

　金研を去ってドイツ、イタリア、アメリカへ留学した茅は、分子磁場派となって北大に着任した。物理教室から金研へ転入した広根も分子磁場の信奉者であった。かくして本多の磁性理論へ量子力学的解釈を与えようとした目論見

は氷解した。

　明治以来日本は西欧の学術の導入と共に、学術界の権威体制も受け入れた。特にドイツはその体制は厳しく、大学・研究所において、総長（所長）、教授陣、準教授群、研究者（留学生を含む）のピラミッドが確立されていた。留学生などは研究費、生活費支給の見返りに、研究成果は指導教授へ私物化される契約があったと聞く、このドイツ体制を持ち込んだ日本の医学界がそうであるように、本多もその体制に近づける方向に向かっていたのかも知れない。要するに筆者の申し述べたいことは、長たる者は自分の守備範囲での大勢の弟子を抱えて仕事を拡げるより、ある程度の成果をあげた弟子は、常に転出させ、そこへ新しい分野から有能な研究者を受け入れることが、その分野の新しい学術の発展のために必要であるということである。

第3（孫）世代の研究者の金研からの拡散

　さて、表1に見るように、金研は終戦（1945）後、多くの中堅層ならびに若手の研究者を抱え込んだ。大学卒業後の就職難でそのまま研究室に留った人も多い。

　このように戦後の金研は、特に筆者のまわりの基礎物性関係では、若い研究者がひしめき、貧しい生活環境の中で研究に没頭していた。それと共に戦後の民主主義の導入や外国の学術雑誌からの刺激により、若手助手、中堅層（助教授層も含む）の研究者の中には、古い研究課題や教授層の指導能力への批判も始まり、金研そのものの存在価値まで疑うような下克上の様相も現れ出した。私が金研に入所（1950）当時ある先輩から「物理を出て量子力学を知らない研究者になるな！」という忠告もあった。かくして1953年頃から10年位の間に、有能な中堅層や若手の研究者は、続々と新設された東大物性研究所や他大学の増設された物性や材料工学科、そして欧米の大学や研究所へ去って行った。これは他の見方をすると金研の各研究室（講座）の人員構成は学部と異り、教授・助教授・講師・助手・技官の正式な配分は1：2：3：2であったので助教授層・助手層が昇格するためには、外へ転出せざるを得なかったことにもよる。

有能な研究者が転出した金研は、一時は凋落したように見えたが、その後表のように各大学、研究所より有能な教官を迎え、設備も充実し、全国からの共同利用や教官の長期滞在の制度も開かれ、研究活動は順調に行われている。他方金研から各地に転出した研究者は、その後の日本の磁気学研究だけでなく物性物理学の発展、そして実用材料の開発に従事してこの社会に多大の貢献を与えながら、大学、研究所そして企業を去ったり去りつつある。紆余曲折はあったが、金研の創始者本多の初期の目的は達成されているものとみなしてよかろう。

おわりに

　さて戦後の磁性研究は戦前に比べると飛躍的に発展し拡大し続けている。論文数の増大は当然であるが、その数の割に日本独自の発見、発展そして測定技術の開発などの割合は昔（本多の初期）に比べて増えてはいないと思う。理論面では、近藤効果を始めとして永宮スクールの物質に対応した多くの磁性理論、そして守谷のスピン揺動理論から始まる局在磁性と遍歴電子磁性の結びつき理論は多くの磁性実験研究者に役立った。

　しかしながら実験面では、佐川眞人・住友特殊金属グループのネオジウム磁石の開発が抜き出た研究開発と認められ、それに加えて阪大伊達の瞬間磁場発生と測定が注目される。

　筆者は大学停年後十余年になるが、その間に感ずることは、日本の研究者は外国で新しい現象の発見があると、大挙してそれに群がり、先端の研究を行っていると自負しているように見える。スピングラス、高温超伝導、重フェルミオン物質、多層膜の巨大磁気抵抗などがその例である。それが不必要とは言えないけれども、所詮、自ら見出した研究課題ではなく、多くの研究費と人員を使って努力する割に後世に残る成果はそれ程多くない。

　これまでの文部科学省の進める重点研究への研究費の配分もこの種の研究課題に頼ることが多く、これだけでは先進国の行う研究体制とはいえない。このグループに入らないと研究費が得られないことは承知してはいるが、各研究者は常に他人のやらない研究（物作りでも測定器作りでも）を実行する意欲が必

第3章 本多光太郎研究

要と思う。要は本多の初期の研究のような、新しい研究課題に取り組み、時間をかけてもそれを展開、発展させて行く努力が望まれるのではなかろうか。最後に本多の逝去50年記念号への投稿文としては、本多批判を含む不謹慎な内容を含むことをお詫びしたい。筆者は本多個人の研究への情熱、温厚な人柄には敬意を持っているが[8]、この年になって学問の発展上、誰かにこのような本多学派の抱えてきた問題点を知ってもらうために、敢えてこのような執筆を行った。その意とするところを知って頂ければ幸いである。

表の作成にご助力頂いた佐藤清雄福井工業大学教授にお礼いたします。

参考資料

1a) 石川悌次郎著:『本多光太郎傳』, 1964年, 本多記念会, 日刊工業新聞社. 本多の唯一の伝記として, すべて学者本多への好意的な立場から, 立身出世物語り調で書かれている. 子供達の教育には有用であろうが, 科学史上はそれ程重要な記録とはみなされない（内容に誤りも含む）.

1b) 本多光太郎の業績として, 1a) とは別の視点からの科学史的評価が与えられている.
河官信郎:"本多光太郎の研究", 金属, **48**-10 (1978) 76 および同誌 **50**-1 (1980) 150；本書84～106頁. 筆者はこれと4) の勝木渥の両論説を参考にした.

2a) 金研 IMR:「金研50周年ならびに75周年記念号」, 東北大金研編1966年5月と1991年12月刊行.

2b) 金研同窓会機関誌, 研友, 1960～現在, 研友会編.

2c) 泉萩名簿2002年, 東北大学理学部同窓会編.

2d) 日本物理学会名簿, 1998年版とそれ以前の版.

2e) 日本金属学会名簿, 1997年版と同上.

2f) 日本応用磁気学会名簿, 1995年版と同上.

2g) 1a) の本多光太郎年譜 p.379-382.

2h) 『思い出の人茅誠司』遺稿・追悼文刊行会, 1965年6月25日.

3a) K.Honda : Ann. der Phys, **32** (1910), 1003；ibid., **32** (1910), 1027.

3b) K.Honda, H.Takagi : Sci.Rep.Tohoku Imp.Univ., **1** (1912), 207；ibid., **1** (1912), 229, ibid., **2** (1913), 203, ibid., **4** (1915), 161. なお A_2 変態が結晶構造を変えない変態であることはLe Chatelier(1904), Weiss(1909)によって調べられている.

3c) KS磁石は1917年に本多の名前で特許を取っている. その総合報告は1920年に「東北帝大理科報告（Science Reports of the Tohoku Imperial University）」に発表されているとのことである.

3d) K.Honda, T.Sone : Sci.Rep.Tohoku Imp.Univ., **3** (1914), 139-152; ibid., **3**(1914), 223-234; T.Sone, T.Ishiwara: ibid., **3** (1914), 271-275, 他.

3e) T.Sone : Sci. Rep. Tohoku Imp. Univ., **8** (1919), 115-168, その他あり.

3f) K.Honda, S.Kaya : Sci. Rep. Tohoku Imp. Univ., **15** (1926), 721.

4) 勝木渥の磁性物理学史から見た各研究・研究者の経緯と評価, 主題「本多の磁気理論とわが国におけるWeiss理論受容の過程」で一連の報告が雑誌「物性研究」になされている.

4a) 上記3a)の本多の元素の磁化率について, I物性研究, **31** (1978) No.1., p.1-22.

4b) 上記3b)のFe-C系の諸変態, II物性研究, **31** (1978) No.5, p.245-268.

4c) 上記3c)の高木弘を中心とする「KS磁石の発明過程」: 勝木渥,「科学史研究」, **23** (No.150), p.96-109 ; **23** (No.151), p.150-161.

4d, e) 上記3d, e)について曽禰武の研究業績:「日本物性物理学史」平成6年文部省科研費(一般研究c)代表者:勝木渥, 研究成果報告書(No.05680061)の後半部分参照.

4f) 上記3f)の茅の強磁性の磁気異方性について, 足助尚志修士論文(1988)指導教官勝木渥「物性研究」, **52** (1989)No.2, p.119-212.

5) 例えば「ノーベル賞の光と影」科学朝日編(9名の執筆者名省略), 1983年.

6) 本多・大久保 : Sci.Rep.Tohoku Imp.Univ., **5**(1916), 153.

7) T.Hirone, T.Hikosaka:"Zur Theorie des Ferromagnetismus", Z. Phys., **73** (1931), p.62-73. この論文の評価は人によって異なる. Heisenberg理論と同様, Weiss理論を裏付けるためになされたものではない. この論文は発表後本多理論との矛盾から広根はWeiss理論に傾いて行った様子である(広根と筆者の会話による). 広根-彦坂理論についての勝木渥の見解: 物性研究, **29** (1977) No.3, p.93-107 ; 上掲, **36** (1981) No.6, p.355-412 ; 上掲, **38** (1982) No.4, p.178-224.

8) 安達健五:「日本の物質科学と本多光太郎」画期的な発見と開発, 中日新聞(夕刊)愛知版, 1991年5月29日.「本多光太郎先生の旧家訪問と遺品について」, 研友, **47** (1989), 4.「本多光太郎先生の郷里を訪れて」, 日本金属学会会報, **18** (1979), 79.

(名古屋大学名誉教授/「金属」73巻10号2003年掲載)

追記(本書への再録にあたって)

　この稿の著者・安達健五先生から論文の再録に必要と思われる追補をしてほしいという依頼を受けました。その任に適うかという不安はありましたが、お引き受けして以下の(1)(2)の事項を追記します。

　安達先生からその際にいただいた書信の一部を、先生のご了承を得ましたのでご紹介します。

第3章 本多光太郎研究

　『金属』の私の執筆は、私の最後の金研時代を貴兄や勝木氏の本多光太郎評価の資料を参考にして執筆したもので、不完全な点も含まれております。今度の特集につきまして、本多光太郎の正しい評価ができるのは貴兄しか居ないと思って推薦しました。

　ところで、『金属』の執筆文の中で私の記憶が怪しくて書き切れなかったことは、広根徳太郎先生の初期（1930～35）の研究内容と本多先生の思い出話などですが、何れもその資料は残っておりません。実は古い資料を持っておりましたが、私が福井工大をやめる際に、新たに私の部屋に入る教授と事務の人が、ダンボール箱二ヶを処理してしまいました。その中には①広根徳太郎先生の学位論文のコピー、②戦中戦後金研で行われた物性研究会のメモ（プログラム程度）、③広根徳太郎先生の一番目の助教授・片山龍成先生の"The Modern Theory of Solids"（1940）の全和訳文（出版されませんでした）、④片山龍成先生の耐熱材料としてのNiAl（BCC, CsCl型）のバンド計算 $E(k)$ 曲線がありました。

　この結果を用い私が状態密度曲線 $D(E)$ を求めましたが、これは論文にはしませんでした。私の記憶では当時アメリカ留学中の山口幸夫さんの求めに応じその結果のみ送り、ある雑誌に $D(E)$ 曲線が示されたと記憶しております。片山龍成先生は理論物理が専門で群論とエネルギーバンドの関係など、後世における欧米学者の発表の魁と認められます。私が広根研で最も尊敬する一人です。私にとって片山先生の研究資料を失ったことが悔やまれます。

(1) 安達稿の名簿の誤植や記載もれなど（表1、表2他）を訂正しました。
(2) 篠原猛氏に協力していただいて磁気研究会関係の名簿からより広範な磁気研究者のリスト試案を作成し、表2に＊印をつけて付記しました。

（河宮信郎）

欧米の先進鉄鋼研究機関と本多光太郎

前園　明一

1. 1915年の英国鉄鋼協会誌に本多光太郎の論文「On the nature of the A2 transformation in iron」が掲載されている[1)]。この論文は本文43頁の後に5頁の「討論（Discussion）」と「文通（Correspondence）」約8頁が付属している。

この「討論」の冒頭に英国鉄鋼協会の前会長Sir Robert Hadfield博士の次のような言葉がある。「本多光太郎教授のこの論文は日本の科学者から当協会に届いた最初のものである。協会の評議会は大きな喜びをもってこの論文を採択した。私は昨年東北大学の本多教授との文通によって、彼のもとに幾人かの非常に優れた研究者がいることを知った。そこで私は本多教授に協会誌に論文を寄稿するように薦めた。本多教授のこの論文はこの数年来、金属学の研究者が直面している鉄の同素変態について、非常に重要なものを提供していると思う。…（中略）…本多教授が実験に使用した鉄とニッケルはカールバウム社製で、同社は純金属の製造についてかなりの経験をもっているメーカーであるから、本多教授の試料はおそらく純粋であったと考えられる。またコバルトはジョンソン・マッセイ社製を使用しているから、試料は疑いなく最適性能のものである。」この後の方の件は本多研究室で研究生の求めに応じて本多教授が背後の鍵のかかった戸棚から実験用の高価な純金属や白金熱電対を注意して渡している光景を彷彿させる。

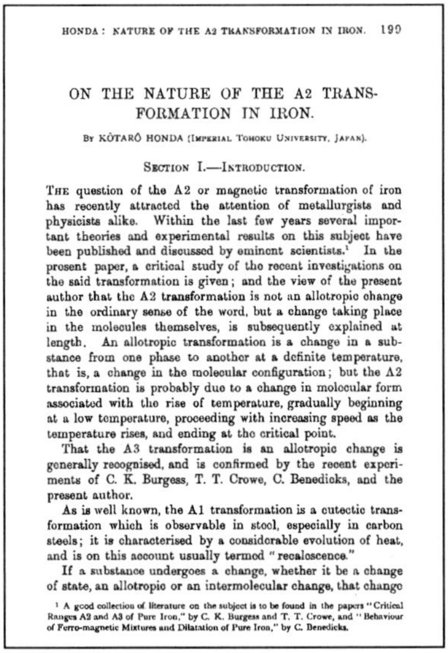
HONDA: NATURE OF THE A2 TRANSFORMATION IN IRON. 199

ON THE NATURE OF THE A2 TRANSFORMATION IN IRON.

By KÔTARÔ HONDA (Imperial Tohoku University, Japan).

Section I.—Introduction.

The question of the A2 or magnetic transformation of iron has recently attracted the attention of metallurgists and physicists alike. Within the last few years several important theories and experimental results on this subject have been published and discussed by eminent scientists.[1] In the present paper, a critical study of the recent investigations on the said transformation is given; and the view of the present author that the A2 transformation is not an allotropic change in the ordinary sense of the word, but a change taking place in the molecules themselves, is subsequently explained at length. An allotropic transformation is a change in a substance from one phase to another at a definite temperature, that is, a change in the molecular configuration; but the A2 transformation is probably due to a change in molecular form associated with the rise of temperature, gradually beginning at a low temperature, proceeding with increasing speed as the temperature rises, and ending at the critical point.

That the A3 transformation is an allotropic change is generally recognised, and is confirmed by the recent experiments of C. K. Burgess, T. T. Crowe, C. Benedicks, and the present author.

As is well known, the A1 transformation is a eutectic transformation which is observable in steel, especially in carbon steels; it is characterised by a considerable evolution of heat, and is on this account usually termed "recalescence."

If a substance undergoes a change, whether it be a change of state, an allotropic or an intermolecular change, that change

1 A good collection of literature on the subject is to be found in the papers "Critical Ranges A2 and A3 of Pure Iron," by C. K. Burgess and T. T. Crowe, and "Behaviour of Ferro-magnetic Mixtures and Dilatation of Pure Iron," by C. Benedicks.

図1　英国鉄鋼協会誌に掲載された本多光太郎の論文

また協会副会長のJ. E. Stead博士は

「β-鉄の存在について大きな疑いがもたれてきた。本多論文の特長はβ-鉄を完全に否定し、A_3変態は一つの同素体から他の同素体に変化する同素変態としたことだ。Benedicks博士（スウェーデン）のほか多くの金属学者はこの結論に同意している。……」と述べている。

評議員のH. Le Chatelier教授（フランス）は「鉄の磁気変態点について私が10年前に提案した説明が現在一般に採用されていることは喜ばしい。本多教授の実験はBenedicks教授と同様に、この問題に関する見方を明らかにする上で大きな貢献をした。A_2変態が同素変態とは考えられない主な理由はこの変態が漸進的な形で進行するからだ。…」と述べている。

W. Rosenhain博士（英国国立物理研究所）は「変態の研究にレントゲン線の結晶による反射スペクトルを利用することは現在、金属学の問題解決にはほど遠いように思われるが、将来、直接的な意味を与えるだろう」と問題解決の決定的な方向を示唆している。

G. K. Burgess博士（米国標準局）は「文通」の中で、「本多教授は高温の鉄の性質についての非常に包括的な実験から得られた重要な結果を容易に利用できるように、コンパクトな形にまとめている。これらの観察は疑いなく鉄のA_2とA_3変態についての研究に大きな価値あるものである。…」と述べている。

2. 本多光太郎は1924年（大正13年）3月より10月までの約8ヶ月間、欧米の鉄鋼研究機関を訪問、視察し、帰国後、12月23日に日本鉄鋼協会、機械学会、日本鉱業会、火兵学会の4学会共催の講演会でその報告を行った。その中で本多は次のように述べている[2]。

「…（前略）…私はその機会を利用して冶金学上の重要問題すなわち鉄のA_2変態、マルテンサイトの本性、焼入論、硬度論、鉄・炭素系の二重平衡図などについてれらの大家と意見の交換をしておくことは斯学の進歩に著しい効果があると思いまして、できる限り機会をとらえることに注意しました。……旅行中、講演を頼まれたり、学会に出席して論文を読んだり……」して、当初は視察だけの余裕のある旅の予想に反して招待講演などで多忙であった。

事実、数年前、筆者がスウェーデンの王立工大の冶金研究所を訪問した際、案内された玄関ホールの入口の上に10枚くらいの人物写真の額が掲げられており、その中に本多光太郎の特徴的な写真像を見出した。案内のS教授の説明によればこの研究所を訪れ講演された世界の著名な金属学者の写真を記念に飾ってあるということであった。

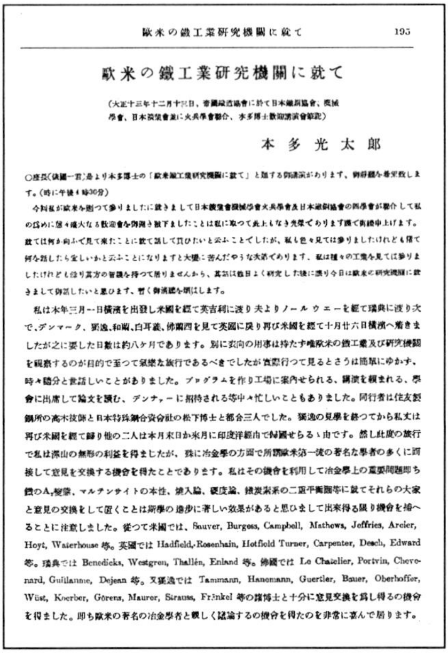
歐米の鐵工業研究機關に就て　195

歐米の鐵工業研究機關に就て

（大正十三年十二月十三日，帝國鐵道協會に於て日本鐵鋼協會、機械學會、日本鑛業會並に火兵學會聯合、本多博士歡迎講演會筆記）

本多光太郎

○座長（俵國一君）是より本多博士の「歐米鐵工業研究機關に就て」と題する御講演があります、御靜聽を希望致します。（時に午後4時30分）

今回私が歐米を廻つて參りましたに就きまして日本鑛業會機械學會火兵學會及日本鐵鋼協會の四學會が聯合して私の爲めに斯く盛大なる歡迎會を御開き被下ましたことは私に取つて此上もなき光榮であります謹て御禮申上げます。就ては何か向ふで見て來たことに就て話して貰ひたいと云ふことでしたが、私も色々見ては參りましたけれども偖て何を話したら宜しいかと云ふことになりますと大變に苦んだやうな次第であります、私は種々の工業を見ては參りましたけれども餘り其方の智識を持つて居りませんから、其話は他日よく研究した後に讓り今日は歐米の研究機關に就きまして御話したいと思ひます、暫く御清聽を煩はします。

私は本年三月一日横濱を出發し米國を經て英吉利に渡り夫よりノールウエーを經て瑞典に渡り次で、デンマーク、獨逸、和蘭、白耳義、佛蘭西を見て英國に戻り再び米國を經て十月廿六日横濱へ着きましたが之に要した日數は約八ケ月であります。別に表向の用事は持たず唯歐米の鐵工業及び研究機關を視察するのが目的で至つて氣樂な旅行であるべきでしたが實際行つて見るとさうは簡單にゆかず、時々隨分と世話しいことがありました。プログラムを作り工場に案内せられる、講演を頼まれる、學會に出席して論文を讀む、デンナァーに招待される等中々忙しいこともありました。同行者は住友製鋼所の高木技師と日本特殊鋼合資會社の松下博士と都合三人でした。獨逸の見學を終つてから私丈は再び米國を經て歸り他の二人は本月末日か來月に印度洋經由で歸國せらるゝ由です。然し此度の旅行で私は澤山の無形の利益を得ましたが、殊に冶金學の方面で所謂歐米第一流の著名な學者の多くに面接して意見を交換する機會を得たことであります。私はその機會を利用して冶金學上の重要問題即ち鐵のA_3變態、マルテンサイトの本性、焼入論、硬度論、鐵炭素系の二重平衡圖等に就てそれらの大家と意見の交換をして置くことは斯學の進歩に著しい效果があると思ひまして出來得る限り機會を捕へることに注意しました。從つて米國では、Sauver, Burgess, Campbell, Mathews, Jeffries, Arcier, Hoyt, Waterhouse 等。英國では Hadfield, Rosenhain, Hotfield Turner, Carpenter, Desch, Edward 等。瑞典では Benedicks, Westgren, Thallén, Enland 等。佛國では Le Chatelier, Portvin, Chevenard, Guillanme, Dejean 等。又獨逸では Tammann, Hanemann, Guertler, Bauer, Oberhoffer, Wüst, Koerber, Görens, Maurer, Strauss, Fränkel 等の諸博士と十分に意見交換を爲し得るの機會を得ました。即ち歐米の著名の冶金學者と親しく議論するの機會を得たのを非常に喜んで居ります。

図2　「鐵と鋼」第十一年第三号

さらに講演は続いて「…… また私の大いに嬉しく感じたことは、吾々の金属材料研究所の出版物が欧米の諸冶金学者間に、非常に重要視されていることでした。どこへ行っても出版物のお礼を申され、その内容の有益なことを申され称賛の言葉を述べられました。またわが研究所の出版物は他の論文と別にして一まとめとし絶えず参考にしているといって私に示されたことも数度ありました。……」本多光太郎が「研究は出版まで」を合い言葉に、彼等の論文が掲載された「東北大学理科報告」や「金属の研究」をはじめ、在職25年記念論文集のような一千頁を超えるような大冊までも欧米の先進的金属研究機関にくまなく送付していたことは、総体的に本多光太郎の考えの中には常に金属の研究開発に関しては世界の先進的な金属研究機関が対象となっていたにちがいない。

参考文献

1）K.Honda: J. the Iron and Steel Inst., Vol.XC1, No.1, (1915) 199-254
2）本多光太郎：鉄と鋼，11-3 (1925) 195-209

（㈱アグネ技術センター「金属」編集長）

第3章 本多光太郎研究　　　　　　　　　　　　　　　　　　　　*123*

本多光太郎とKS鋼、新KS鋼の開発事情

　　　　　　　　　　　　　　　　　　　　　　　　小岩　昌宏

1. はじめに

　昭和30年代、工学部学生の間でよく読まれていた本の一つに星野芳郎著『現代日本技術史概説』[1]がある。その巻末には「現代技術史学の方法」と題する200ページを超える試論が付されていた。その中の「KS鋼とMK鋼の問題」と題する一節に大要、以下のような記述があった。

　　MK鋼とKS鋼とをとってみると、形式的にはその結果は似ているけれども、それが出現した過程はまるでちがう。本多光太郎は物理学科の出身で、それまでの冶金学研究方法にくわえて物理学的方法を併用して、物理冶金学の基礎をきずいた。KS鋼や新KS鋼は、そうした物理冶金学を指針として、それを実際に適用して発見されたものである。これに反して、三島徳七は、出身は冶金学科である。MK鋼は、三島がたまたまニッケル鋼（非可逆鋼）の研究中、三島の助手によっていわば偶然に発見されたもので、本多光太郎の場合のような理論を指針として出現したものではない。

　三島徳七の流れを汲む研究室で大学院生活を送り、本多光太郎の創設した東北大学金研に職を得て21年間を過ごした私には、いつも上述の指摘が気にかかっていた。磁性とはやや離れた分野に関心のあった私には、この問題についてより詳細に検討する機会のないまま時間が経過したが、京都大学を定年となり時間的余裕ができたので、KS鋼とMK鋼の開発過程を調べ、星野の指摘について考えてみた。

　本多光太郎に関する資料としては、勝木[2,3]河宮[4,5]による業績の検討、石川悌次郎による伝記[6]がある。三島徳七に関しては没後に出された追悼文集[7]のほか、当時の研究室職員、大学院学生であった方々から情報を得た。これらをもとに、「永久磁石材料　KS鋼、MK鋼、新KS鋼の開発事情」を執筆し、雑誌「金属」に掲載した[8]。本稿にはその大要を記した。

2. KS鋼の開発

　第1次世界大戦（1914～1918）の勃発により、外国からの物資輸入が極度に制限され、とくに工業用諸機械、兵器用材料はほとんど途絶した。本多光太郎が磁石鋼の開発に乗り出したのは、こうした背景のもとでの陸海軍の航空関係の要請による。本多自身は回想「KS鋼発明前後」（科学朝日、42 (1940)）において当時最良の永久磁石 W-Cr 鋼の鉄を 1/3 Co に置換して残留磁化を増せば必ずいい磁石ができると考えて、「2, 3回の試作で予想が的中したことが確かめられた」といっている。ところが実際に試料の試作・試験を担当した高木弘の博士学位論文（東北大理、1959年）を見るとだいぶ話が違う。学位論文は "KS磁石鋼の研究ならびにわが国地表物質の磁性の測定" と題され、その一節に次のような記述がある。

　　Fe-Co-Cr 磁石鋼
　　Co-W-Fe磁石鋼には特に注目すべき成績はなかった。当時教室の工場に成分不明の工具鋼があってきわめて硬度が高く大切にして居った材料があることを工員より聞いた。筆者は之を分譲してもらい之を Co-Fe 合金に W の場合と同様に配合した。その結果抗磁力180エルステッドの磁石が発見された。本多教授は非常に驚かれて早速分析を命じられた。その結果、抗磁力の増加は Cr 元素によるとの結論になった。その後 Ferro-chromium により Cr を配して試験した処 Ir=500-600gauss（5000～6000の誤記か）, Hc=180-200エルステッドの磁石鋼が完成された。…

　学位論文の記述をそのままに受け取ると、"工具鋼添加はCr添加" であったかにも受け取れるが、切削用合金工具鋼、高速度鋼には数％の W が（通常はCrより多量に）含まれているのでWとCrの同時添加であったと見るのが自然である。学位論文は高木が70歳を超えて、KS鋼発明から40年以上経過したのちに書いたものである。その自宅は仙台大空襲の折に全焼した（ご遺族高木康子さんによる）とのことであり、おそらくは実験データやノートもないままに執筆されたものと推測される。実際、東北大学理学部より取り寄せた学位論文のコピーを眺めてみると、「学位論文」というより「回想録」と呼ぶ方がふさわしい書きぶりである。"工具に分譲してもらった工具鋼を合金作成に際して添加した" といった経緯は迫真性があるけれど、実験の詳細な経緯までそのとおりであったかどうかは疑問が残る。

第3章 本多光太郎研究

3. MK鋼の開発

KS磁石鋼の発明から15年後の1931年、三島徳七によりMK磁石が発明された。これは当時最高性能の永久磁石材料であったKS鋼の約2,3倍の保磁力を有し、安定性にもすぐれたものであった。MK磁石の発明前後の事情を、牧野昇との対談における三島自身の発言（電子材料1962年6月号）から拾い出してみよう。

「…いよいよ独自の研究生活に入ろうと決心して三つのテーマを選んだ。その一つは強力なMKマグネット発見の端緒になった鉄ニッケル系合金の研究です。非可逆鋼と呼ばれたニッケル25～26％を含む高ニッケル合金は、加熱のときと冷却のときとで変態点が著しくことなり、これを高温からやや早く冷やせば、常温に達しても変態を起こさず無磁性であった。この原因を追及解明しようと思ったのです。非可逆性の高ニッケル合金にアルミニウムを1％、2％、3％と15％まで逐次添加した試料を熔製して、温度と熱膨張のカーブをとったり、磁気分析の曲線をとったりして変態点の移動状況と非可逆性の変化する有様を追及したのですが、いろいろ測定をしているうちに、アルミニウムの成分の変化につれて、磁性が非常に強くなることがわかった。ことの興りは一言でいえば、強力な磁石をみつけることを目的に研究をはじめたのではなく、むしろ高ニッケル合金の無磁性であり、非可逆性である原因をつきとめようと思ってスタートしたことが、強力な永久磁石をみつける結果になったという次第なのです。MK磁石という名前は、私の養家の三島のMと実家の喜住のKをとってつけたわけです。」

4. 新KS鋼の開発

三島徳七によるMK磁石は本多光太郎によるKS磁石鋼の性能を大幅に上回るものであり、東北大金研の研究者に電撃的な衝撃を与えた。その状況を増本量は「三島先生を偲んで」[7]に寄せた追悼文で以下のように述べている。

…十五年という長い間、本多先生、高木博士のKS磁石の上に眠っていた金属材料研究所のわれわれの間には賞賛の声もあがったが、また他方大きなショックでもあった。…鉄・ニッケル系合金にアルミニウムと類似した金属を添加して析出硬化性を発揮させ、同時に大きな保磁力を得んとする研究を始めることにし、白川勇記博士に実験して頂くことにした。…中でもチタンは比較的保磁力を大きくしたが、残留磁束密度を大きくするものは見つからなかった。そこで本多先生が

巡回してこられたとき「先生、どうも保磁力はある程度出ても、残留磁束密度のおおきいものが見つかりません」と申し上げたところ、直ちに「それではコバルトを加えてみるといいわなあ」といわれた。それで直ちに鉄・ニッケル・チタン・コバルトの四元合金の試料をたくさん造り、焼き入れ、焼きもどしを行って測定してみたところ、一九三四年に論文として発表しておいたように、残留磁束密度6,300ガウス、保磁力900エルステッドという残留磁気は弱いが保磁力は大きいものが得られた。本多先生は非常にお喜びになり、これに新KS磁石鋼と命名された。…

東北大金研の同窓会組織である研友会の機関誌、「研友」第55号（1997）に金研に長年勤務した菅井富が執筆した「白川勇記先生と新KS磁石鋼」（白川勇記に平成6年1月10日にインタビューした折の録音テープをもとに書いたもの）が載っている。新磁石発明当時のことについて白川は「上からの命令で研究の中断を命じられ、二人いた助手も取り上げられたが、がんばって溶解鍛造など試料つくりも一人でやり、小使いさんに手伝ってもらって実験した。Tiという磁性を持たない元素を添加したのがみそだった。いいところ（最適組成？）を探すときは俺は必要がなくなりはずされた。　学位や教授昇進のため論文を書けるようにとの配慮であった面もあるが…」（要約）と、当時の研究の状況を悔しさも含めて回顧している。上記の増本量の回想とは微妙に違う感じがする。

5. MK鋼と新KS鋼の特許係争

「新KS鋼はMK鋼の改良品か、新規な発明か」を巡って、東大対東北大の争いを背景に、工業化した二つの企業、住友金属（新KS鋼）と三菱鋼材（MK鋼）のあいだで激しい特許論争が続いた。そのポイントは、三島特許の中心は鉄－ニッケル－アルミニウムの三元合金であるが、新KS鋼は鉄－ニッケル－チタニウムの三元合金であるということになっている。問題はチタニウムを添加するときに使う原料のフェロチタンにアルミニウムが大量に混在しているので、結局熔製されたものが、鉄－ニッケル－アルミニウム－チタニウム合金になってしまう。実際、東北大学側もこの点は大いに気にしたところで、増本量の回想録にもそのことが記されている[9]。

特許係争は昭和11年7月15日、「MK鋼」の特許権者たる東京鋼材（三菱

製鋼の前身)が「新KS鋼」の特許権者たる東北帝大の金属材料研究所を相手どり、特許権利範囲確認審判を特許局に上告したことに始まる。その後、相互の勝ち負けを経て、昭和18年2月23日に「権利範囲を侵害しない」との審結があり、これに対する三菱製鋼の不服上告が出された。昭和19年2月15日に口頭弁論がとりおこなわれる予定になっていたが、この弁論期日を前にして新春早々突如として三菱、住友両社間に和解が成立した。「…この大切な聖戦決戦の秋をひかえて、単に面目上や利益上から私事の争いを続けることは軍需会社としての使命にも反し、国家に対しても申訳のない次第であるからよろしく和解し、技術を交換し、相助け合って戦力増強に資すべきであるとの愛国の声が昂まったからにほかならない」と当時の雑誌(週刊毎日、昭和19年2月13日号)に報じられている[7]。

6. おわりに

本稿の冒頭に述べたように、星野は「KS鋼は理論的研究の、MK鋼は偶然の所産である」として、"合金研究における理論的指針と研究方法の重要性を指摘"した。しかし、「たまたま工具鋼を配合してよい結果を得た」という高木の回想は、こうした単純な構図は成り立たないことを雄弁に物語っている。それにしても、技術史(歴史)を書くことの難しさを痛感させられる。資料として最も信頼できるはずの当事者や関係者の回想も、かなりの年月を隔ててから書かれたものがほとんどで、思い違いや遠慮もあるだろうし、意識的に自分に都合がいいように述べる場合もあり得る。勝木は石川悌次郎著『本多光太郎傳』[6]について「伝記小説としては傑作の部類に属する。…しかし、この「伝記」はあくまで伝記小説・大衆的読み物であって、これを(特に記述内容をそのまま史実とみなして)科学史・技術史研究上の史料として引用すべきものではない」と指摘をしている[3]。

KS鋼、MK鋼がともに「偶然」が契機となって発明に至ったことは、材料開発の難しさと面白さを物語っている。KS鋼が焼入れ硬化磁石鋼、MK鋼は析出硬化磁石合金であるという材料学的特性の差異は、のちの研究で次第に明らかにされたものであって、当時は、永久磁石材料開発の材料学的指針はほと

んどなかったというべきであろう。材料科学が理論の面でも実験方法の面でも飛躍的進歩を遂げた現代においても、新材料の発明・発見は予測を超えたところに起こる。

本多光太郎が日本の材料科学の基礎を築き、その発展に大きな寄与をしたことはいまさらいうまでもない。その偉大さのあまり、神格化されて負の側面はあまり語られることがない。そんな状況の中で率直に苦言を呈した数少ない一人が岩瀬慶三である。彼は京大理学部化学科金相学教室の出身で、金研では三元状態図、砂鉄精錬などの研究を行う一方、1942年から定年までの15年間母校の教授を兼担した。81歳の誕生日の機に出版された『大学教授の随想』[10]には"つれづれなるままに綴った"小気味よい文章が並んでいる。KS、MK、新KS鋼の発明に関しては、以下のように述べている。

「発明なるものは　その結果がいかに大きくとも犬棒式のもので　学問の世界の事柄ではない　学者ならばその磁石がどのような状態となっているか　また何がゆえに強磁石たりうるか　を明かして始めて学問らしくなるがそのような学問的のことは　KSもMKも新KSも全然発表されてはいない　全く街の発明家の仕事と　質的には何ら変わりがない　それなのに本多先生も東大の老先生も　前述のように夢中になられたことに対しては　若い者達は先生方のために　非常に残念がったのであった」

参考文献
1) 星野芳郎：『現代日本技術史概説』，大日本図書，昭和31年．
2) 勝木渥："KS磁石鋼の発明過程（I）"，科学史研究，**23**,(1984), 96.
3) 勝木渥："KS磁石鋼の発明過程（II）"，科学史研究，**23**,(1984), 150.
4) 河宮信郎："本多光太郎の研究"，金属，**48**,(1978), 76.
5) 河宮信郎："本多光太郎研究　その中間報告"，金属，**50**,(1980),150.
6) 石川悌次郎：『本多光太郎傳』，本多記念会，日刊工業新聞社，昭和39年．
7) 『三島先生を偲んで』，同書刊行委員会，1977年11月．
8) 小岩昌宏："永久磁石材料　KS鋼，MK鋼，新KS鋼の開発事情"，金属，**71**,(2001), 1254.
9) 石川悌次郎：『増本量伝』，誠文堂新光社，昭和51年6月．
10) 岩瀬慶三：『大学教授の随想』（非売品），1975年．

（京都大学名誉教授）

第4章　本多光太郎の遺産

本多先生の執念	茅　誠司
寺田先生と本多先生	中谷宇吉郎
本多先生の講義用ビラ	大和久重雄
本多先生こぼれ話5題	川口寅之輔
本多先生の思い出	小松　登
本多先生と私	増本　健
本多先生と私の父親	増子　昇
本多光太郎の二つの訓示	國富信彦
本多先生のこと－私だけが知っている？の巻	長崎誠三
本多光太郎先生の余韻	和泉　修
本多式熱天秤	前園明一
本多光太郎記念室にまつわること	菅井　富
Bozorthの"Ferromagnetism"に見た本多光太郎先生	中道琢郎
KS鋼の発明からNdFeB磁石まで	佐川眞人
Honda Memorial Books	藤森啓安
現代でも通用する鉄の神様「本多光太郎先生」の学風	早稲田嘉夫

本多先生の執念

茅　誠司

　私は本多光太郎著『中学校物理学教科書』で物理学の初歩を習い、東北大学に入って先生の講義をきき、実験の指導を受け、大学卒業後は先生の創設された金属材料研究所の研究補助となり、昭和三年に先生のお勧めで新設された北海道大学理学部の物理教室の教授となる為にドイツに留学し、昭和五年から昭和十八年まで北大教授を勤め、昭和十八年末に先生の同意を経て東京大学に転勤してそこの教授となった。これで判る通り私の履歴は全部といってよい位本多先生の意思によって決定されて来たといっても差支えないと思う。

　先生に初めてお目にかかったのは大正九年九月に、東北大学に入学して一般物理学の講義を聴いた時である。物理教室と化学教室に入学した学生其他が数十名階段教室に並んで待ち受けているところへ本多先生がドアを開いて入って来られた。それは意外にも和服で、しかも深ゴムの靴を履いておられた（これは当時としても珍しい服装である）。そしてその後から一匹の汚い小犬がついて来たのを、先生はドアの所でシッ、シッと言って叱っておられるのを見て皆は可笑しがって笑ったものである。先生の物理学通論という名著や、また鉄鋼の研究という本に出ている簡潔な文章から想像した先生のイメージとは全く違ったものだった。

　しかし、愈々講義となって先生のお話を伺っているとそれは先生の著書の中に出てくる文章と全く同様のものだった。但し先生の生れは愛知県岡崎在なので、時々その訛りが入ってくることがある。これは先生のご機嫌のよい時に多くて、ご機嫌の悪い時には絶対にない。そこでわれわれ弟子たちはこの訛りの有無で先生のご機嫌のバロメーターとしたものである。

　二年生から三年生に渉って本多先生の物理実験の指導を受けた。その当時の実験室は半地下室で、大きな青大将が住んでいるという伝説さえあった。そこで二年生も三年生も入り混って自分達に与えられた実験をやるという仕組に

東北帝大理学部物理教室の教授と学生。前列右端が本多光太郎、最後列左の学生が茅誠司

なっていた。私が二年生の時、海老原君（後に東京工業大学教授となった）と共に二つの鋼球を衝突させてその瞬間の写真をとることをやっていた時、先生は近くで三年生の須田晥二・鈴木益広両氏のやっているレールの中の巣を見つける実験を屢々見にやって来られた。「ドーダーン」と言って尋ねられる。それが実験の始る時と終る時の二回である。先生はその結果に基づいて一々その次のことを指示されるのが常であった。

ところでこの須田さん（後に海上保安庁の水路部長）は講談が大好きで、よく声をあげて読んでいたが、ある時実験机の隅にこれをのせておいた。そこへ先生がみえてドーダーンの代りにこの本を手にとって読みはじめられ中々止められない。そのうちにハッと気が付いて時計を見て何も言わないで帰ってしまわれた。この成果に気をよくした二人は以後講談雑誌をわざと先生の目に触れそうな所に置いとくことにしたが、結局は柳の下に鰌はいないという結果となった。

われわれの一年先輩にＸ線の実験をしていた男がある（名前は名誉の為に書

第4章 本多光太郎の遺産

かない)。この室は二階で暗室になるようになっているが、表のドアに貼紙で、「中に高圧の電線が張ってあり危険です」としてあった。ところでこの男は大学の近くのある家庭の令嬢と婚約が成立したという噂があったが、その為か実験室には殆んど来なかったので、本多先生はいつもドアの所からそのまま帰って行かれた。この男は卒業後海軍に就職したが、不幸肺を病んでそこを辞め郷里で一時静養していたが、先生は「最早実験位できるわなあ」といって後年金属材料研究所の助手に採用されたことがある。私は彼の空の暗室のことを知っていたので、先生がこんなにも弟子のことを心配されるのを見て非常に感激してしまった。実験室では厳格そのものでも人情となると又別の一面があることを教えられた様に思う。

先生は食べ物好きだった。かつて金属材料研究所にある妃殿下がお見えになったあと、なにがしかのお金をご下賜になったことがある。すると先生は研究所の所員何十名かと苺を食べに行こうと提案されて、大年寺山の下の長い石段の傍らの苺屋に行った。大きな皿に苺を入れ砂糖と牛乳で食べたが大変美味しかったので遂々各人が三皿宛食べた。先生は「うまいわなあー」と仰言って目を細くして味っておられたが、あとできくとご下賜のお金は一皿分位でしかなかった相である。

当時の理学部に集会所というのがあり、そこの「おばんちゃん」に頼むと簡単に夕食を共にすることができるようになっていた。私共が大正十二年卒業する時物理教室で送別会を催したが、この集会所ですき焼をやったが、私は本多先生と愛知敬一先生(愛知揆一氏のお父さん)と一つテーブルになった。愛知先生は有名な潔癖家で、肉は充分煮ないといけないと言って煮えるのを待っておられると、本多先生は「肉は半生(ハンナマ)がうまいわなあ」といってどんどん食べてしまわれるので、私は可笑しくて仕方がなかった。

本多先生はよく「日露戦争を知らなかった学者」などと噂され、世間的な常識がなかったかのような印象を与えているが、事実はそれと反対であった。例えば研究の予算を政府から貰うような場合、先生は実によく関係方面に根廻しをされた。勿論本質的には立派な業蹟を上げることが大切であるが、東北大学総長の職に在られた時も文部省の課長等をいちいち歴訪されて趣旨の徹底をは

からられた。そしてその往復の汽車の中で先生は必ずといってよい位弟子達の論文をみてまずい点を指摘されるのであった。私が先生が弟子の論文の校正までをされるのを知って魂消て「よく先生、そんな事までなさいますねー」と言ったところその答は「これが一番辛(つら)いわなあ」であった。

　先生は誠に無邪気な方であった。よく関西方面に出張されると、宝塚に行って少女歌劇を御覧になった。私は仙台に奇術の天勝がきた時と、女義太夫の呂昇がきた時、なけなしの金をはたいて家内と共に行ったが、この二度共本多先生御夫妻の姿を見受けた。先生は又碁は上品で、将棋は下等なものと信じておられた。そして誰々は碁をいたしますと申し上げると「ふーん、そんな上品なことをするのかーん」と仰言る。私の同級生に素人として有名な碁打ちがいて一度先生に招かれてやったらしい。あとで先生に伺うと「〇〇君はよく打つはなあ」とのこと。その〇〇君に聞くと結局彼は一目負けたが、「茅君、丁度一目負けるのは大変な技術なんだよ」とのことであった。

　先生は奥様に四年早く先立たれて、不便な最後を送られたが、それにしても最後まで研究のことを念頭に置き続けておられた。ダイアモンドの結晶が非常な高温高圧の下で炭素から作られることが念頭にあり、炭素鋼を千度位から水中に焼入れする時、中に硬い組織マルテンサイトが生成され、その内部に高い圧力が発生するのをこれに利用できるのではないかと考えておられた。最後の病床にある時譫言(うわごと)でこのことを言われた相である。

　しかし私共が弟子として何を一番強く感じたかというと、先生の執念の強さである。先生が故郷から勉学の為上京されたこと、東京大学で田中館愛橘先生の指導で実験された時代のこと、ドイツ留学時代、鉄鋼の研究を始められ遂に金属材料研究所を作られて膨大な金属研究者を世の中に送り出されたこと、どれを採ってみても先生の執念の賜である。昭和二十年七月十日仙台が空襲を受けた日に、見舞に見えた山田光雄教授に、研究所と隣接した伊勢屋横丁が焼けたのをきかれて、「その焼跡の土地を早く買はんといかんわなあ」と仰言ったことは、その執念の典型とも言うべきものと思う。

（日本学士院会員、のち東京大学総長）

（「人物叢書」附録第 175 号、吉川弘文館発行、1977 年掲載）

第4章 本多光太郎の遺産

寺田先生と本多先生

中谷　宇吉郎

　先生は大學を出られてか間もない頃、その當時まだ東京の大學に居られた本多先生と一緒に磁氣の實驗をして居られた事があった。漱石先生の「猫」の中で、寒月君が首縊りの力學の講演の稽古に乗り込んで來る所で、迷亭が「所がそれがマグネ付けられたノッツルに就いて等と言ふ無味乾燥なものぢゃないのだ」を言う條りがあるが、實際は先生は、本多先生と一緒に實驗された頃は非常に面白かった様であった。只本多先生が餘り猛烈に勉強されるので少々辟易の氣味であったらしい。

　何にしてもあの地下室で、毎晩12時過ぎ頃迄頑張られるのには弱ったよ。僕もまだ新米で助手なんだから本多さんが實驗をしておられるのに先に歸るわけにも行かず毎晩一緒に歸ったものだ。勿論門はしまって居たがね、本多さんは決して塀の隙間から出るなんて言う事はしないので、いつでもあの彌生町の門だが、ちゃんと門番を叩き起して錠をあけて門を開かせては歸ったものだ。

左から真島利行、寺田寅彦、本多光太郎

門番はねむいもので初めの中はブツブツ云って居たがね、何しろそれが毎晩の事でしかも半年も續いたら、流石の門番がすっかり感激して了ってしまひには「どーも毎晩御勉強で、御疲れでしょう」と挨拶をする様になってしまったものだ。

　丁度秋の頃で上野では繪の展覽會があるのにそれを見に行く暇もないのだ。僕は昔京都へ行かないかと言はれた時に、どうも家の都合もあって斷った事もあったが、その時には、「寺田は繪の展覽會が見られないからと言って京都を斷った相だ」と言ふ噂が立った位なんだから、あれは實に苦痛だったよ。本多さんと來たら土曜も日曜もないのだからね。所が丁度十一月三日の天長節の朝さ、下宿の二階で眼を覺して見たら秋晴れの青空に暖か相な日が射して居るぢゃないか。有難い、今日こそ展覽會を見に行かうと思っていそいそ起きて飯を喰って居ると、障子をあけて這入って來る人があるんだ。見ると本多さんさ。「今日は休日で誰も居なくて學校が靜かでいゝわな、さあ行かう」と言はれるんだ。あんな悲觀した事はなかったよ。

　私は思はず吹き出して了った。先生も珍しく聲を揚げて笑ひ出された。暫くして先生は眞面目な顔になって云はれた。

　然しあの頃の實驗で僕は一つの大事な事を會得したよ。それは必ず出來ると言ふ確信を持って何時迄も根氣よくやって居れば、殆ど不可能の様に見られる事でも遂には必ず出來ると言ふのだ。そんな事が物理の研究の場合にもあるとは思はれないだらう、然しそれがあるのだ。之は一寸唯物論では説明出來ないな、本多さんと來たら少し無茶なんだ、機械の感度から言っても、装置の性質から言ってもとても測れ相もない事でも、何時迄でもくつついて居るんだ。さうして居ると、何處を目立って改良したと言う事もなくて自然に測れる様になるのだから實に妙だよ。あれは良い經驗をしたものだな。あの時使ってゐたデイラトメーターなんか随分滅茶なものだったが、あれでよく測れたものだったなあ。(「寅彦研究」第四號より)

(物理学者、雪の結晶の研究により1941年学士院賞／
「金属」第7巻4号1937年掲載)

本多先生の講義用ビラ

大和久　重雄

　昭和の初期、有楽町の帝国鉄道協会において、毎年研友会主催の金属材料、特に鉄鋼材料に関する講習会が開催された。当時の研友会の会長は鈴木益広博士（当時鉄道大臣官房研究所の第二科長）で、私はその部下で講習会のお手伝いをするよう命ぜられるのが常であった。講習会の目玉はなんといっても本多先生の「鋼の焼入れ」に関する講義であった。

　本多先生は講義の内容や図表を黒板に書くのではなくて、模造紙（新聞紙2枚大の白紙）のビラに筆で墨書するという独得のスタイルであった。摸造紙のビラは数枚重ねておいて講義の一区切り毎に一枚ずつ引きちぎり式のものであった。引きちぎり易いように舌ベラをつけ、これに切り込みを入れておくというちょっとしたアイデアのものであった。

　このビラを先生の講義とテンポに合わせてタイミングよく引きちぎる役が私であった。ビラの下にうずくまって待機していたものである。引きちぎるタイミングが難しく、早すぎてもいけないし、遅すぎるとせかれるし、一苦労したものである。冷や汗ものであった。いまならOHPやPCプロジェクターになっているので、その苦労は昔物語りものである。

　黒板代りに摸造紙を使い、チョークの代りに毛筆で墨書するという一風変わったスタイルとこのビラを講義のテンポに合わせてタイミングよく引きちぎる業、今憶い出しても懐かしい講習会風情であった。

　先生の講義が終わってからがまた大変、この講義済みのビラを貰いに演壇に聴講生が昇って我も我もと押し合いへし合いで奪おうとする。なにせ本多先生直筆のビラであるから、大争奪戦になるのも無理はない。これを制してうまく処理するのも大和久の仕事。

　現今の講演やセミナーを見るたびに、このビラのことを憶い出す。本多先生の「そうだわなー」という口癖とこのビラを憶いだすと思わずニヤリとする。

　　（（社）日本熱処理技術協会名誉会員／「金属」73巻10号2003年掲載）

本多先生こぼれ話5題

川口　寅之輔

　私が浦高（旧制）を1935年（昭和10年）に卒業し、東北大の金属工学科を受験したときには、総長（学長）は本多先生だった。当時でも仙台の金研は有名だった。このこともあって、東北大の金属工学科は金研の出先機関のように思っていたが、入学して初めて両者の間にはほとんど関係のないことが分かり、本当のところがっかりした印象が強かった。

「技術立国」と書かれた色紙

　当時の工学部は、機械・電気・化学・金属という4学科で構成されていたが、親しかった機械と電気科の人と話し合って横の連絡を取り合うための委員会を作ってみたらと発案し、実現した。この会の発案で、4学科連合の運動会とか、機関誌発行なども実行された。この実現には浦高時代の経験が役立った。そしてこの機関誌の1ページ目に本多総長の色紙を掲載しようということで合意した。

　いい出しっぺということで、新しい色紙2枚を持って予約なしにおずおずと金研の所長室の前に立った。先生は不在だった。あこがれの本多先生と直接お会いして話ができるという夢は、不幸にして実現しなかった。

　研究室に居られた方か、事務室の方かに、かくかくの理由なので、よろしくお願いしますということで、色紙2枚をお渡しして金研を出た。それから4〜5日して「できたから取りにくるように」と連絡が入り、それには「工業立国」と「技術立国」という見事な4文字が躍動していた。「工業立国」は機関誌で用い、残りの1枚は私が頂くことになった。

　この色紙は、その後何回かの引越しとか、戦禍にも耐え、私の貴重品だった。

　戦後、新制の明治大学工学部教授になったが、研究室も何回かの移転を余儀なくされた。神田小川町にあった校舎から駿河台に新設された大学院ビルに引

第4章 本多光太郎の遺産　　　　　　　　　　　　　　　　　　　　　　137

越し作業中、予告なく当時東北大理学部化学科教授で浦高の同級生だった立田晴雄君が訪ねてきた。これ幸いと、同君に引越しの手伝いをしてもらい、ヤレヤレ片づいて大学院ビルでホッとしているとき、本多先生の色紙に気がつき、「これをくれないか」という。恐らく自分の教えている学生諸君に見せたいと思ったのであろう。

　立田君とは、とくに浦高時代の親友であり、仙台時代にも交流を重ねた。断ることはできなかった。彼はもともと二高（旧制）教授で、新制大学になったとき、東北大理学部教授に移ったが、彼の性格からみて、名物教授として評判だったようだ。後で明大に化学工学科ができるとき、彼に教授として来てもらおうと思っていたが、すでに遅し、40才にならずして、心臓マヒでこの世を去った。

「もとえ」があった教育勅語

　日本には明治時代から終戦まで、「…親に孝に、夫婦相わし、兄弟（けいてい）にゆうに…」といった人間としての倫理をのべた天皇ご下賜（し）による教育勅語というものがあった。そして、旧制小・中・高・大といった学校の式典では、校長さんがうやうやしく三拝し、白い手袋でこの勅書を開き、もったいをつけた語調で読み上げるという行事から式は始まる。東北大の式典も同じだった。

　この教育勅語の読み違いで、校長が首をくくったとか、死んでわびたというようなこともあったらしい。

　「本多先生は教育勅語を読み違え、"もとえ"といって読み直す」ということが評判だった。私は例のクセで、この真実を確かめたいと思い、在学1年か2年のときに天長節の式典に出席してみた。

　式典は本多総長による教育勅語の朗読から始まった。どこか途中で読み違いに気がつかれたのであろうか、確かに「もとえ」はあった。私はなにかホッとしたような気持ちになって式典を後にした。

　式典は、全学規模だったのに、当日の出席学生は、100～150名程度だったように覚えている。

武運長久の襷（たすき）掛け

　私が浦高（旧制）入学以来、満州事変、旧ソ連とのノモンハン戦争、続いて中国との戦争と、日本は外国との戦争にあけくれた。私は現在、「渡辺昇一の昭和史」（ワックKK出版）を熟読している。今にして初めてこの当時の外国事情、日本国内の政治と政変の真相に触れ、いかに無知だったかについて恥じ入りたい心境である。

　大学にいるとき接した学生諸君に専門のこと以外に、このような話も聞かせておけばよかったと、現在の心境である。

　大学でも卒業と同時に兵役という国民として如何ともしがたい鬼門が控えていた。男性が兵役に召集されるとき、きまって日の丸国旗に「武運長久」と上長の人に大きく書いてもらい、その下に多くの友人たちの署名を小さく書いてもらうようになっていた。多くの兵隊さん達は、この日の丸旗の下に戦死し、あるいは捕われの身となった。

　本多先生の弟子の人に召集令状がき、早速日の丸旗持参で、「武運長久」の記入を先生に依頼したらしい。そこにはすでに多数の知人たちの署名があり、真中に広い白地部分だけが残っていた。

　先生は太い筆に十分な墨をつけ、一気に書き始められた。これをみていた周囲の人たちのあいだで、アッという声が上った。「武」の字にカタカナの"ノ"の字が加わっていた。こうなると襷の型に似ているので、一般に「タスキ掛け」といわれる。

　すでに多くの知人の署名済みだったので、依頼人はこの旗を持って戦線に行かれたのだろう。

　私が戦時下の不二越会社に勤務していたとき、職場の人の召集で、何回か「武運長久」の4文字を日の丸旗に書かされる立場にあった。初めてのとき、本多先生のことがフト頭を横切り、私もタスキ掛けのヘマをやったことがある。幸に知人の署名がなかったので、新しい日の丸旗に書き改めてホッとした記憶も生々しい。

本多先生はパリパリの情報人間

　私が明治大学に在職していたとき、当時の東大茅学長の講演を聞いたことがある。このとき茅学長はこういわれた。「私が金研で本多先生の指導下で研究をしていたとき、ヨーロッパの大学視察中の本多先生から長文の電報を戴いた。それはドイツのゲッチンゲン大学で磁性金属の磁気異方性についての研究をやっている。そちらの研究を急ぐようになどの指示があった。」

　ちょうど茅先生が金研で高周波電気炉で悪戦苦闘をしておられたときのことだったらしい。研究の発表は先手必勝。後れをとったら意味がない。このこともあって茅理論が誕生したといえるのかも知れない。

　恐らくこの当時は航空機はなく、とくに欧州にはシベリア鉄道を経由することが多かったし、日本への早い連絡には電文にする以外になかったのだろう。しかし普通の人だったら帰国後とか、レターによる連絡ということにちがいない。

　この話を聞いて、さすが本多先生は現在でも十分に通用できる情報人間だったという感を深くした。

光に乗って仙台に帰りたい

　本多先生が東大病院に入院中、見舞に行かれた茅学長に「私は光に乗って仙台に帰りたい」と何回もいわれたという。光波に乗れば、ナノ秒単位で仙台につくという夢を見ておられたに違いない。この入院中に先生は死去された。

　　　　　　　　（明治大学名誉教授／「金属」73 巻 10 号 2003 年掲載）

本多先生の思い出

小松　登

　本多先生は"金研"と云う機関で金属物理の基礎づくりを始められ、弟子の教育・育成、弟子達と共に金属物理の基礎づくりをされ、金属文明・文化の発展に大きな寄与をされた。先生は我が国の生んだ不世出の指導者であり、偉大な教育者であり、学会に於いては科学の父と慕われ、工業会では鉄鋼の王と称えられ指導を受けた人の数は実に多い。

　先生は明治3年（1870年）2月23日生れ、東京大学、東北大学を経て、昭和22年（1947年）3月31日金研所長事務取扱いを最後に東北大学を去られた。昭和24年（1949年）から1953年迄東京理科大学学長、昭和29年（1954年）2月12日になくなられた。先生を敬慕する教え子、門弟たちは心からなる"思い出"集（『本多光太郎先生の思い出』本多先生記念出版会編、誠文堂新光社発行）を昭和30年2月12日に世に出した。先生の活動された40年、旧友と草創時代、研究所の生れた頃、旺盛時代より晩年まで、の各時代の弟子達が、それぞれ思い出を書いている。

　私が先生と初めてお会いしたのは昭和17年7月に金研に入所したときで、先生は東北大学総長を昭和15年に退かれて二年、名誉教授としてお年が72才、私が23才の時だった。先生もご多用だし、直接ご指導を受けた時間は短かった。併し先生の創設された"金研"という傘の中で、先輩である直弟子の姿を直接・間接的に見ながら育った孫弟子にはそれなりの祖父への敬慕もあり、イメージもある。今年は先生の五十年忌と云っても、昔お会いした先生のお顔はお年をとらない。直接的間接的なもの入り混じるが先生への思いを書きます。

　私が初めて本多先生のお名前を耳にしたのは昭和14年に九大の冶金に入学した時である。九大冶金では担任教授制があり、学生は4～5名が一人の教授に担当され、人一人の教育を受けることになっていた。私は今井教授につい

第4章 本多光太郎の遺産

た。今井さんは大正14年2月から昭和3年6月迄助教授として金研におられた。従って、お宅にお邪魔して聞く話も仙台の関係が多く、論文が出来る度に乾杯したとか、金研では一日中電燈の消える事がなく、誰かが何かをしている等、色々と話を聞いているうちに本多先生、金研、今井さん等弟子仲間についての知識が出来た。昭和14年10月、九大工学部で、金属学会が開催された。講演題目68、私はこの時学会に入会した。昭和16年12月、在学期間が3ヶ月短縮され、政府発行の切符制度により就職先が決められた。私は我が意を得ず辞退、昭和17年7月、助手として金研・大日方室に就職、旧館に一室が与えられた。先生は名誉教授として、新館の本多室におられたと思う。この頃、先生と云う呼称は本多先生のみで、他の人は"○○さん"だった（以下この形で記述する）。

敷地内には旧館、低温研究室本館、機械試験室、液体空気製造装置、工場事務長官舎、クラブ・ハウス等があった。旧館屋上に食堂があり、各自お櫃（ヒツ）からご飯をもり食事をした。撞球の台も置いてあった。何も知らない私は色々と教えてもらいながら熱分析用の炉や熱処理炉をつくり、実験を始めた。又、低温研の地下ではスレーターの輪講をやっていたので仲間に入れてもらった。所内全体が開放的協力的で教えてもらう事が多かった。先生とは祖父と孫位の年令の開きがあり常に温顔であり、こだわりなくお話が出来たと思う。私達の話をお聞きになって、返事は、よりよい展開、別の発想への転換を考える刺激になる様な言葉で常に前向きの答でした。この頃は先生主催の雑誌会があり、私にも当番が周って来た。一先輩が現れて、先生は怒ってこられると、言葉がだんだん丁寧になって来るから、先生の言葉使いが変って来たら注意しなさい、と教えてくれた。当日は先生始め、出席の先輩たちが同じ眼の高さで質問され、意見を下さったので気持のよい雑誌会でした。

先生は時々部屋にいらっしゃった。手製の炉で熱分析している時である。当時は目覚し時計の様な時計が一分毎にチィンと音を出す。パイロメーターの針と下の鏡にうつる針の像を一致させて温度を読む。ノートする。測定が終った所でグラフ用紙に記録する。先生はそれを見ておられて、記録とプロットを同時にやったらどうかな、と云われて部屋を出て行かれた。次回から、そうし

た。測定中に曲線の変化から試料の状態の変化が色々考えられ、楽しい測定時間をもつ様になった。

　未熟の私には温容溢れる祖父と云う気持が強く、色々と頂戴したお話は多かった。ある時こんな事も申された。今居る所でしか出来ない事をするのが一番よい。読書したり、レポートを書く事は家でも出来る。併し実験は研究室でしか出来ない。金研では実験するのが一番よい。又こんな事を云われた事がある。スポーツは研究の足しにはならないなあと。

　この頃私は、3つのテーマをもっていた。1) 易加工耐蝕マグネシウム合金の開発、2) 多元系アルミニウム合金の金相学的研究、3) 金属合金の液相分離に関する研究である。戦局もきびしくなり、東京の本多研の鈴木平さんが研究室疎開でこられた。この頃ボーキサイトは入荷せず、Al合金は不足して来た。私は第二工学部の学生三人と岩手県石鳥谷に出張、礬土頁岩から液体分離法によりシルミン合金抽出の工業化を進めた。

　昭和20年7月10日、仙台は空襲を受け、金研も戦災を被った。そして8月15日、終戦の日を迎えた。

　或る日、先生は我々を新館屋上に集められた。仙台市内は灰燼に帰し、仙台駅まで見透せた。先生は静かに、しかし、力強く、"日本は敗戦国になった。これからの日本には、科学技術立国以外に生きる道はない。これからは研究も戦時中以上に忙しくなるから、君達も頑張るように"と言われた事は忘れられない言葉でした。

　私は実学の研究の道を選ぶ事にした。

　占領政治が始まった。

　ある晩、米軍将校が副官を連れて訪問して来た。"任務を受けて仙台に来た。列車がホテルである。ホテルの窓から電燈が煌々とついている建物が見え、ドクター・ホンダの研究所だと知った。日本の研究者と話し合いたいと思って来た"、と云う。数人集った。"日本と米国は不幸にして、戦争をした。併し、我々は科学者であり盟友である。これからは、ドクター・本多、タンマンの跡を追うだけでなく、新しい道を開いてゆこうではないか"と云うのがその時の談合のあとに残ったものだった。

第4章 本多光太郎の遺産

　又、こんな事もあった。
　竹内栄さんが幹事長の時、金研の敷地内は焼あとで殺伐としていて、興味のある人は、野菜や花をつくっていた。テニスコートは法文にあったが、中々使えない。金研もコートを持とうと云う事になった。併し、当時の事である。体力不充分。竹内研の人が青葉城に行った。約一週間後に、米軍のトラクターが来て2時間位で整地をしてくれた。あとのローラかけは我々でやった。コート開きには米軍将校が来てくれた。これは先生と関係なさそうですね。
　豊田喜一郎さんが昭和12年（1937年）7月に発行された小冊子に「トヨタ自動車躍進譜」がある。その中の一部を要約すると：

―私の父が自動車を作らぬかと何度言ったかわかりません。技術的実力の養成、経済的実力の養成が或る程度まで出来たので、思い切って取掛ったのが昭和8年9月でありました。
　自動車の製作に当って、一番大切なのは材料問題です。材料問題を解決せずに、自動車製造に取組む事は、土台を作らずに家を建てる様なものです。
　日本の製鋼業は進んでいるが、自動車に適した材料を作ってくれる所はない。少し作ってくれても、それを営業にするまでには相当の犠牲を必要としますし、研究も必要です。材料の進歩と共にエンジンも改良されます。エンジンの進歩と共に材料を改良しなくてはなりません。これが自動車の生命でありますから等閑に附するわけには参りません。しかし、果して日本人の力だけで、この材料が出来るものか、鉄についての世界的権威者、"本多光太郎先生"、に聞くのが早道だと思いましたので、早速参上して先生に尋ねた所、「日本の現在の力で充分出来る。外国人を雇う必要はない」と云われましたので、大いに安心して製鋼所の設立にかかりました。
　次に材料の適否を調べ、安価で効果的な材料を研究し、出来た材料が目的通りのものであるか否かを試験する必要がある。知人の山田良之助さんが詳しいので、お頼みして試験場を作って頂くことにした。―

　名古屋市西区則武新町に「産業技術記念館」があり、自動車産業の発展の歴史が年表で示され、その時代・時代の貢献者の写真がそえてある。先生の写真もその中に並んでいる。（この博物館は一見の値打があります。）

第4章 本多光太郎の遺産

　昭和40年頃、先生のお墓参りに行き、あと母校の南矢作小学校に寄った。校庭に先生の胸像があり、校舎に書が何枚かはってあった（文末写真参照）。生徒に"この人どんな人"と聞いてみた。鼻たれ小僧だったが勉強して偉くなった人と答えた。大正時代までの人は鼻炎の人が多く、着物や洋服の袖で鼻汁をふき、袖口を光らしている人が多かった。訓導さんは生徒を励ますために鼻タレという言葉を使ったのだろう。10年位たって昭和50年頃お墓に参り、小学校を訪れたら勉強して偉くなった人になっていた。今「ほんだ」と発音して、鉄鋼の"本多"を思う人とオートバイの"ホンダ"を思う人とどちらが多いだろうか。胸像もこれからは寂しい思いをすることが多くなるのではないだろうか。鈴木平さんが記念会の理事長のとき、仙台で理事会を開き、「記念会事務所を仙台に移す事が先生が一番喜ばれる事だと思います」と申されて、記念会の仙台移転を提案可決された。翌年金研内に移転した。

　私はあるとき偶然に、先生がドイツに留学しておられたときの写真を拝見した。立襟に蝶ネクタイ、唇にそって、細い髭をピンと伸ばし、かに眼鏡をかけ、斜（ハス）にかまえて椅子にすわった写真である。実にハイカラであり、またよく似合っていた。私の知っている先生は好好爺だが、お若い時はハイカラの似合う青年だったのだなあと思った。『本多光太郎先生の思い出』に東北大名誉教授の加藤豊次郎さんの一文がある。「本多さんが辺幅を飾らず、服飾容姿に無頓着であった事はあまねく人の認める所である。村夫子然たる風采は万人の真似できざるところである。しかし、Keine Rogel ohne Ausnahme で、この本多さんの風姿にもまた除外の一齣（コマ）がある。わたくしが留学時代、ベルリンのホテルの老嬢が、その下宿にいた事のある日本人の写真を示した。その多くはよく知っていたが、そのうちの一葉は、漆黒の頭髪を七三に分け、短く刈った髯を鼻下に植え、鼻眼鏡が両眼の内背を鼻根に引きしめ、新調の背広に威風堂々たるハイカラの一紳士、これは誰かと試問されたとき、はたと答に困った。娘さんがこれはあなたの大学のドクター・ホンダだと云われたときは、アッとばかり驚いた。」とある。先生はハイカラの似合う先生だったのだ。

　ご令孫の柴垣英子さんは、祖父に散歩や見物によく誘われた。宝塚少女歌劇にもよく誘われた。先生は見物中"面白いわなあ"、"面白いわなあ"と言いな

第4章 本多光太郎の遺産

がら楽しそうに観賞されたとの事。先生は中々ハイカラで芸術にも理解があったのだと思う。柴垣さんは祖父は人柄も顔も丸顔だったと表現しておられる。

　先生はよく"書"を書かれた。その中に字画の多いものもあった。当時の書道の先生にお尋ねしたところ、字はバランスが大切で、字画を変える事でバランスがよくなるのならそれでよい事だ。併し先生の場合気になるのは落款を押されることだと言っておられた。

　先生の書には格言が多い。書かれた書には、当を得て妙なものが多い。その数は私の知っているだけでも20をこえる。添附のものは小学生へのもの、"今が大切"は好きな人も多い。

　先生は、自然を愛し、人を愛し、国を愛し、これらとの出会いを大切に、うれしく、すごした"人生の達人"であったと思います。

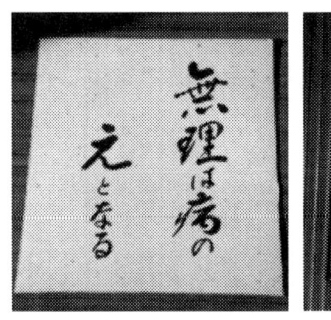

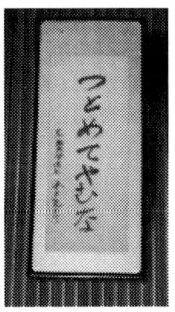

本多先生の書

（附）本多先生の書かれた書
- 熱間鍛鉄（かんてつ）
- 希望は常に雄大に
- 人格の完成は自覚より始まる
- 自分の権利と共に他人の権利を守る
- 法に従うのが真の自由である
- 今が大切
- 敬愛のボンドで結べ子弟間

- 良書精読味の出るまで
- 無理は病の元となる
- 心豊かに姿勢は楽に　それで勝ちうるよいデータ
- 角は破損の因となる
- 丸みをつけて破損を防げ
- フェアプレーの精神が肝要
- よい観測は正しい姿勢より生る
- 若者の苦労は願ってもこれをもて
- 鐵は金の王なる哉
- つとめてやむな
- 人格者になるには先づ知識を広くする事
- 学問はよく勉強して応用にきくようにする事
- 熟考而努力
- 酒はのめのめ5勺の酒を、それを過せば害となる
- 剛の力や務めて撓まず

等々

（元㈱豊田中央研究所代表取締役所長／「研友」61号2004年掲載）

第4章 本多光太郎の遺産

本多先生と私

増本　健

　私の真の学問の師は「本多光太郎先生である」と言っても過言ではない。勿論、時代的に言っても、本多先生から直接に指導を受けたわけではない。

　来年は、本多先生が亡くなられてから丁度50年を迎える。先生は、明治19年（1870）に誕生され、昭和29年（1954）に亡くなられている。この年は、私が東北大学の学部3年生の時であった。父「量」が慌てて大学から戻り、「本多先生が亡くなった」と言いながら急ぎ上京した日のことを良く覚えている。先生は数年前から脳軟化症を患っておられ、数日前から危篤状態に陥ったとは聞いていたが、とうとう偉大な先生が去って仕舞われたのだ、と呆然としたのを思い出す。本多先生は、父にとっては直接の恩師であったが、私にとっては父が尊敬するいわゆる神様であったのである。

　そもそも、私が学者の道を歩み出す切掛けは、本多先生への尊敬と憧れからであった。この様な気持ちは、総て父から受け継がれたものであった。私が良く記憶している本多先生は、幼少の時代のことである。父に連れられて、当時東北帝国大学総長（昭和6年〜15年）を務めておられた先生の総長官舎（仙台市米ケ袋）を訪問した時のことである。父から何時も「鉄の神様」であると聞かされていた先生であったが、幼い私には優しいお爺さんであり、遠慮なしに先生の部屋に入ったり、広瀬川河畔に広がる庭の芝生で遊んだことを思い出すことができる。先生から見れば曾孫に当たる年齢の私であったけれども、この時の思い出がその後の私の人生を大きく左右させることになったと言えるだろう。

　さらなる記憶としては、私が小学生の時である。第二次大戦の最中に、担任の先生から全生徒に「将来何になりたいか」と質問された時がある。大抵の生徒は「陸軍大将か海軍大将になりたい」と言う返事であったが、その時私だけは「学者になりたい」と答えたと言う。戦後になって、その担任の先生から

「何故君は学者になりたいと答えたのか」と質問されたことがある。その時、私は「軍人より学者の方が尊敬される」と父から教えられていたからであると返事をした。戦争中の当時、父から、欧米の優れた科学技術のこと、恩師の本多先生の偉大な業績のこと、研究や実験は面白

左から村上武次郎教授・増本量・本多先生

いこと、などについて、良く聞かされていたからである。

　私は、高校を卒業後、昭和26年に何の躊躇もなく東北大学工学部に入学し、続いて金属工学科へ進んだ後、大学院生として憧れの金属材料研究所（特殊鋼部門）で修士・博士課程を修了したのである。そして続いて、昭和35年から研究所の助手、助教授を経て、昭和46年には特殊鋼部門の担当教授になることができた。この様に、東北大学に入学してから平成8年に停年退職するまでの45年間、東北大学で無事に勤めることができたのは、一途に本多先生を憧れ、尊敬したからであり、常に本多先生を意識しながら研究や教育に携わったからであると信じている。

　私が生まれた時は、本多先生はすでに62才であり、勿論先生から直接に教わったことは無い。それにもかかわらず、私は「本多先生」を学問の師として過ごしてきたと言っても過言ではない。先生が残された多くの色紙の中で、「今が大切」、「誠意一貫」、「熟考而努力」の文句が強い教訓となった。また、研究面での道標は「実学」と言う言葉であった。通常この意味を「実用学」とする人が多いが、本多先生の真意は、父によれば「己の仕事はそれが役に立つことが実証されてはじめて真の学問になる」と言う意味であると教えられた。すなわち、実学とは「実証学問」のことである。確かに、先生は、磁気理論や物理冶金理論により近代鉄鋼学を築かれた「鐵の神様」と称された物理学者でありながら、常に自分の研究が学問としてばかりでなく、実用上でも有用であることを実証する努力をされた。それは、当時仙台近郊に多くの会社を育成さ

れたことからも判る。今で言うベンチャー起業的精神であり、現在なおNECトーキン（旧東北金属工業）、東洋刃物、本山製作所、東北特殊鋼などの中堅企業として存続しているのである。正しく戦前既に「産学協力」を身をもって示されたと言える。この実学の精神は、東北大学の学風として今なお生き続けており、また金属材料研究所においても、実学を心掛けた基礎・応用の両面から最先端研究を行っており、重要な所訓となっている。

東北大学在任中に最も忘れられない出来事は、「本多先生の偉功を後世に永遠に残したい」と言う念願がかなえられたことであった。それは、金属材料研究所の所長（平成元年〜6年）の任期中に、次第に散逸する先生ゆかりの資料を収集し、年々薄れていく本多先生の名を後世に残したいという永年の思いを実現することができたことである。平成2年の創立75周年を迎えたのを機に、記念事業として5億円余の寄付金を集め、それを基に、唯一残った戦前の建物である本館を「本多記念館」として長期保存のための大きな改修を行い、本多記念室の整備（口絵）と本多記念展示室（口絵）の新設を行うことが実現したのである。さらに同年、西澤潤一東北大学総長の努力により、旧総長官舎と隣接して「本多光太郎資料館」（口絵）が設置され、資料の展示を行った。これらの一連の事業により、これまで散逸の危険があった本多先生関連の貴重な多くの資料を収集、保存、展示することができ、後世の人々のために残すことができたことは大きな喜びであった。

なお、平成8年東北大学を退官後勤めている財団法人電気磁気材料研究所も、実は昭和19年の戦時中に本多先生が初代理事長、増本量が専務理事として設立された日本初の財団法人研究所である。現在もなお本多精神である実学の理念を守りながら、有用な材料開発を続けることができる幸せを感じつつ研究の日々を送っている。以上のように、私の研究人生の根底には、常に本多先生の精神が宿ってきたと言えるであろう。ここに、本多先生を少しでも知っている残り少ない一人として、特集号「本多先生と私」に拙文を提出させて頂いた理由である。

（東北大学名誉教授、(財) 電気磁気材料研究所長
／「金属」73巻12号2003年掲載）

本多先生と私の父親

増子　昇

　私は昭和16年に国民学校1年生になった世代であり、本多先生にお目にかかったことは無い。しかし軍国少年の読む冒険小説には「本多鋼鉄」製の「空飛ぶ戦艦、高千穂号」が登場し、お国の為に南極まで資源確保に出陣したのを覚えている。

　加えて、我が家の玄関には今でも本多先生の「鉄心」と書かれた扁額がかけてあり、父親が生存していた頃は、机には本多先生の写真が置かれ、正月になると、床の間に本多先生の「熱意奏功」という軸が架けられていたので、我が家では、本多先生は「神様」であった。

　私の父親は逓信省（当時）の委託学生として本多先生の下に派遣され、幸いにしてスーパー・パーマロイの発明に巡り合った。その後特許実施会社の日本電解製鐵所に入社して電磁材料、耐酸鋼、耐熱鋼、防弾鋼、などの生産に従事した。戦時中なので、研究は国産資源を使う代用鋼という性格を持っていた。

　第二次世界大戦の時代にあっては、本多先生ご自身を始めとして、本多門下の俊英が戦時下の金属産業を支えて活躍した。春秋の筆法を以ってすれば、彼らを始めとする金属技術者が戦時中の活躍によって獲得した技術は、戦後日本の経済復興を支えた高度成長の原動力の一つとなったと言えよう。

　例えば、戦後の父親は、特殊な鋼材の注文を貰い、製造供給する会社を造って家族を養ってくれた。教科書や論文には書いてあるが、現実には販売されていない材料は多い。現実の材料を供給するには、原料調達、溶解鋳造、圧延加工、成形、熱処理、と言う工程を必要とする。彼は自分ではハードの工場を持たなかったが、友人の経営する専門工場にノウハウ付きで順次に加工を依頼し、製品として納入することを仕事とした。研友会に集まる彼の友人の多くが、それぞれ戦後の金属技術の発展に力を注いでいた様子を、父親から折に触れて聞かされた。

第4章 本多光太郎の遺産

　本多先生は私が大学1年の年に亡くなられた。父親にとって、研友会は生甲斐の一つであったので、先生の葬儀や本多記念会の設立には、一生懸命働いていた様子を思い出す。

　本多記念会の第一回記念賞贈呈式は、昭34年5月25日に読売ホール（当時、有楽町駅前読売会館）で行われた。増本量（理事長）の挨拶、真島正市（審査委員長）の審査報告の後、賞状、賞牌、賞金が第一回受賞者村上武次郎に贈られた。祝辞は岸信介（内閣総理大臣）、橋本竜吾（文部大臣）、兼重寛九郎（日本学術会議会長）、山田三郎（日本学士院長）、大日方一司（東北大学金研所長）、塩沢正一（金属鉄鋼学会代表）の6名から頂いた。記念講演は湯川秀樹（ノーベル賞受賞者「素粒子とは何か」）、永野重雄（富士製鉄社長「日本鉄鋼業の現状と将来対策としての資源政策」）、茅誠司（東京大学総長「科学技術の進歩とその社会的影響」）という豪華版であった。

　昭和35年という、戦後の復興が緒についた時代における本多記念会の社会に対する重要度と受容度を知る事ができる。

　先生が亡くなられた後の50年のあいだに、技術は目覚しく進歩した。昔の自然を環境とする農村の時代は影を潜め、今は人工物を環境とする都市の時代に変わった。材料と言えば金属を意味した時代は終わり、特化する要望にこたえる多様化した機能材料を中心に技術の進歩が語られるようになった。しかしその中心はやはり金属材料である。今日我々の生存を根底で支える産業資本、社会資本は依然として鉄鋼材料によって支えられている。

　金属材料を中心に材料に責任を持つ技術者は、資源、環境、安全、という未来社会からの要請に対して、重要な役割を果たして行かなければならない。かつて「鉄の神様」、「磁石の神様」と呼ばれた本多光太郎の存在は、このような材料技術者集団の氏神として、象徴として、これからもますます重要になる。

（東京大学名誉教授／「金属」73巻12号2003年掲載）

本多光太郎の二つの訓辞

國富　信彦

終戦直後の訓辞

　昭和20年(1945)、私は東北帝国大学理学部物理教室の学生だった。そのころは戦争も末期に近く、級友はすべてが勤労動員され、各地の研究機関や工場に散っていた。私は同じ大学の金属材料研究所に動員され、弾丸が貫通しにくい鉄板の開発の手伝いをしていた。

　大学のある仙台市は、サイパン島の米軍基地から遠いので、安全だと思われていたが、この年の5月頃になると敵機が現れるようになった。そして、ついに7月10日未明には、100機以上のB29の空襲をうけ、古くて美しかったこの町は一夜にして灰燼に帰した。東一番丁にあった私が寄宿していたお寺の寮も焼け落ちたが、それよりも、桐の御紋章を正面に誇らしげに掲げていた理学部の建物が、中身はすっかり廃墟になり、煉瓦作りの外壁を残すだけになったのには、情けなく口惜しい思いをした。

　8月15日、終戦。それから何日かたったある日、物理教室主任の三枝彦雄先生から学生に召集がかかり、動員先から帰ってきた学生10人あまりが、今にも崩れそうな煉瓦壁の前の空き地に集まった。

　先生は　『教室も研究室も研究機材も焼失した。講義も研究も、すぐさま始められる状況ではない。なるべく早く正常な課業が再開できるようにわれわれは努力するけれど、今の状態ではいつから始められるか見当もつかない。それで、とりあえず君たち学生は帰省し、夏休みが終わり、大学から連絡があるまで待機するように。』
といわれ、さらに

　『自分たちも戦争中は軍事研究に協力したから、あるいは何らかのおとがめをうけるかも知れない。君たちと二度と会えないかも知れないが…。』
としみじみとつけ加えられた。

第4章 本多光太郎の遺産

　肝腎の大学が焼け落ちてしかも敗戦という状況では、先生の言われたことはまことにもっともで、私の身にしみるものだった。私は事態の深刻さを今さらながら感じ、暗い気持ちで教室を後にした。

　東一番丁の寮が焼け落ちてから、私は仙台の南の白石という町のお寺に寄宿させてもらい、ほかに行くところもないので金研に顔を出していた。教室主任のお話のあった日だったか、その次の日だったか正確には覚えていないが、その金研でも所長事務取扱本多光太郎の訓辞が行われた。当時本多は大学総長を勤め上げ、大学の定年はとうに過ぎていたから、所長になる資格はなかったらしい。しかし、この多難な時期にあたって、特に乞われて「所長事務取扱」という肩書で、実質的な所長をしていたのである。

　金研は戦災で木造の建物はほとんど焼失していたが、幸いにも鉄筋コンクリートの新館、歴史のある煉瓦作りの旧館、液化機を備えた低温研究棟が焼け残っており、訓辞は玄関の屋根の上に不発焼夷弾の落下のあとが生々しく残っていた新館の屋上で行われた。私は正式には参加のできる身分ではなかったのだろうが、所員にまじってこの話を傍聴した。

　非常に驚いたことに、本多の話は私の常識をうち破るものだった。

　『日本は負けたけれど、この国を復興させるのは科学・技術の進歩しかない。私は欧米の学者を大勢知っている。彼らがわれわれを処罰したりするはずはない。むしろ援助してくれるだろう。明日から復興に向けて焼け跡の整備を始めよう。』

というのが、私の記憶しているこの訓辞の要旨である。

　そのころの日本では、『虚脱』という言葉が氾濫していた。敗戦直後のことでもあり、未来に希望をもてるような意見はまったく聞けず、社会全体に不安と空腹のみが満ちていた。誰もこれから何をやればよいのかも分からず、ぼんやりしていた。私ももちろん『虚脱』していた一人だった。本多の訓辞はその目を覚まし、進むべき道をはっきりと与えてくれたのである。この衝撃は今も私の脳裏に残っている。

　かれの訓辞は、その時代としては常識はずれで驚くべきものだったが、私はもちろん、ほかの方たちを勇気づけたことは疑う余地もない。翌日から、金研

では焼け跡の整理が始まった。私も研究室の方たちと一緒に働かせていただいた。若い者ばかりでなく、教授の方も肉体労働に率先して汗を流しておられた。

金研は戦後の復興がほかの大学よりも早かったといわれる。それは主な建物が焼け残ったという幸運もあるが、その運をつかんだのは、いち早く行くべき道を示してくれた本多の識見に負うところが大きい。そのころの日本には、世界の事情に精通し、将来へのはっきりした見通しをもっていた人はきわめて少なかった。その中で本多は世界全体に広がる視野と、将来を見通す先見の明をもっていたのである。

私とのこの出会いの時、本多はすでに70才だった。その業績と名声は高く、私たち学生を惹きつける憧れの的ではあったけれど、当時としてはすでに超老齢である。じっさい、それからそれほど遠くない時期に、先生のボケぶりを示す噂すら何度か耳にした。しかし、私が聞いた訓辞は本多のロングレンジの時空にわたる視野が、老化にも負けず、当時の日本人としてはずば抜けたものだったことを物語る。

これが私の本多との出会いだった。このとき彼が教えてくれた教訓こそ、第二の敗戦ともいわれる経済危機にさらされている、現在の日本の指導者や国民にもっとも強く求められるものであろう。

つけたしておくと、この訓辞を聞いて、私は金研で卒業研究をしたいと強く思うようになった。しかし、当時学部学生が研究所で卒業研究をする例はほとんどなかった。その前例をはずして、私を金研の物理系研究室に派遣してくださったのは、さきに声涙ともに下る訓辞をされた教室主任の三枝彦雄先生だった。

戦後混乱期、第二の訓辞

私の研究生活は終戦直後の昭和20年に始まった。このころ、本多光太郎はすでに実質的な研究生活を終えていた。率直に言えば、当時の先生は今の私がそうであるように、研究者としてはすでに燃え尽きておられ、口さがない若者から見るとボケ老人としか見えなかったこともあったのである。これまで本多先生の事跡を書き残してこられた先輩の方々とは違って、私と本多先生との間

第4章 本多光太郎の遺産

にはアクティブな研究者としての火花の散るような接触体験もなければ、師弟として厳しいけれども温かい指導をうけた経験も全くない。それでも、私が今も本多光太郎を尊敬の念をもって強く覚えているのは、中学生のころに、当時は今以上に高名な学者だった本多光太郎の名前に憧れていたことだけでなく、それ以上に前記の『終戦直後の訓辞』の強烈なインパクトのためである。

　当時東北大学金属材料研究所（金研）で私の属していた広根研究室は、里洋、渡辺浩といった先輩方たちが所属していた本多研究室とは、部屋がとなり同士だったというだけでなく、研究も輪講も一緒にしていた。私が大学卒業後最初に手がけた強磁性体の内部摩擦という研究も里先生から受け継いだものだし、金研退職後始めた中性子回折の研究も渡辺先生の協力を頂いた。そんなわけで、私と本多先生との距離は同年代のほかの研究室の人に比べれば、はるかに近かったのである。本多先生のお孫さんと結婚しておられた里先生からは、ご自宅での日常生活の話なども聞かされたことが多かった。ずいぶんいろいろのことをうかがったと思うのだが、まことに申し訳ないことに私が覚えているのは、ちょっともうろくした老人のユーモラスな行動の話ばかりで、どれもここに紹介するほどのものではない。

　でも、比較的身近だったおかげで、私は本多先生と直接言葉を交わした経験もある。といっても、私と本多先生とでは、年齢も、経験も、地位も、天地の隔たりがあるから、まともな会話をしたわけではない。一度、わたしが実験しているところに、偶然来られた先生が、『君、何の実験をしているかん。』と問われたことだけを覚えている程度である。その時何をお答えし、先生がどういう反応をされたかはまったく記憶にない。もしかすると、先生も時代のかけ離れた新人類の言うことに困惑されたのかもしれないが、私のほうはひどく緊張したことだけを覚えている。

　もういちどは、本多先生から叱責とも思えるほどの『訓辞』をうかがったことである。ハッキリした日時は覚えていないが、昭和22年か23年ころのことと思う。そのころは、国も大学も戦後にふさわしい体制を作るために、『民主化』という合い言葉を金科玉条として苦悩し混乱している時期だった。しかもそのころ、金研の教授会のなかには、本多派と反本多派の学問上の論争と感情

的な対立があって、混乱にさらに輪をかけ、物情騒然というありさまだった。この学問上の論争の内容は私にはよく分からないから、ここでその当否を論ずることはとうてい無理である。また、感情的な対立は本多先生を無条件に崇拝する人と、人間として批判の対象にもする人との間の、食い違いだったらしいと思うだけである。

　ただこの対立は深刻で、教授会の大多数を占めていた本多派の先生方は、反本多派の先生とは同席できないと主張して、全員の辞表をとりまとめ総長に提出したとか、とりまとめただけでまだ提出はしていないとかいった噂が、我々のような軽輩にまで伝わるほど激しいものだった。この混乱の中で軽輩の集団である助手会も興奮し、教授会の『私闘』を批判したり、民主化の要求を提出したりして騒いでいた。よそ目にはわたしたちも仕事に手もつかないありさまだったと見えるのも仕方ないほどだった。私がうかがった『二番目の訓辞』はそういう騒ぎの最中に、所長事務取扱の本多先生が、所内の混乱を収めようというおつもりで、助手の全員を集めてなされたのである。

　その訓辞は、『わしの若いころにはなー、民主化運動なんてものはなかったわなー。』といった調子で、

　『研究や勉強に力を入れなければいけない若い時代に、政治的なことに無駄な時間をつぶすのは、君たちの未来にとって決して有益なことではない。いい加減にやめなさい。』

　といったものだった。その内容自体は研究所の責任者で指導者だった人として当然のものであって、特に驚くことではなかったし、私どももこの騒ぎのために勉強や研究を怠っているとは思っていなかったので、いささか反感すら感じたものである。だが、その訓辞のなかで、私が強い印象を受け、今も記憶に残っているのは、先生の若いときの努力の話である。

　今でも金属の研究には一定の高温度で試料を熱処理することが多いが、先生の若いころには、高温を作るための電気炉も温度を制御するための装置もなかった。加熱手段はガスバーナーと空気を送り込む足踏みふいご、温度の測定手段は熱電対とミリボルト電圧計だけだったという。試料をガスの炎であぶりながら、温度は熱電対と電圧計で読みとる。おおよその温度はガスの量で調節

第4章 本多光太郎の遺産

できるが、さらに精密にするために、ガスに送り込む空気の量で調節する。温度が低ければ指定温度に達するまで、ふいごをせっせと踏む。高すぎればふいご踏みをゆるめる。若いころの先生は、試料を長時間熱処理するために、電圧計とにらめっこをしながら、徹夜でふいごを踏み続けたのだという。

とにかく、機械力の不足は『人の労力』でまかない、技術の不足は『人の精神力』でおぎなう。今の研究者には馬鹿馬鹿しくて想像もできないかもしれないが、技術力では遅れていた明治から昭和初期にかけての時期には、日本が欧米に対抗して優れた研究をするには、これしか方法はなかったのである。この訓辞のほかの部分はともかくとして、一晩中ふいごを踏み続けたというすさまじい話には、戦時中に軍国日本の教育をイヤというほど受けてきて、徹夜の実験などは当たり前などと思っていた私も、おおいに驚いた。それだからこそ今でもこの訓辞は忘れられないのである。

研究の成果は、本人のもって生まれた能力と、積み重ねた知識に大きく左右される。しかし、もしも能力、知識が同じならば、その成果は努力の量あるいは労働の量に比例する。本多先生の成功の鍵のひとつは、人並みはずれた努力の積み重ねだったのである。

最近、本多先生の研究室の指導方針を、『奴隷労働』という言葉で表現しているのを目にし耳にすることがある。しかし、本多先生の場合は自分で経験していない空論で労働を強制したのではなく、自らの体験からその労働の必要性を認識した上で、お弟子さんに強制されたのである。だから当時のお弟子さん方は、これを奴隷労働とは考えず、『欣然として（?）』徹夜実験や過酷な労働に励んだのだ—と私は思っている。

私は「終戦直後の訓辞」の話で、本多光太郎がグローバルな視野に基づいた先見性をもっていたことを書いた。「戦後混乱期の第二の訓辞」の話では先生が人並みはずれた努力を積み上げたことを強調したい。成果＝能力×努力 というのが、単純ではあるがこの二つの訓辞からえられる結論である。そしてこの二つがともに並外れていたのが、本多光太郎のもっともすぐれた長所だったのである。

（大阪大学名誉教授／「金属」72巻10号2002年、73巻10号2003年掲載）

本多先生のこと―私だけが知っている？の巻―

長崎　誠三

　先生がなくなられてから35年になる。私が仙台に赴任したのは昭和25年の春である。残念ながら先生に直接お目にかかったことはなかった。しかし、何かと先生に関係した資料が手元にあるので、この機会に書かせていただくことにした。

本多先生の映画とビデオ
　先生についての映像作品は私の見たかぎりでは次の4本である。
　一番古いものは、研友会一同が、昭和16年4月に「吾等が恩師本多光太郎先生」と題して寄贈した映画である。16ミリで約10分の長さである。御覧になっている方が少ないと思うので、一部を御紹介しよう。寄贈のいきさつを冒頭のナレーションは次のように述べている。
　「本多先生は一昨年古稀の祝をされ、昨年は3期にわたる東北帝国大学総長の重責をまっとうされて退官され、その多年の御勲功により親任官の待遇を賜わり、かつ勲一等に叙せられました。最近先生にはますます御健康にて、わが国学術研究発展のためにおおいに御活躍されておられますことは、私ども研友会員一同のもっとも欣幸と存ずるところであります。
　かかる偉大な、私どものもっとも敬愛する恩師本多先生の御声と御姿とに永久に接したいというかねてからの宿望がようやく達せられ、ここに本多先生一般をトーキーにおさめた次第であります。
　終りにこの挙に多大の御援助を寄せられました湯浅七左衛門氏に深く感謝致します。」
　画面は広瀬川鹿落ちのあたりの風景、東北帝国大学の片平丁の正門、そして理学部の建物。破風の所には「理科大学」の文字も見える物理教室の赤レンガ。金研の本多記念館、赤レンガの旧館を写してゆく。木造の建物が並ぶ中庭

第4章 本多光太郎の遺産

記録映画「本多先生」より

を横ぎって、礼服の本多先生がゆっくりと（金研の中庭か？焼ける前なのでよくわからない）籐椅子に腰かけられ、正面を向かれる。にこやかな顔、胸には文化勲章が…。

画面は続いて、KS磁石鋼などを使った金研の発明品の展示を写す。

鉄－炭素系の状態図のかかった黒板を前に先生が原稿を手に話しはじめる。先生独特の言いまわしが随所にあるが、そのまま記録すると…

「歴史をたどってみますると鉄はわれわれの文明にもっとも関係の深い金属であります。人類がもっとも古く器具等に用いましたのは天然に沢山ある岩石であります。その頃が石器時代でそれから次第に金属を用うるようになりました。金属中もっとも古くから使用されたものは天然に金属として産する金と銅とであります。次に使用されたのが銅と錫の合金、すなわち青銅であります。未開人がこんな合金を使用するようになったのは、偶然のことがらからその製法を発見してからであります。未開人はいろいろな意味で野外でたき火をすることが多くありました。いずれ土地を掘り下げその上にたきぎを集めてたき火をするのでありましょうが、そこが銅鉱錫鉱とがまじってある土質であったとしますれば、これが熱の作用によって分解して銅と錫の合金、すなわち青銅が出来ます。かような偶然の事柄から青銅の製錬法が発見されて以来、その使用

は盛んになり、ついに青銅時代をみるに至ったのであります。次は鉄時代でありますが、鉄は天然には硫化鉄、炭酸鉄、酸化鉄として存在し純金属として発見されませんので比較的後になって使用されて来ました。

　鉄の製錬は、青銅の場合と同様偶然の事柄から発見され、その後、鉄の使用量は急激に増加しました。かくて鉄が金属材料として使用されはじめたのは紀元前3000年位で、これが鉄時代のはじまりであります。エジプト人は古くから鉄を刃物として盛んに使用したのみならず、焼入れ方法をも知っておりました。焼入れ法は本邦なども昔から、日本刀の製作に用いられてむずかしい技術とされておりました。鉄は炭素と結びつきやすい性質をもっております。鉄と少量の炭素との合金を鋼と呼び、鉄と多量の炭素との合金を鋳鉄と申しまして、その含有炭素量の限界は1.7％であります。鉄中の炭素はセメンタイトという炭化物の形で含まれておりまして非常に硬いものであります。鋼の組織中ではセメンタイトと鉄とは層状をなして交互に重なり合っております。この組織をパーライトと申します。鋼の組織中パーライト以外の部分、すなわち地をなしている鉄の部分を地鉄と呼びます。すなわち鋼はパーライトと地鉄との混合したものであります。元来セメンタイトは非常に硬いものでありますから、これがまじっておりますパーライトも非常に硬い組織であります。したがって、パーライトの多い鋼は硬く、すけない鋼は軟かいということになります。また炭素の非常にすけない鋼は焼入れ、すなわち高温度から油に急冷しても余り硬くならないのでありますが、炭素の多い鋼は焼入れすれば非常に硬くなります。また一度焼入れして硬くなった鋼を200℃から300℃に熱すれば、硬くてねばり気の多い鋼が得られます。この熱的処理を焼き戻しといっております。要するに鋼は熱処理によって硬くも軟かくも、また中間の硬さにも自由自在に性質を変えることができますから、あまたの金属材料中もっとも重要なるものであります。一国の鉄の需要高によって文明の程度を示す物さしとするのも当然のことといわねばなりません。近年、鋼に炭素以外の特殊元素を加えた特殊鋼、特殊合金鋼と呼ばれる優秀な性質を有す鉄合金が盛んに使用されるようになりました。以上は鉄と鋼とのお話を簡単に申しのべたのでありまするが、鉄合金の他に銅と亜鉛との合金は黄銅または真鍮と称せられ、種々の器具

第4章 本多光太郎の遺産

「リニアモーターカーが翔んだ」の台本の一部

機械の部品、装飾用品として盛んに用いられていることは、皆さんご存知の通りであります。銅と錫の合金である青銅も、銅像、美術品等の材料として使用されております。またアルミニウム、マグネシウムの合金は軽くて丈夫でありますので、航空機用材料として盛んに使用されております。要するに現今では鉄合金、銅合金、軽合金等が盛んに使用されるようになり、世は鉄時代より合金時代へと移りつつあるということが出来るのであります。」
といった言葉で終っている。

二番目は、テレビ用のドラマである。もう30年以上前の作品と思うが、俳優の河野秋武が先生役で、KS磁石鋼の発見のエピソードをドラマ化したもので、実験室などは東工大の研究室を使って撮影したという話である。なかなか面白いドラマだった気がするが、10年以上前、この16ミリを上映して見たことがあるが、現在フィルムは行方不明である。どなたか御存知ないだろうか。

三番目は、科学技術庁が提供した「リニアモーターカーが翔んだ」－現代の科学技術を動かす静かな世界、材料開発を探るサイエンスレポート、本多光太郎から現代まで－という55分番組である。1980年の2月11日15：00～15：55、テレビ朝日から放映された。全国22のネット局からも放映された。

当時の番組のチラシの「どんな科学技術でも材料なしでは語れない」と題したコピーの一部を引用しておこう。

*

　番組は、現代の科学技術に確かな足跡を残す、材料研究の世界をレポートします。
　大正年間、世界をアッといわせた KS 鋼を発明。わが国鉄鋼業に今日の繁栄をもたらすとともに、それまでの採鉱・冶金的な材料研究に冷徹な科学の目を導入して、わが国金属物理学を確立した故本多光太郎博士。番組はこの本多博士の事跡・偉業を受け継ぐ新たな材料研究、特に金属物理学の世界を探訪。さまざまな実験風景をおりまぜながら、話を未来の新材料にまで進めます。

*

　この番組の製作にあたっては何かと、お手伝いしたので印象深い。
　図は台本の一部である。増本、茅両先輩が、赤レンガの旧所長室で、あるいは米ヶ袋の本多邸で対談されるなど、記念すべき作品だった。
　司会は若手タレントの志垣太郎であった。
　四番目は、昨年東北放送が製作放映した「鉄の神様になった鼻たらしの光さん（本多光太郎伝）」である。よく出来た作品だった（約 45 分）。多くの人に是非みてもらいたい作品である。

本多先生の肖像画

　30 号と 10 号の安井曽太郎画伯の作品がある（口絵）。30 号は燕尾服姿で、永く金研の記念室にかかっていた。今は模写がかかり本物は宮城県の美術館に寄託されているそうである。ネクタイが一寸曲っていたりで先生自身は余りお気にいりではなかったそうだが、皆がいいというので、「それはいいわなあ」となったとか。
　10 号の方は総長室で論文の草稿を見ておられる自然のポーズのものである。10 号の方がいいという評者（水原秋桜子著；安井曽太郎　石原求龍堂　昭和 19 年 1 月刊）もいるが、30 号は日銀総裁の深井英五、T 先生像（第二高等学校長玉虫一郎一）と並んで安井の肖像画の傑作のひとつといえるだろう。
　安井画伯自身も本多先生の葬式当日の思い出の中に次のように書いている。

第4章 本多光太郎の遺産　　　　　　　　　　　　　　　　163

「前略…昨年の築地本願寺での告別式も多くの会葬者で堂内は一ぱいでした。正面に例の肖像が高くかけられてありました。私は堂の入口に立ち、知友や名士お弟子達の弔辞を聞きつつその肖像を眺めていましたが、その時は決して恥かしくはありませんでした。両側の美しい燈火に照らされて、肖像は実にいい肖像に見えました。私はそれを妻に見せるべく、門前に待たしてありました妻を堂内に連れて来ました。そして祝賀会の時とは反対に、いつ迄もそこにいたい気持でありました。渡欧船中の時のように、私にはいつも本多さんはやさしく見え、父の様に思われるのでありました。」（『本多光太郎先生の思い出』から）

なお『本多光太郎傳』の中の画のサイズは50号と30号になっているが、正しくは30号と10号である。10号は本多家の所蔵で国立近代美術館に寄託されていた。

116坪しかなかった赤レンガ

本多先生は『鐵及び鋼の研究』第1巻（大正8年内田老鶴圃刊）、『金属材料の研究』（大正11年岩波書店刊）、『鋼の燒入』（大正11年文部省刊）などに臨

```
　　　　（二）本研究所建物及設備
　研究所の建物は本館と工場とでありまして、本館は煉瓦造り
半地下室共三階建百十六坪、二十一室で、工場は木骨煉瓦建二百
坪であります。
　此の建築費は
　　本　館　　121,000円　　坪當り　　900円
　　工　場　　 30,065円　　坪當り　　153円
以上建物は大正八年四月に契約し同時に起工して幸に物價
騰貴の影響は免れましたが、設備は大なる影響を受けて豫定の
約半をも致しかねました。其の重なる費用は
　　瓦斯及び電氣設備費　　　　12,000円
　　煖房及び給水設備費　　　　12,000円
　　蓄電池百二十筒及び充電裝置費　20,000円
　　三十噸オルゼン試験機　　　15,000円
　　工場用諸機械　　　　　　　15,000円
　　器具及び機械　　　　　　　29,000円
　　圖書其の他雑費　　　　　　 3,000円
　　　　合　計　　　　　　　106,000円
```

鉄鋼研究所の建築費と設備費
（『金属材料の研究』より）

時理化学研究所、鉄鋼研究所について設立の経緯、現状、資金、研究員のことなどを縷々、のべておられる。当時の研究状況を知る上で非常に貴重な資料になっている。

『金属材料の研究』には鉄鋼研究所の開所式の模様、建物のことなど書かれ、創建時の鉄鋼研究所と工場の写真が載っている。

建物の件は図のような記述になっている。

これだけの建物、研究費で教授2名、助教授5名、助手9名が研究に従事していたわけである。アメリカの学者達が、この研究費は2桁位違っているのではないかと言ったと伝えられている。

本多先生の講演

昭和17年3月20日。理化学研究所の25周年記念式典と講演会が東京九段の軍人会館(現在の九段会館)で行われた。講演は午後と夜の二回にわたっており、私は、夜の本多先生の磁気の話を伺った。他に東大応用物理の真島正市教授のお話などもあったが、本多先生については磁気の権威、鉄の神様、『物理学本論』『物理学通論』の著者、第一回の文化勲章受賞者といった知識しかなかった。何を話されたのかはもう憶えていない。ただボソボソと「磁気の話をしようかな…」といわれたように思うが。

次にお話を伺ったのは、東京工業大学にいた頃、昭和24年ではないかと思う。『研究生活五十年』と題した講演であった。この時のお話は青山書院から出ていた「科学圏」という雑誌の4号に活字になっている。さらにこの文章に多少の加筆・削除されて日本物理学会誌5巻(昭和25年)6月号に寄稿されている(本書67頁参照)。この文章の中にも出て来るが講演会で示された二つのグラフが印象的だった。

『研究生活五十年』(「科学圏」)は、"私は本年二月八十歳にたっしたが、外部からみると何処も丈夫のようであるが、内部の諸機関は大変衰え、外から見たようではない。いわゆる老朽にたっしたわけであるが、満八十歳を記念して、いささか自分の記憶をたどって五十年にわたる研究生活をふり返ってみたい。もしこれが諸君の研究に多少なりとも参考になれば幸いである。"

第4章 本多光太郎の遺産

といった言葉で始まっている。ついで生い立ち、東大時代の「静振」の研究、熱海のカンケツ泉のこと、続いて留学のことなど…その一部を紹介すると…

編註：これに続く引用は日本物理学会誌掲載の「研究生活五十年」（本書75頁）と重複するので、ここでは割愛した。著者が指摘しているように、活動力を示す第一図は「科学圏」と「物理学会誌」とでは興味深い違いが見られるので図のみ掲載した。

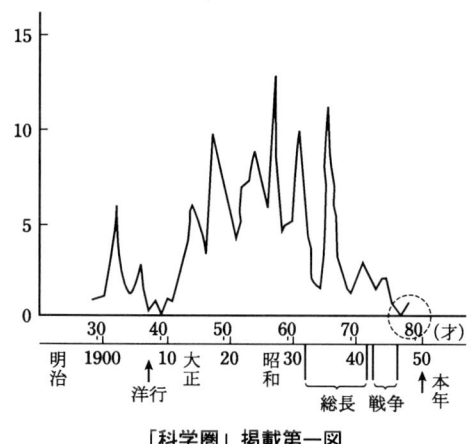

「科学圏」掲載第一図

研究者のこころえ―私の経験―
一、先ず文献を十分調査して問題の核心をつかむこと
二、次に問題の解決に必要なる研究装置を整え確信を得たる後、始めて研究に取掛ること
三、研究中常に「熟考而努力」なる標語に注意すること
四、観測結果の考察に当っては常に「正負効果重合則」に注意すること

　なお、物理学会誌の方は「科学圏」の寄稿より約1年あとの執筆と思われる（昭和25年9月18日受理となっている）。物理学会誌の文章の最後には「尚第一図の最後に現はれてゐる活躍は初に想像せる所よりも著しく大である。今後尚上昇するか否かは注目に値する。」といった言葉で結んでおられる。第1図の右のカーブも「科学圏」の図よりさらに上に延びている（本書74頁）。先生は、昭和26年2月6日に脳溢血で倒れられた。
　これからひとふんばりと思われていたに違いない。

お葬式のこと
　昭和29年2月16日の東京築地本願寺でのお葬式。余り細かいことはおぼえて

葬儀場に入場される遺族の方々

いないが、その時のスナップ。遺骨をもって遺族の方々が式場に入場される所。

前から山田良之助、河上益夫つづいて本多竜吉、雨宮夫人（先生の長女）、雨宮育作、守分巌、大久保準三といった方たちの姿がみえる。

来年は金属材料研究所が大正5年4月に臨時理化学研究所第二部としてうぶ声を上げてから75年になる。

先生を扱った映像作品、主な著書、雑誌に寄稿されたものなど（論文だけでなく）集められたらいかがなものかと思っている。

（㈱アグネ技術センター代表取締役／「研友」47号1989年掲載）

第4章 本多光太郎の遺産

本多光太郎先生の余韻

和泉　修

　「鉄の神様」本多光太郎の名は子供の頃から私も知っていた。何でも世界一強い磁石を発明したんだそうな。そして仙台の東北帝大には金属研究のメッカと云われる「金属材料研究所（金研）」があるんだって。しかしその頃の私には将来その金研で定年まで勤務することになろうとは夢にも思わぬことであった。

　私の幼児期は体が弱かった。いわゆる虚弱児童というやつである。その体験から私は将来医者になろうと思っていた。ところがである。中学に入って"博物"とかいう時間に、がま蛙の解剖をやらされた。麻酔でグッタリした蛙を板の上に大の字にピン止めし、先生にハッパをかけられながら腹をメスで切り、ハサミで肋骨を切り開いた。大きく脈動する心臓に私は目を見張った。生まれてはじめて見る生命の実態に驚きと感動をさえ覚えたのであった。しかしその後がいけなかった。次の授業が済んで私は先程の実験室を覗きに行った。何とピン止めされ開腹された蛙が、麻酔が切れて蠢いていたのである。そして私が近づくと頭を持ち上げ、私を睨んだ。それは血走った憎悪に満ちた凄惨な目であった。私は仰天し狼狽した。腰も抜けんばかりのショックであった。かくして私は医者になることを断念した。何とも締まらない話である。

　1945年8月15日、旧制高校生だった私は、動員先の海軍火薬廠で終戦を迎えた。戦争中の学年短縮が、元の3年に復したが、終戦直後の混乱期のこととて勉学どころではなく、焼跡の整理、食糧の買出し、アルバイトなどに追われっ放しであった。しかし大学進学が迫って来る。専門分野を決めなければならない。迷いに迷った末に私は金属工学科を選んだ。とにかく敗戦という夢も希望も無い時代である。どの分野も荒廃し切っていた。ならば世界に金字塔を打ち立てた本多光太郎の余韻にでも触れてみたいという程度の動機であった。

　1947年入学早々、私共は本多光太郎の特別講義に接する機会に恵まれた。階

段教室の二列目に私は陣取った。世界的名声を欲しいままにし、大学総長を三期9年間も勤められたというからどんな偉丈夫の人物が現れるのであろうかと私共は待っていた。やがて主任教授に先導されて入室した本多光太郎の姿を見て私は驚いた。背丈はやや高かったが、ヨレヨレの黒い背広姿は少し猫背で、殆ど手入れをしていないイガ栗頭の老人の風貌は正に村夫子(そんぷうし)そのものであった。その老人は丁度私の前に座られたが、そこで私はまた驚かされた。黒い背広の両肩がフケで真白なのである。そしてしきりに頭を掻くたびに後席の私のノートの上にフケが舞い降りるのだった。学者とはこういうものなのかと私はむしろ感動をすら感じたことであった。演題は鋼の変態と磁気に関するものであったと記憶するが、新入生の私には殆ど理解困難であった。

　1949年私共は卒業研究の学年を迎えた。級友の「一生の思い出に本多光太郎の余韻に触れてみようではないか」との誘いに応じ、私共は金研の大日方一司教授の門を叩いた。先生は快く応じて下さった。これが私の金研に足を踏み入れた最初であった。「一生の思い出に」が「一生を通じて」になろうとは露思わぬことであった。

　かくして計らずも私は本多光太郎の創設された金研において学究生活を続けることになった。時代は特に1970年代以降、学術の分野も国際交流が活発となった。私も国際会議等で諸外国に出掛けることが多くなった。そしてそんな中で思わぬ機会に私は本多光太郎の余韻に接することになるのである。それは私の定年間近かの1988年のことであった。

　カンヌでのチタン国際会議を終えた私と花田修治教授が、1988年6月10日(金)早朝ニース空港を飛び立ち、チューリッヒ、フランクフルトと乗り継ぎ、そこから列車でゲッチンゲン駅に降り立ったのは夕刻7時近くであった。ホームには航空宇宙研究所のProf. W. Bunkが出迎えていた。

　ゲッチンゲン市を訪れたのは本多光太郎記念標除幕式に参列するためである。ことの起りはその前年9月に遡る。ドイツ金属学会の前会長Prof. Bunkが私の研究室を訪ね、約1週間滞在した時のことである。研究面での意見や情報の交換をする傍ら、話が金研の創始者本多光太郎に及んだとき、本多が若い頃ゲッチンゲン大学に留学したことを聞くや、Prof. Bunkもまた同大学出身とい

第4章 本多光太郎の遺産

うこともあってか、強い感銘を受けた様子であった。やがて帰国した彼から本多のゲッチンゲンでの寄宿先がわからないだろうかとの問い合せの手紙が舞い込んだ。図書掛の応援を得て、漸く古い試料の中から1通の葉書を見出すことが出来た。それは1907年9月29日にパリの日本大使館気付で田中館愛橘に宛てられたもので、差出人本多のアドレスは次のごとく記されていた。

"月沈原　Kreuzberg 15, Göttingen"

やがてProf. Bunkはゲッチンゲン大学金属物理研究所長のProf. P. Haasenを通じ、寄宿先の建物が健在であることを知った。Prof. Haasenは本多が師事したProf. G. Tammannの孫弟子である。彼らはゲッチンゲン市当局、ならびにドイツ金属学会の賛同を得て、"本多光太郎記念標"の実現に漕ぎつけたのであった。こうした経緯はProf. Bunkからの書簡で3月後半になってから知らされ、出来たら私のカンヌでの国際会議出席に合わせてその除幕式を挙行したいので、ゲッチンゲンへ立寄るべく旅行日程を検討して欲しいとの要請があった。

間もなくゲッチンゲン市からいかめしい招待状が届き、除幕式は6月11日（土）に挙行されることになった。またドイツ金属学会主催の昼餐会の案内もあった。以上のような次第で、さきに述べたように私共はゲッチンゲン駅頭に降り立ったのである。

人口13万のゲッチンゲンは素晴らしい町であった。戦火を受けなかったため、中世の家屋が煉瓦敷きの道路を挟んで軒を連ねていた。路上のテラスでは学生達がジョッキを傾け、議論や歌に興じていた。昔の仙台を思い出させる正に学生の街であった。

夕食後、Prof. Bunkと翌日除幕式の行われる建物の下見に出掛けた。大学キャンパスの北端が"Kreuzberg通り"に面していた。15番地を探した。Prof. Bunkも興奮を抑え切れぬ様子であった。あった！　薄暮の中に、道路を挟んでキャンパスの向い側に、その建物はあった。煉瓦造りの2階屋だった。壁面に上下2枚の記念標が埋め込まれ、下のものは白い紙で覆われていた。これが除幕を待つ本多光太郎記念標であった。

ゲッチンゲンの建物の至るところに、かつてここに籍を置いた著名な学者、

政治家、芸術家たちの記念標が飾られ、その数200を越すという。それらを写真に収めながら、6月11日午前11時、80年前に本多が勉学した金属物理研究所を先ず訪問した。所長の Prof. Haasen と Prof. Köster が我々を待っておられた。Prof. Köster はドイツ金属学会の元老で、92歳の老躯を押して除幕式参列のため、わざわざシュトットガルトからやってこられたのである。若い頃 Prof. Tammann の助手をつとめ、本多のことも良く御存知であった。

写真1は所長室でのスナップで、棚の上には本多の写真2枚の額が飾られていた。これは本多のゲッチンゲン時代と文化勲章受賞の折のポートレイトを組合わせたもので、今回の好意に対する

写真1 金属物理研究所所長室にて
棚の上の額は本多光太郎のゲッチンゲン時代と文化勲章受章時の写真。左から Prof.Bunk, 筆者, Prof. Köster, Prof. Haasen（Köster, Haasen の両氏は今は故人となられた）

写真2 Levi ゲッチンゲン市長による本多光太郎記念標の除幕

謝意として金研から贈られたものである。全く別人のごとき容姿の対比には唯々驚かされる。この額は同大学物理学階段教室の正面、黒板を挟んで左側に既に飾られている Prof. Tammann の肖像画と対称をなすように、その右側の壁に飾られることになると聞いた。この教室でドイツと日本の金属学の創始者が、共に若手研究者の成長を見守ることになる。

さて除幕式は12時より前述の寄宿建物の前で行われた。式にはドイツ側よ

第4章 本多光太郎の遺産

り市関係者および Köster, Haasen, Bunk, Warlimont の各教授、日本側より川上ハンブルグ総領事夫妻、中島 JETRO ハンブルグ駐在員ならびに私共、それにテレビ局の取材陣が加わった。先ずゲッチンゲン市の Levi 市長が梯子を登って除幕、すると一斉に拍手が湧き起こった（写真2）。続いて Prof. Haasen の本多光太郎の経歴と業績の紹介があった。こんなエピソードまで述べられた。所員の健康を心配して本多は屋上にブランコを設置し、Tammann はライネ川での水泳を奨励したと。式は極めて簡素なものであったが、そこには国境を越えて偉大な先達に対する畏敬の念で結ばれた、ほのぼのとした学究者同志の心の絆があった。写真2に見えるように壁面には2枚の大理石の記念標が上下に埋めこまれている。上部のものは「TEIJI TAKAGI, MATHEMATIKER, 1900-1901」とあり、下部のものは「KOTARO HONDA, METALLKUNDLER, 1907-1911」となっている。TAKAGI とは数学者・高木貞治（1875～1960）のことで、奇しくも同じ家屋に2人の日本人学者が寄宿していたことになる。ゲッチンゲンの記念標にはもう1人の日本人の名が刻まれている。それは生理学者の永井潜（1876～1955）で、ゲッチンゲンには1903～1905滞在された。ゲッチンゲンを"月沈原"と名訳されたのも彼と聞く。こうして第3人目の日本人として、本多光太郎の名がゲッチンゲンに残されたことになる。

ドイツ金属学会主催の昼餐会は、市中心街の有名なレストラン"Yunkern Schänke"で開かれた。このレストランは16世紀建立のもので、本多も良く通ったところだという。和気藹々の中に宴の時は流れた。私はここで関係各位の御厚意に感謝する挨拶を述べると共に、仙台市長、日本金属学会長、本多記念会理事長からのメッセージを伝達した。会は午後3時近くにその幕を閉じた。

会を終え、爽やかな余韻が何時までも残った。親身になって接してくれたドイツの人々よ… 貴方がたの誠意と人間味は坦々としてわが胸を打つ。本多光太郎の誇り高き業績の軌跡が今日の我々を導き、また心の交流を招いたのだと15年余経った今でもしみじみ思う。

その余韻は今後、何時、何処で、再び調べを奏でることであろうか —。

（東北大学名誉教授／「金属」73巻10号2003年掲載）

本多式熱天秤

前園　明一

　現在、最もよく使われている熱分析装置の中で「熱天秤」という装置がある。温度とともに試料の重さの変化をはかり、温度〜質量変化または時間〜質量変化の曲線から試料の熱分解や酸化などについての情報を得る装置である。多くの熱分析の本をひもとくと、「熱天秤」は1915年、世界で初めて本多光太郎により「thermobalance」と命名されたとある[1]。

　1976年、C.J.Keattch（英国のIndudtrial and laboratory servicesのコンサルタント、熱天秤の研究者）が東北大学金属材料研究所を訪問した。本多光太郎とその熱天秤についての疑問を解くためであった。対応には当時の渡辺浩金研所長があたられ、その記録が同研究所会誌「研友」と講演会記録に残されている[2) 3)]。それによるとKeattchは本多の熱天秤の論文[4]を読んでいくつかの疑問を抱いていたようである。それは：①本多が熱天秤を作った動機はなにか、②熱天秤thermobalanceと名付けたのは何故か、③本多の熱天秤についての論文はただ一篇のみというのは何故か、④本多は論文の中で熱天秤は化学の研究にとって有用な武器となるはずだと一言述べているだけで、その後の夥しい研究成果に対して余りにも淡々としていたのは何故か、という疑問であった。応答の後さらに2つの疑問が追加された。⑤1912年Urbain（フランス）が基本的には類似の熱天秤を作った[5]が、余り使われなかったのに本多の熱天秤は日本では広く使われたのは何故か、⑥本多光太郎は熱天秤を作る前に磁気天秤を使った実験を報告しているが[6]、磁気天秤は熱天秤にさらに磁気測定が加わった装置で、一人で両方を手がけたのか、である。

　質疑応答の末、次の点が明らかにされた。①本多光太郎の熱天秤開発の動機は、想像するに当時、物質の高温の化学変化を研究する方法は、試料を各温度に加熱して後、これを室温まで冷却して化学天秤で重さをはかる方法がとられていたが、本多はこの手数と時間がかかる方法をやめて、高温で直ちに重さ変

化を測定できるように化学天秤を改造することを思いつかれたのであり、これは本多が物理学者であったからそのような工夫や開発を常に考えておられたのであろう。②本多が「thermobalance」と命名したのは、thermal balance としないで thermometer と類似の発想で thermobalance としたと考えられる。

③本多が熱天秤についてはただ1篇の論文しかないのは、本来、物理屋は新しいものを作り出すことが自己の天命と心得て考え出すが、一旦、作ってしまえば広く応用することは他人に委ねるという傾向がある。本多式熱天秤を使った多数の応用研究や、改良研究は本多の手を離れて主に化学屋の仕事となったからである。事実、本多の弟子、斉藤平吉は数十年にわたって本多式熱天秤の改良に貢献し、広く化学反応研究への応用普及に尽くした[7]。

④Keattchは本多光太郎が大変謙譲の美徳の持ち主だということがよく理解できたという。⑤フランスの化学者 Urbain の熱天秤は本多の熱天秤より3年程早く作られたが、測定の信頼度が特に低かったといわれ、応用研究は全くなかったという。

⑥その点、本多光太郎は1911年、磁気天秤を作り金属の帯磁率の測定を発表している。磁気天秤は熱天秤にくらべて大きな試料に温度変化と磁場を与える装置であるから、本多光太郎の考えの中では熱天秤はこの時点ですでに解決ずみのものであったように想像される。

以上がKeattchが本多光太郎と熱天秤について抱いた不思議に対して渡辺金研所長と交わされた応答の要約である。欧米の研究者が抱く本多光太郎と熱天秤についての疑問もほぼこれに尽きるように思われるが、しかし、本多の熱天秤は欧米のものとくらべて特徴的な違いは果たしてこれだけだろうか。最近、熱天秤の試料自身の温度を精密にコントロールした場合の測定ができるようになり、あらためて本多の熱天秤の温度測定を見直す機会を得た。本多の熱天秤の温度の測定法は論文ではさりげなく述べられているので、従来あまりとりあげられなかったように思われる。そこで少し詳細に本多の論文をもとに本多式熱天秤の温度測定について触れてみることにする。

図1に本多の熱天秤の原理図、図2にこの熱天秤を上から見た平面図を示した。図1によれば試料は白金容器Gにいれ、陶磁器製パイプFに白金線でつな

第4章 本多光太郎の遺産

図1 本多式熱天秤の原理図

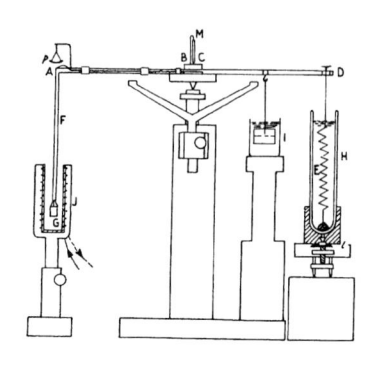

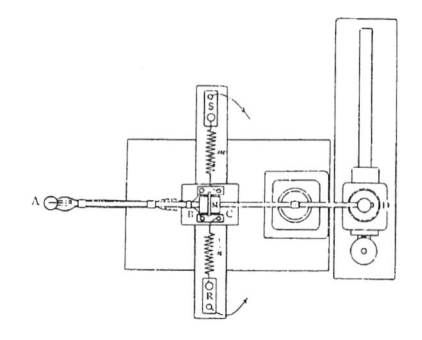

図2 熱天秤の平面図
（図1を真上から見た図）

ぎ、天秤のビーム（石英ガラス管製）ADの片側Aに懸かっている。試料の重さが増加すると天秤ビームADが傾き、ビームの他端DにつながっているバネEが引き伸ばされ、ちょうど釣り合ったところで止まる。天秤ばかりとバネばかりを組み合わせた構造になっている。ビームADの中央位置のミラーMと望遠鏡-スケール（図には示されていない）でビームADの傾きを読む。この傾きと重さ変化は比例するので重さ変化がわかる。所謂、変位法の重さ測定である。

試料の温度測定については、白金ロジウム熱電対の熱接点を試料容器Gの中にいれて、試料に直接、接触して試料温度を測定する。熱電対線は上方に出てF, Aを通ってビームABに沿って中央に近いB点に固定する。B点が冷接点となる。装置を上からみた図2によればB, Cは銅板への固定ねじで、ここで銅の細線（直径は0.02mm程度）をスパイラルに巻いたスプリングmに接続して、温度測定用計器への出力用に取り出している。これは熱電対の線を試料から直接、計器につないでは天秤の動きの抵抗となり試料の重さが測れないから、天秤ビームの動きが最小の位置となっているナイフエッジのところで細線のスプリングmにつないで、微小な重量変化の測定を妨げずに試料自身の温度を確実に測定している。天秤による重さの精密測定と試料温度の正確な測定を両立させた工夫である。

以上の本多式に対して海外の熱天秤の温度測定はどうか。調べてみると本多

第4章 本多光太郎の遺産

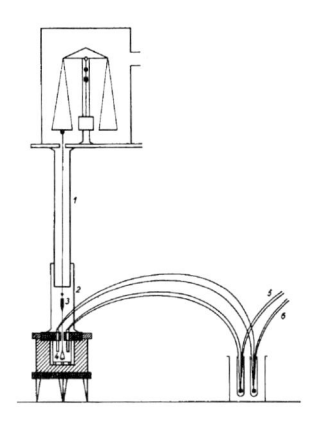

図3 海外の熱天秤の一例

のような温度測定法は見当たらない。一例を図3に示した[8]。ほとんどの熱天秤は熱電対を試料の間近においた試料近傍の雰囲気温度であって試料自身の温度ではない。試料に熱電対を接触させないから重さの測定の妨げになることはなく簡単なので、現在でも海外製の熱天秤の温度測定はこの簡便法が通用されている。この場合、試料温度と試料近傍温度は異なるから、両者の差を校正する方法がいろいろ提案され議論されている。

試料が加熱昇温の過程で熱分解すると、一般に吸熱変化のために試料温度の上昇が止まるか、または試料温度が低下するから、試料温度は試料近傍の雰囲気温度より低くなり、その結果、横軸に試料自身の温度をとった場合と、雰囲気温度をとった場合とでは温度～重量変化曲線は一致しない。試料近傍の雰囲気温度のプロットでは、熱分解反応の区間、見かけ上、温度軸が高温サイドにずれる。反対に発熱反応の場合は温度が低温サイドにずれる。したがって試料近傍の雰囲気温度を温度軸にとった熱分解温度は測定条件に大きく依存して変化し、熱変化の大きい場合程、熱分解温度は真の値とはかけ離れたものとなる。さらに温度－質量変化曲線を解析して得られる反応速度論の諸定数も誤差の大きい結果をもたらすことが最近、明らかにされている[9)10]。

もし仮に本多が温度測定法として安易な試料近傍の雰囲気温度を採用したとしても、本多の熱天秤は当時の国際級の仕事として十分評価されたであろうと思われるのに、それにもかかわらず敢えて困難な試料自身の温度測定を追求し

たのは何故なのだろうか。考えるに試料温度というものは、試料近傍の雰囲気温度のような見かけの温度でなく、試料自身の温度そのものを測らなければならないという本多光太郎の物理屋としての真摯な直感がそうさせたに違いない。そういう意味でこの熱天秤の温度測定は本多の熱天秤についての七不思議の中で最も特徴的なもののように思われるがどうであろうか。

参考文献

1) たとえば，Clement Duval : Inorganic thermogravimetric analysis, 2nd edition, Elsevier publ., (1963) 3〜6 または W.W.Wendlandt : American Laboratory, **6** (1977), 25〜31.
2) 渡辺 浩：東北大学金属材料研究所研友会々誌，研友，No.34 (1976) 33-36.
3) Cryil J. Keattch :『熱・温度測定と熱分析』，日本熱測定学会編，科学技術社，(1977), 65〜71.
4) K. Honda : Sci. Repts. Tohoku Imp. Univ., a (1915), 97〜105.
5) G. Urbain and C. Boulanger : Compt. rend., **154** (1912), 347.
6) K. Honda and H. Takagi : Sci. Repts. Tohoku Imp. Univ., **1** (1911), 229.
7) 斉藤平吉：『熱天秤分析』技術書院，(1962), 斉藤安俊：金属，**72**-10 (2002) 31, 斉藤安俊：研友，No.61 (2004) 39.
8) N. Collari and L. Galimberti : Boll. sci. fac.chim. ind. Bologna, **18** (1940), 1.
9) 田中春彦，古賀信吉：第26回熱測定討論会，(1990) 要旨集，p.88〜89.
10) 前園明一，増田敏幸：熱測定，**20** (1993) 132〜138 ; R. P. Tye and A. Maesono: Thermochimica Acta, **243** (1994), 223〜230.

（㈱アグネ技術センター「金属」編集長／「金属」73巻12号2003年掲載）

本多光太郎記念室にまつわること

菅井　富

　平成14年9月3日、仙台市八木山南にある（財）電気磁気材料研究所に、宮内庁書陵部編修課より主任研究官がお見えになりました。実は昭和22年8月6日、昭和天皇が東北巡幸の折り、金研に行幸所内を見学されました。その時の本多光太郎所長の説明や、増本量先生外諸先生の業績並びに実験装置などを説明された時の様子を、昭和天皇巡幸記録にとどめておくので話をして欲しいとのことでした。約3時間にわたりその当時のことを、増本剛理事長とともにお話し致しました。その時の事をよく知っておられた渡辺浩先生も亡くなられ、私だけになりました。

　そもそも昭和22年8月のことと申しますと、私がその年の3月末に、金研増本量研究室に就職した許りで、何も判らず、ただ8月に陛下の行幸があるので、増本先生が説明される実験装置の製作のお手伝いを致しただけで、本多光太郎先生のことは、昭和29年2月12日ご逝去されるまで、実際の所全く先生とはお話する機会もありませんでした。非常にお偉い方とは伺っておりましたが。

本多光太郎記念室の整備

　時は流れ、平成3年、（財）金属研究助成会事業拡充および金属材料研究所創立75周年記念協賛事業を行うため、研友会の皆様および金研に関係のある方、企業の方々から5億円余の多額の寄付金をいただき心より御礼申し上げます。現在の様に世の中が不景気になる前でしたので、非常に幸いいたしたのも天の恵みでした。平成3年5月式典も行われました。これに引き続き、本所75周年記念事業計画の中で、寄付金の一部を本多記念館（産官学共同研究館）の整備に当てることになっておりました。その中に

1) 本多記念館の整備

2) 資料展示室の設置と整備

などがあり、平成5年3月の教授会で、仁科先生が「本多記念館整備委員会」の委員長になり、私もこの委員会のお手伝いを頼まれ仕事を始めました。主に従来からあった「本多記念室」の資料整備と本多光太郎先生に関する遺品の蒐集、展示の整備、並びに金研におられた先生方の資料展示室の資料蒐集と整備が主な仕事でした。

ここで再び本多光太郎先生のお仕事に接する事が出来、非常に嬉しく、平成7年8月の完成まで2年余の楽しい仕事が始まりました。

岡崎市に本多光太郎先生の生家を訪ねる

当時の本多記念室は、金研創立50周年の際、記念事業として本多先生の遺品を中心に、書、絵、写真および先生の蔵書などを展示しておりました。この機会に名古屋におられる安達健五さんのご尽力により、岡崎市にある本多先生の生家を訪ねることにしました。

平成5年8月、増本健所長、仁科、花田先生とともに安達さんと一緒に岡崎市長にお会いし、金研の本多記念事業と今後の資料交換展示などについて話し合いました。その後、公園事務室の中根良一さん(この方が主に本多先生の資料を整理保管されておられます)の案内で、本多先生ご令孫の本多俊子さん宅(岡崎市新堀町)に伺いました。そこで先生の写真、新聞記事、手紙類を見せて貰いながら、昔の先生にまつわる想い出話などお聞きしました。その後、少し離れた所に先生の生家 [口絵] があり、先生が勉強された部屋を見学させて貰いました。当時を偲び胸のあつくなるのを覚えました。岡崎市にある本多先生の遺品は20か所に点在しており、近い将来には博物館の一部に展示する予定になっておるとのことです。

次に公民センターにある先生の遺品、資料を見学、センターの前にある先生の菩提寺妙源寺(新堀町)に、一同花をたむけ墓前に今回の事業について報告致しました。墓石の裏面に刻んである、『鉄鋼の世界的権威者』の文句は、生前先生が考えていたもので、住職に依頼していました [注、文献・石川悌次郎著"本多光太郎傳"]。ひと言で、故人はどういう人間であったかを判るように

第4章 本多光太郎の遺産

と、先生の発案でありました。まことに微笑ましい限りであります。

また市内には本多先生の銅像が所々にあり、矢作中学校には眼鏡をかけた先生の胸像があり、南矢作小学校には金研にある胸像と同じで、[写真1]こちらが原型で、日展審査委員長加藤顕清氏の作です。因みに金研にある胸像[口絵]の台座に刻まれている『金属之密林の大いなる開拓者』の五韻の句は石川悌次郎氏、書は門下最年長の村上武次郎先生の筆によります。

写真1　岡崎市南矢作小学校にある本多先生の胸像の前で

岡崎市の東公園には、本多光太郎資料館（勉強部屋）があり[口絵]、誰でも自由に入れます。そこには先生の勉強部屋や、その他多くの資料が展示してあり、ビデオの部屋には、先生の生い立ちの「つとめてやむな」という18分間のビデオが放映されるなど至れり尽くせりでした。

本多光太郎先生は岡崎市の名誉市民になっておられ、南矢作小学校を始め町をあげて先生の業績を偲び年中行事を行っています。また東公園にある本多光太郎資料館には何時も見学に来られる人が絶えないと伺っており、先生のご遺徳が後々の世まで語り継がれ感激致す所です。

本多記念室の整備

翌平成6年3月、仁科委員長が定年で辞められ、新たに増本健先生が本多記念館整備委員長になられました。本多記念館の工事は、平成6年4月より改装にとりかかり同年10月に完成し、早速本多記念室の整備、展示にとりかかりました。これまでに展示品の蒐集は、後述する資料展示室へのものを含め約300点になりました。

本多記念室[口絵]は、従来の位置で内装については、殆ど手を付けず昔の

イメージそのままにし、落ち着いたしかも重厚な感じの部屋で、展示ケースも従来の2個を4個に増やしました。昔のものが木製手作りなので専門業者に依頼、昔のものと新規作製と全部同じ様に揃え、部屋にマッチする様にケース内の色彩にも配慮し、一苦労しました。展示品のレイアウトは、
　No.1. 岡崎市を訪問した時、撮影した本多先生の生家はじめ遺品など。
　No.2. 本多先生の学術に関する業績、論文。
　No.3. 国内、国外からの栄誉関係。
　No.4. 新聞記事関係。
にしました。

本多光太郎先生の肖像画

　本多記念室の正面暖炉の上に本多光太郎先生の油絵の肖像画が掲げてあります。一見安井曽太郎画伯の絵と思われますが、実は創形美術学校修復研究室井上新太郎研究員による模写です。この絵を模写するに当たり、安井曽太郎画伯の作品を忠実に写すため、細部にわたり筆跡、色彩などを調査され5カ月かかり完成されました。勿論画伯のサインはありません。［注、文献・"研友"第44号（昭61）『本多光太郎像の模写の制作』］
　本物は、東北大学が昭和57年4月に宮城県美術館に保管を依頼しておりました。早速美術館を訪れました。安井曽太郎画伯が描かれた本多光太郎肖像画油絵30号は、地下室に保管されており、職員の方のご協力を得て写真を撮ることが出来ました［口絵］。
　そもそも安井曽太郎画伯が本多光太郎先生の肖像画を描くに至った経緯は、明治40年、安井曽太郎画伯（当時20才）がフランスに留学した際、たまたま本多先生（当時37才）もドイツに留学するため船の中で知り合いました。後日安井画伯が、東北美術展の審査員で来仙の折、小宮豊隆先生からの話で、東北大学総長の本多先生の肖像を描くことになり、10日間総長室でモデルになって貰い、昭和11年加筆完成し、本多先生の大学在職25周年記念に大学に30号を、本多家に10号の油絵を寄贈されました［口絵］。（注：文献・『本多光太郎先生の思い出』安井曽太郎寄稿「やさしく父のように」）。平成7年2月、

第4章 本多光太郎の遺産

増本健先生と一緒に東京の長崎誠三さんに案内され、田園調布におられるご令孫の本多トミ子さん宅に伺い、画伯が描かれた本多先生の10号の油絵の写真を撮らせて貰いました。先生はこちらの絵を好んでおりました。

今が大切

本多先生が一番好んで物した句は「今が大切」の四文字であり、これは教育者として後進を激励するのに仲々の佳句であり、誠に本多光太郎先生らしい表現です。これまで金研で金属研究助成賞を受けられた方々に「今が大切」の色紙を差し上げておりました。この度資料蒐集に当たり、本多先生の色紙をはじめ額や掛軸の書関係は数多くあり、驚くばかりでなく、その含蓄ある文句に只只敬服するばかりです。先生は常々思い出された文句を、手帳に書きとどめ、書を依頼された弟子に対してその人に適した文句をしたためられたとのことでした。しかし先生はたまたま「今が大功」と失敗されたこともあり、「産業武士之温床」と武士の武が䂖のように"たすきがけ"してあります。一説によりますと、"たすき"がないと安定しないからね！と間違ってもユーモアに語っておられました。また、先生独特の造語を考えられました。その一つに「鐵心か㤰か」があります［口絵］。人の話を聞く時は心やわらく純鉄の如く、そして研究になれば意志を強くWC（タングステン・カーバイト）のようやって欲しいとのこと、またWC（トイレ）に入ると誰も冷静沈着になります。硬いばかりがよいのではないことを含めて先生は、「愛する鉄」の心を説いたのかも知れません。

本多先生はまた昭和の初め、当時の産学共同で二・三の企業に技術指導をされておられ、それらの企業には、本多先生の書、額がありました。その中で東北特殊鋼にあった「角は破損の因となる」と「丸味をつけて破損を防げ」とは対句で、今回の資料蒐集で沢山ある先生の書で印象深いものの一つでした。

配偶映像

今回の本多光太郎先生および金研創設に関する新聞記事を調べるため、仙台唯一の地方紙河北新報に4,5日程訪ねました。昔の新聞記事を一枚一枚見て

いる内に偶然、昭和10年8月22日付河北新報夕刊の「配偶映像」の欄が目にとまりました。そこには本多加禰夫人評として、本多先生のことを語っておられました。「ああ、主人の顔…東京の孫達はお祖父ちゃんの顔は描きやすいや、丸くて眉毛と眼をこう描けばいいんだろうと申します。何処で覚えるのですか、漫画でも見て、多分お風呂で研究したんでしょう」と、確かに先生のお顔は誰にでも好かれる穏やかな顔をしておられます。また、「そうですね、主人の顔は写真を始終撮って慣れているものですから、固くならないのでしょうか、何時も実際よりよく撮れていますと私、大笑いするのですよ。」と。実際この新聞に掲載されている先生の写真は、お顔全体が笑いの中に埋まった様に感じました。その新聞記事の最後の方に、先生がドイツ留学の際、いつもの坊主頭を、一度髪をのばして分けて見たいと床屋に行き、鼻眼鏡を買って、写真を撮り、日本に送ったら皆びっくりしたとのことです。その時の写真は本多記念室に掲げてあります［口絵］。

今回の資料蒐集に増本量先生の資料も必要なので、健先生からアルバムを拝借し見ている中に、昭和22年10月松島にて「金婚式のお祝い加禰夫人と一緒に」［写真2］と記された写真を見つけました。或いはこの年は、本多先生の喜寿のお祝いに当たるので、門下生が松島で宴会を開いたのかも知れませんが。ご夫婦の和やかなご様子が写真から伺われます。

写真2　金婚式のお祝い、加禰夫人と一緒に

資料展示室の設置と整備

これは本多記念室とは別に、本所の歴史、研究業績を示す資料の展示、新しい研究成果の資料公開などを目的とした資料展示室です。

第4章 本多光太郎の遺産

資料展示室

　この展示室は、金研3号館2階の本多記念室の筋向かいの部屋です。床は藤色の絨毯で、四面の壁は白色、天井は空調と間接照明で、現代的に設計されているため、本多記念室とは対称的に展示ケースも明るくしました。正面に大ケース、中央に5面ガラスケース3個、その外に5ケースと計9ケース、その他に実験装置を置く展示台など、部屋の雰囲気に合わせて作りました［口絵］。ケース内の展示品は、

No.1.（正面）金研所長になられ、文化勲章並びに仙台市名誉市民章を授与された本多光太郎、村上武次郎、増本量先生の写真、色紙、伝記、ノートなど。

No.2～4.（中央）本多先生関係のもの、研友会員で文化勲章または文化功労章を授与された先生方の展示品、並びに金研の新開発製品。

No.5～7.（窓側）金研の先生方の発明されたもの、遺品並びに初めて金研に導入されたもの。

No.8～9.（廊下側）上段には本多先生ら昔金研より指導を受けられた地元企業からの、開発研究された製品を寄贈されたもの。下段には金研の歴史として創設時の新聞記事、金研25, 50, 75周年記念に関した資料。

展示台。本多先生が使用された熱膨脹測定装置、KS馬蹄型磁石など。

　またこの外に岡崎市より寄贈されましたビデオ『つとめてやむな』の本多先生の生涯の模様を、18分間見られる様にしてあります。

振武刀

　平成7年7月29日に、本多先生のご遺族、ご令孫の柴垣英子様、本多トミ子様、本多俊子様それにご家族の方々8名が、金研の招待で来仙され、各展示室を御覧になりました。

　その日の午後、所長室で今は亡き今井勇之進先生はじめ鈴木所長らと懇談しました。今井先生より、戦前戦後の本多先生の思い出話しをして下され、感銘深いものがありました。その際、本多俊子様より、昔、本多先生から戴いた軍刀を見せて貰いました。研ぎ澄まされた軍刀の日本刀は、当時、本多先生が研究された汗の結晶として出来上がったもので、話には伺っておりましたが、現

物を見るにつけ心躍動するものがありました。その後、この日本刀を写真に撮り展示しました［口絵］。本多俊子様から戴いた「わが家の金研刀」と題して下記の説明文を戴きました。

「平成6年夏、亡夫・本多寛嗣（陸軍航空隊大尉・昭和20年に戦死）の50回忌を前に遺品の整理を致しました折、古い長持ちの底に、幾重もの古布に包まれた大小一対の軍刀を発見致しました。彼の大叔父に当たる本多光太郎博士から頂き物と伺っておりました軍刀であり、登録手続きを済ませ、遺品として大切に保管することに致しました。

太刀は、刀身が鎬造りで、長さ68.4cm、反り2.0cm、中心の表側に「金研正秀作」の銘があります。また、短刀は刀身が平造りで、長さ24.2cm、反りはなく、中心の表側に「振武」、裏側に「東洋刃物株式会社作」と、銘がタガネで深く刻み込まれています。

この度の金研訪問で、わが家の軍刀の由来のすべてを知り得たのは、思いがけない収穫でした。
（記、平成7年夏）」

記念資料室

前記本多記念室、資料展示室と一緒に図書関係の資料室として、金研図書室の方々により図書を3室に集め、自由に閲覧出来ます。

記念資料室　1. 自刊図書
金属の研究、東北帝国大学理科報告、金研関係論文別刷集、東北大学研究所報告、名誉教授業績集、英文論文リスト、その他金研関係資料

記念資料室　2.3. 単行本
図書室所蔵の和・洋単行本の中、1945年までに発行されたもの約2000冊がここに移されました。当時の名著といわれる古典類が多数含まれています。

本多会館

金研の本多記念室および資料展示室を整備、設立している途中、平成6年7月、東北大学本部より、現在東北大学の宿舎になっている、仙台市米ケ袋の本

第4章　本多光太郎の遺産　　　　　　　　　　　　　　　　　　185

多先生が、大正6年から居住されたお屋敷［口絵］の庭に、先生の資料展示室を作るので、その資料の展示を依頼されました。ここの資料館は写真に見るように［口絵］総木造で、天井も高く明るく心和らぐ部屋です。ここの展示品は先生の遺品の外写真の複写が多く、岡崎市のものを主体に展示しました。

　後日、本多家の皆様が来仙されました際、こちらに泊まられ、昭和20年仙台空襲の時、本多先生と柴垣英子さんと一緒に住んでおられ、先生の枕元に焼夷弾が落ち、二人で火を消されたとのこと、部屋の天井が当時を物語っており、ご遺族の方々は懐かしがっておられました。

おわりに

　金研の本多記念室、資料展示室並びに東北大学の本多会館の資料室には、先に亡くなられたアメリカ在住の、本多先生のご令孫里洋先生ご夫妻が見学に来られたのを始め、数多くの国内の学校関係の方々、会社の方々などで研究、勉学に勤しまれる方、また国外の方、学校の生徒さん達など、見学に来られた人は数え切れない程です。中でも、平成7年11月、理化学研究所記念資料室正本さんらが訪問され、理化学研究所に三太郎（長岡半太郎、鈴木梅太郎、本多光太郎）の資料館を設立するため、本多先生の資料が欲しいとのこと、先生に関する幾多の資料を差し上げました。また、平成8年9月、産業技術記念館（トヨタ自動車関連）の亀岡氏が訪問され、昔、トヨタ自動車㈱が本多先生にご指導を戴いた記録があり、10月に特別展示会を開くので、この機会に本多先生のコーナーを作り、先生のご偉業を紹介したいので、資料を貸して欲しいとのことで協力致しました。その後特別展の写真とパンフレットを戴きましたがその表題に

　　　特別展特集「鉄鋼材料展」
　　　　－鐵（てつ）は金（かね）の王（おう）なる哉（かな）－

と、本多先生が色々な材料に、広く用いられる有用性を表現する言葉として用いられたとのことです。皆様この言葉をご存知だったでしょうか。

　この様に、最近、色々な方々が見学に来られたり、また展示会の資料として貸して欲しいとの要望があり、展示室を整備、創設した甲斐があったと非常に

嬉しく存じております。

　この2～3年間、はからずも本多先生はじめ、亡くなられた先生方のご遺品を展示させて戴きましたが、日夜勉学に励まれ、研究成果を挙げられたことは、ご本人のご努力は勿論のことながら、陰で支えておられた奥様や、ご家族の方々のお心遣いがあったからではないかと思っております。

　本多光太郎先生が亡くなられてから50年になりますが、先生のご偉業の数々は永遠に生き長らえることと思います。先生のご冥福を心からお祈り申し上げ筆を擱きます。

　　　　　　　　　（元東北大学助教授／「金属」73巻12号2003年掲載）

本多先生生家	本多俊子様
	〒444-0939　岡崎市新堀町字大庭 11-1
	☎ 0564-31-1012
本多光太郎資料館	岡崎市市役所土木建設部公園緑地課
	〒444-0034　岡崎市十王町 2-9
	☎ 0564-23-6294

Bozorthの"Ferromagnetism"に見た本多光太郎先生

中道　琢郎

　私が茅誠司先生のお世話で金属材料研究所に勤めることになった昭和29年（1954）の4月は、本多先生が最後の公職・東京理科大学学長を辞された翌年で、不帰の客となられた2月12日から2カ月の後となる。残念ながら、その謦咳に接することはできなかった。先生の高弟たちが、戦後の科学技術の世界をリードする時代に入っていた。

　金研では、先生の高弟、増本量先生が所長であった。就職後、間もなく選ばれた職員組合の執行部の一員として、増本先生には交渉で時々所長室でお会いする機会を得た。その増本先生の背後には安井曽太郎画伯の描かれた本多光太郎先生がじっと我々を見つめていたのが印象的だった。当時の金研職組の委員長は長崎誠三さんであった。

　組合の交渉の焦点は、超過勤務手当ての公平化であったが、増本先生はいとも温和に話を聞かれ、誠実に対応して頂けたと記憶している。未だ、戦前の気風が消えず、研究を下支えする技官層への手厚い配慮が感じられた。数多くの特許に支えられた金研の財団が、研究者を支える豊かな技官・事務補助者の存在を可能としていた。今の大学改革で、要求されている自己才覚による研究財政基盤の確立を、本多先生は、その研究指導者としての初期の頃（大正5年（1916年）46歳）から明確に意識して居られたと思う。研究事業の経営者として、卓抜な才能を持たれていたのである。最も敬意を払いたいのは、先ず金をではなくて、「先ず研究成果を」という態度である。住友の力を借りて、KS磁石鋼を開発し、鉄鋼研究所を創設するに到る歴史に、その信念の実が刻みこまれている。税金の無駄遣いは問題外であった。この信念を実行し、成果に結びつけるには、並々ならぬ才能が必要ではあろうが、基本にこれがないと金におどらされる幻想世界（バブル）しか生れないだろう。

冒頭に書いたように、直接本多先生のお声に接することができなかったので、本多先生の教えは、残された論文や、先生に就いて書かれた伝記などを元に、知り得た事柄に留まる。しかし、そこには数多くの豊かなものが、歴史の変遷にも関らず生き残っている。

不勉強の私は、本多先生の高弟の一人、茅誠司先生のお世話で金研に来たものの、山本美喜雄先生の結晶物理学講座の旧制出の谷口哲さんや岩田孝夫さんの水準にはとてもついては行けず、大いに苦労した。谷口さんは、当時話題の磁場中冷却効果に、Van Vleckの現象論的な磁気異方性表現を導入して量子論的な解明を与え、注目のデビューを果たしていた。一方、岩田さんは、強磁性体の磁化過程論の基礎となる磁区構造を、Fe-Si合金（bcc）でBell Telephoneがその実験観察に成功するや、間髪を入れずに、Ni（fcc）での観察に挑戦して、見事に成功、意気すこぶる上っていた時期であった。3篇ほどにまとめ挙げられた岩田さんの論文は、綺麗な数多くの教科書的な磁区模様写真を載せて、戦後のSci. Rept.のページを飾った。山本研の毎週の輪講には、"Collected Papers on Ferro-and Antiferromagnetism"が使われた。英語・独語・仏語の論文がひしめくアドバーンスドな内容に、私はほとほとインフェリの極と云った感じに突き落とされた。

これを見て、谷口さんが、増本研で使っていたと云う、Bell Telephone Lab.のR.M.Bozorthの"Ferromagnetism"を紹介してくれた。見かけは、分厚いが、多数の図版があり、磁性体の電磁気学的基礎論、各種合金系の磁気特性実態記述、磁気特性理論、測定技術と4部に分かれ、図版豊富、実験室向けの親しみ易い本で大いに救われた。段々読み進む中で、磁性材料関係の研究機関の中でのBell Telephone Lab.や、R.M.Bozorthの位置づけが分かり、対比して、金研や材料研究なるものの役割も理解できるようになった。

このBozorthの本の巻末には、1842年から1951年の110年間に及ぶ膨大な参考文献群が載せられている。Ewing J.A.やCurie M.の名も見える近代磁気学の初期時代からの磁性研究の歴史がわかる参考文献群である。この2,000篇を上廻る文献の中で、金研発の文献群が文句のないトップグループの位置を占

第4章 本多光太郎の遺産   189

R.M.Bozorth 編 "Ferromagnetism" の
中表紙
1951年初版発行、図は1953年版より

め、多くの図版としても引用されていることに気がついた。その多くのものが、これも本多先生が創刊した、Sci.Rept.に発表されたものである。

　本多先生は、自分の学派の業績には限りない自信を持っていたと思う。他の権威者の評価を借りて、自己を測ることはしなかった。そうではなくて、広く世界にその業績を発表し、多くの研究者にその業績を量ってもらう道を選んだ。金研には、一時、レフェリー無しの論文誌と、Sci.Rept.をけなす論がなされたこともあったが、Sci.Rept.の名声は、金研の優れた研究者によって、益々その名を高めていると云えよう。権威者の評価は、確かに研究者の世俗的身分の保証には大いに役立つが、個々の研究、研究グループの真の評価に役立つかは疑問である。往々にして、独創的研究は権威者によって正当に評価されなかったことも少なくない。研究発表の場を作り上げ、大いに発表し、ワールドワイドに評価を受ける、この道こそが正当なものであろう。

　"Ferromagnetism"に載せられた金研の論文の多くは、状態図、特に3元の状態図が多い。謂わば、物質特性を規制する基準地図の提供である。本多先生は、物質特性を規制する相の役割りに特別の注意を払われ、その本質を把握して居られたと思う。そして、相の境界で、物質特性が急激な変化を起こし、そ

の特性係数が発散することを利用し、相の境界判定に用いた。そして、他の物質特性：体積、熱量の他に、基本磁気量や磁気随伴効果も広く利用して、この物質特性の基準地図、状態図を作成した。これは、単純ではあるが、丹念なかつ系統的な仕事（計測実験）であり、一方、その総体的把握（状態図構成）には、相状態の本質把握を置いた研究方法であった。この本多の物質の本性把握（相の役割り認識）と実態把握（磁気特性利用手法）の統一が、本多の物理冶金手法の根幹を特徴付けている。そして、この一貫した手法があればこそ、その研究成果が Bell の Bozorth の高い評価を受けたのである。

　熱力学を気体分子運動論の範囲でしか、理解して来なかった手合いには、長崎誠三さんの「合金状態図の解説」（清水要蔵著・長崎誠三補訂）などの示す、多彩な2元、3元の状態図は、新鮮ではあるが、なかなかその理解を肉体化できなかった。講義の必要上、熱力学を真剣に勉強する必要に迫られて、久保亮五先生の「大学演習　熱学・統計力学」、ランダウーリフシッツの「統計力学」上・下、更に、キャレンの「熱力学」上・下を紐解いて、漸く、熱力学の適用領域の広さとその一般性に、少しは理解がとどいたような気持ちになった。そして、物質の存在を共存形態で観想して、物質存在の一般性を支えている、Gibbs の「相の概念」、「相の共存の支配則」の把握には深い敬意を覚えた。

　気体分子運動論から、熱力学ポテンシャルの概念を導入した化学熱力学に進む中で建設された一般化された熱力学概念は、物質世界を理解する上で、極めて重要な役割を演じた。

　それだけに、この概念が、今日の BIO の時代に、生体高分子を含め、どのように発展させられるか、興味深いものがある。例えば、「相」と「生命」の関係など。BIO時代の生命体の存在も含めた、「本多手法」とは何か？と云う問も、その一つとなるかも知れない。そのような探求の彼岸に、生物圏も含めた、環境と人との良き「共生の状態」を見通す術が得られたら幸いである。

　伝記などを読むと、金研に於ける本多先生の役割に就いては、様々な議論があるようである。私は、特色のある研究所と、その民主的運営と云う点の両立は、いろいろの形で模索すべきものと考えている。金研発展の礎となったKS磁

第4章 本多光太郎の遺産

石が発明された後、増本先生が一時郷里に帰られ、本多先生がその復帰に大いに努められたとの話がある。増本先生の復帰は、金研の発展にとっては極めて重要なものであった。Bozorth他の評価した金研の業績の大半、先に述べた本多流の研究手法の実践成果は、本多理念を正しく把握した増本研に於いてなされたものと見えるからである。この中で、増本先生は、インバー、コエリンバー、センダストなど、主として軟磁性材料で数多くの独自の研究成果を挙げられた。

そして、それは冒頭に述べた金研の研究基盤の財政的基礎を支えた。そして、その上に、強磁場、極低温、また、液体金属など、後年の日本物性研究の先駆的基礎固めの研究が進められた。私は、本多時代の特定理念に基づく特色ある中核研究と先覚的研究の共存という、この研究形態は基本的には成功だったと考えている。

後年、アモルファス材料の研究が若手中心に活発に行われた時、そこで採用された綿密な研究手法に、本多理念が力強く生き残っているのを感じ、嬉しかったことを覚えている。

大学が新しい時代に突き進もうとしている、この時期に本多先生の偉業は、良き導きの糧となるのではなかろうか。金研の若い力が、そしてその指導者が、新しい研究所を作る意気込みで進まれることを願ってやまない。

（「金属」73巻12号2003年掲載）

（本書への再録にあたって）

先生は明治3年（廃藩置県の前年）の生まれ、日本は武家社会から近代国家へと歩み始めた。国は行政・軍事・教育・産業の全てに亘り、初期には士族とその子弟に人材を頼ったが、後に広く人材を平民・有産の人に求めた（明治19年の森有礼の学制制度改革）。本多先生は、この新体制下で第一高等中学に明治22年に入学、更に27年に東京帝国大学物理学科に入学する（日清戦争の年）。外人教師の時代が過ぎ、その一期生が教鞭を取る時代に入っていた。国は一方で不平等条約の廃止を目指しながら、他方では海外への膨張を志向しつつあった。国力の充実、産業の発展、また、地方への体制近代化が普及する中で、高等教育拡充への要望が急激に高まり、先生は、東北大開設の要員として、明治

40年、独・英両国への3ヶ年の留学となった。

　留学中、先生は独自の装置を考案し、すこぶる多数の元素で磁気係数の温度変化の綿密な研究を行ない、元素の磁気周期表とも云うべきものを作り上げた。明治44年、帰国、東北帝国大学理科大学教授となる。前年には国の韓国併合が行なわれた。その後のことは省略するが、明治の時代にあって、先生は時代の要望を良く感得し、真摯な努力をなされ、科学・文化の面で日本人の底力を示し、優れた国際的貢献をなし得た、時代の人であった。

　今日の時代も、国際化の時代といわれる。ユーロが成立し、アジアでも韓国、タイ、シンガポール、ベトナムなど、旧植民地国家が、新興の意気に燃え、中国は空前の経済成長を成し遂げている。沸き立ちたる世界の中で、埋没せずに生きるため、競争力を身に付けてとの論も強い。一種の脅迫観念のようにも見える。しかし、第二次世界大戦の不幸な経験をした我が国が、戦後、アメリカの傘の下に復興を成し遂げ、国際社会に復帰はしたが、冷戦終結後の今日では、どう生きていくかは、それ程簡単ではないとの思いが強い。東欧での混乱や最近のイラク情勢が、世界の暗い面をさらけ出しているからである。

　恐らく、次の時代は力の征服・統一ではなく、世界に平安を与え得る者の勝利の時代となるであろう。また、そう願いたいものである。理想を現実に替える力ある人々を、一人でも多く輩出できる国でありたいものである。

（元東北大学助教授）

KS鋼の発明からNdFeB磁石まで

佐川　眞人

　本多光太郎先生50年祭に際して、先生のご業績の原点であるKS鋼の発明と、その発明が、その後の永久磁石の発展に及ぼした影響について考えてみたいと思います。

　図1に、前世紀の初めから現在までの永久磁石の発展の歴史を示します。永久磁石の強さは最大エネルギー積によって比較されます。この100年間で、永久磁石の強さは190倍も強くなりました。この発展ぶりは20世紀の科学技術の進歩のすごさを物語っています。

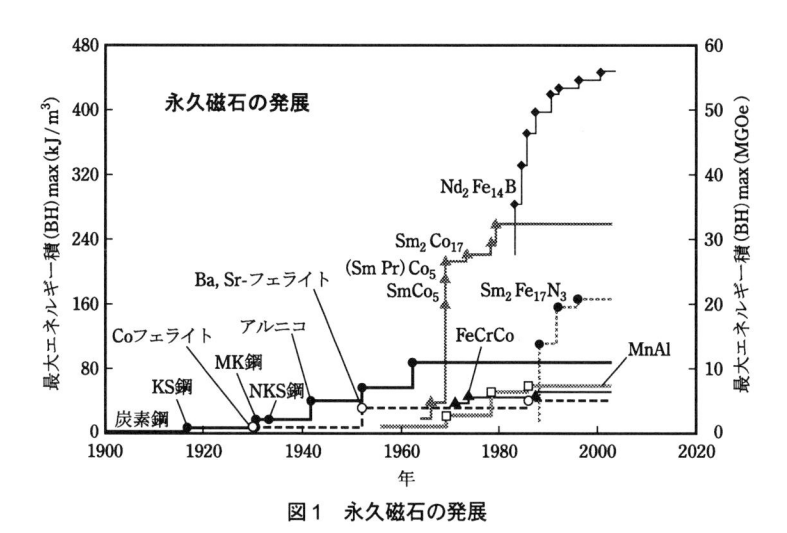

図1　永久磁石の発展

　本多先生は1916年にKS鋼を発明して世界を驚かせました。KS鋼とそれ以前の磁石鋼の永久磁石特性の比較は後述の『本多光太郎傳』など縦書きの伝記ものにしか見ることができませんでしたが、最近私は、その比較を手持ちの教科書（Magnetic Materials, R.S.Tebble, D.J.Craik 著，Wiley-Interscience, 1969）の中に見つけました。図2にこの本の中の、KS鋼とそれまでの磁石鋼の永久

磁石特性の比較表を示します。35％Coとして示されている材料がKS鋼に、Cr steelおよび6％Wとして示されている材料が、KS鋼以前に知られていた磁石鋼に当ります。KS鋼はそれまでの磁石鋼に比べて、$(BH)_{max}$においても、保磁力H_cにおいても3倍強になったのです。

Table 12.9 Properties of permanent magnet steels (Gould, 1959)

Material	B_r (gauss)	$(BH)_{max}$ (MGO)	H_c (Oe)
35％Co	9,000	0.95	250
15％Co	8,200	0.62	180
9％Co	7,800	0.50	160
3％Co	7,200	0.35	130
2％Co/4％Cr	9,800	0.32	80
Cr steel	9,800	0.28	70
6％W	10,500	0.30	65

図2 Magnetic Materials（R.S.Tebble, D.J.Craik 著）の中の表

本多先生のKS鋼発明の経緯は『本多光太郎傳』（石川悌次郎著、本多記念会、1964年 日刊工業新聞社）に次のように詳述されています。

K・Sの誕生

　大正五年、まだ欧州大戦中である。理化学研究所の研究補助高木弘は本多教授の部屋に呼ばれた。

「どうもナ、陸海軍の航空関係が何とかして磁石鋼のえゝものを作って呉れんかァというんでナ、さっぱり輸入が来んからだわなァ、岡本という少将がわざわざ訪ねて来てなァ、日本特殊鋼とか安来製鋼とかあちこちの会社にも頼んで色々サンプルを取りよせて見とるがどうもうまく行かん、という訳でなァ。それで僕は、多少心当たりもあるから一つやって見よう、というて引き受けたんじゃが…君ひとつ骨を折るわなァ」

ということであった。高木は

「はァ、やりますが…どういう具合に？今いろいろやりかけの仕事もありますが…」

「そうじゃナ、他のことは一時中止にするかなァ。止むを得んことは誰かほかの人にわしから頼んで引き継いで貰うかなァ。そこで、わしの構想では、ひとつこゝで強い磁石鋼が作れたとすれば、コバルトが大分這入ることになる、値段が高く

第4章 本多光太郎の遺産

なるがこれはどうも30％ぐらい要るわなァ。タングステンも入るぞ。それから焼入れが大切だわなァ。カーボンは0.8ぐらい、その辺をねらって間違いなかろう。クロームはこれからいろいろやって見ることだなァ。まァ仕方がないタンマン炉は当分あんたが独占だわなァ。サンプルは大分沢山作らにゃならん。端の方から順々に駄目を押して行けば、これが一ばんえゝ、というところが見つかるわなァ、わしも手伝うからなァ」

という話である。どうも大分本気のようであった。

　高木は最初はタンマン炉、次ぎはクリプトル炉、それからコークス炉と順次炉をとり替えて、炉辺に附ききりで、鉄、コバルト、タングステン、クロームなどを本多教授の指示に従って色々に配合してテストピースを何百本も作って行った。コバルト、タングステン、クロームの三元素だけでも配合の組合せは0.1％から30％までも探すとすれば、数学的に計算しても何百万種も出来る。然し本多の頭の中には、従来のタングステン磁石鋼の大体きまった配合が何種か判っている、それを系統的に調べて、お得意の物質の磁性や金相学などのいろいろな角度から考えを進めて行くと、大きな魚はこの河のどの辺りに棲んでいるかということは大体は推定できるのであった。（原文は縦書き）

これらから私は本多先生の成功の理由は次の三つの項目にあると思います。
(1) 良いタイミングで、良い研究テーマにめぐり合った。
(2) 迅速に実験を進めた。
(3) 目星を付けた組成範囲において、組成を細かく振って試料を作り評価する手法（金研方式）

　(1)は機が熟す直前に、あるいは既に機は熟しているけれども、誰もまだ手をつけていない研究テーマにめぐり合ったことを意味しています。

　(2)は本多先生のモットーでした。(3)の方法は金研方式としてよく知られた方法です。金研方式により、KS鋼以後数々の有用な新合金が金研から生まれました。そのいちばん有名な例が高透磁率合金センダストの発明です（本書14頁参照）。金研方式を悪くいう人がいます。そのような人は金研方式が成功するのは良いタイミングで良い研究テーマにめぐり合うことが条件であることを考えるべきだと思います。

　図1の永久磁石の歴史において、KS鋼のつぎに出現したのは加藤與五郎、武井武両先生によるCo-フェライト（1930年）でした。Co-フェライト磁石は、

その後大きく発展するBa-フェライト磁石およびSr-フェライト磁石につながる最初のフェライト磁石として重要です。ところが両先生はBa-フェライト磁石およびSr-フェライト磁石の発明の機会を逸してしまいました。その事情について武井先生ご自身が「電気化学のあゆみ」に記されています。

> 昭和11年春私が海外旅行から帰ってきたときには、磁石も磁心も一応企業の手に渡り開発が進められていたので、私はこれらの開発研究の相手をしながら別の応用研究に取り組んだ。今思い出して残念でならないのはなぜこのときもっと基礎的な研究に突入しなかったかである。突入しておれば、たとえ理論的な成果は得られなくても、スピネル型以外のいくつかのフェリ磁性体に到達し、いろいろな現象を発見していたかもしれない。まことに恥かしい次第である。
> 最初に試みたのは磁気記録である。先輩の斉藤 確氏がマグナフォンと呼ばれる磁気録音装置を貸してくれてこの効果を調べた。そのなかで、相川秀雄、下平三郎両氏の$SrO \cdot Fe_2O_3$, $BaOFe_2O_3$についての実験結果にはこの効果の大きいことが認められ、かつ抗磁力もきわめて大きいことが注目された。しかし、磁化の絶対値があまりに小さいので、このものをさらに追求することを止めてしまった。当時は等モル組成のフェライトが常識であったので、常套手段である組成を変えて実験することを怠ってしまったのである。実験を続けたらマグネトプランバイト型に到達していたかも知れない。不勉強の結果である。生涯の不覚である。どんなに小さくても異常現象は貴重である。(「電気化学のあゆみ」)

何と、私の恩師下平三郎先生が武井先生のもとで、そのようなお仕事をされていたのです。私は数年前に、下平先生から初めてそのようなお話をお聞きして本当に驚きました。武井先生は生涯の不覚と述懐しておられます。下平先生もそのようなお気持ちを持っておられました。そのお気持ちを引き継ぐかのように、後年私が磁石の研究をすることになるとは！これは奇遇だと思いました。加藤、武井両先生は、Ba, Sr-フェライト磁石発明の機会を逸しましたが、フェライトの研究と工業化において両先生のご業績は偉大です。その偉業は『武井武と独創の群像』(松尾博志著、2000年、工業調査会)に詳しく語られています。

Co-フェライト磁石のつぎに出現する磁石はMK鋼です。最初の析出硬化型磁石、MK鋼は、1932年に三島徳七先生によって発明されました。MK鋼の発表に刺激されて、金研からNKS鋼が生れました。MK鋼の発表をもとに、最

第4章 本多光太郎の遺産

　強磁石アルニコの開発に成功したのはヨーロッパの研究者たちでした。1970年代にSmCo磁石が工業化されるまで、アルニコ磁石がずっと最強の永久磁石でした。

　MK鋼、NKS鋼出現の後、日本の永久磁石の研究は停滞期に入ります。MK鋼、NKS鋼を発表した後、永久磁石の研究において、日本の研究者の研究が停滞したことは、その後しばらくして始った第二次世界大戦において、日本とドイツの戦果に影響しました。その事情をGEの研究所で長年永久磁石の研究に携わってきたJames Livingstonが、1988年にDresdenで開催された希土類磁石のWorkshopのKarl Strnat Memorial Lectureの中で述べています。図3にProceedingsの中から関係する部分を抜き出して示します。

The Alnico Age

　The September 1, 1932 issue of *Iron Age* carried the report of a new permanent magnet alloy, developed by T. Mishima of Tokyo University, with a coercivity "about nine times that of the usual tungsten magnet steels and two and one-half times that of the best cobalt magnet steels." These "alni" magnets (Fe-Al-Ni) were soon improved by additions of cobalt and other elements and "alnico" magnets began to replace steel magnets in numerous applications. Optimum magnetic properties were produced by a heat treatment that produced a fine two-phase microstructure by a mechanism metallurgists now recognize as spinodal decomposition.

　It was fortunate for the Allies that superior alnico magnets were developed in England in the 1930s, because these magnets provided the magnetic fields for the cavity magnetron, the dominant source of microwave power for radar systems in World War II. Grossadmiral Karl Doenitz, commander of Hitler's U-boat fleet, called microwave radar "the one single weapon that defeated the submarine and the Third Reich." The Germans became aware of the microwave radar system, and the magnetron on which it was based, when they downed a British plane in 1943. However, they were unable to duplicate the system, largely because of wartime shortages of cobalt and nickel,

---

図3　アルニコへの先着が戦争を左右した（J.LivingstonのLectureから）

　永久磁石の歴史についての欧米人によるLectureや記事には本多先生のお名前やKS鋼は出てきませんが、文中にもあるように、三島先生のお名前は必ず出てきます。Livingstonによると、MK鋼の発表をもとに開発された強力なアルニコ磁石により高性能レーダーが作られ、これがドイツのUボートを撃沈し、第三帝国を崩壊させる最大の武器になったということです。図4にこのレーダーの写真を示します。このレーダーは1940年にイギリスからアメリカ

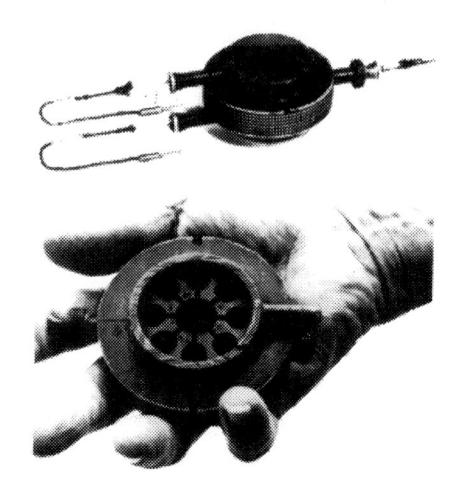

Figure 11.1 The cavity magnetron, developed in England and brought to the United States in 1940. Called "the most valuable cargo ever brought to our shores," it generated high levels of microwave power, and made possible the development of radar systems of great importance to the Allies in World War II. The assembled magnetron (top) was put between the poles of a permanent magnet (not shown); an interior view (bottom) shows the configuration of the cavities.

図4　1940年にイギリスからアメリカに送られた高性能レーダー
　　　（高性能アルニコがキーパーツ）

に送られたものです。アメリカ人はイギリスから贈られたものの中で歴史上最良の贈りものと絶賛したそうです。アメリカに渡ったこのレーダーは日本軍を壊滅させる武器として有効に働いたことでしょう。

　戦後しばらくの間は、日本の永久磁石の研究の停滞は続きます。その間に、オランダのフィリップスの研究者たちは、Ba, Sr-フェライト磁石を発明し、1960年代に入って、欧米の研究者たちは希土類コバルト磁石の研究を基礎から立ち上げました。図1に示すように、1968〜70年にかけて$SmCo_5$磁石の最大エネルギー積がアルニコ磁石の記録を突破しました。この段階までの希土類コバルト磁石の発展に日本人研究者の貢献はほとんどなかったといっていいでしょう。

　1970年代に入って様相が変わりました。永久磁石の研究の主導権が突然日本に帰ってきたように、希土類コバルト磁石の研究分野において日本人研究者の発表が目立つようになりました。基礎研究面では、広島大学のグループによ

る、各種RCo_5（Rは希土類元素）単結晶磁化測定と磁気異方性の解析についての研究が光っています。これは、今年（2004年）3月に定年退官された藤井博信先生の、まだ20才代のときのご研究です。また、俵好夫さんは1974年に世界で初めてSm_2Co_{17}磁石の開発に成功しました。この頃は$SmCo_5$磁石の特性改善が飽和状態にあり、$SmCo_5$磁石より磁化の大きいSm_2Co_{17}によって、$SmCo_5$磁石より強い磁石ができないものかと多くの研究者が思案していました。機は熟していたといっていいでしょう。そんなとき、俵さんが出した解答は誰も予想しませんでした。俵さんのSm_2Co_{17}磁石は組成的には$SmCo_5$とSm_2Co_{17}の中間で、Sm_2Co_{17}相の主相の周囲をCuを多く含む$SmCo_5$相が取り囲んだセル状構造をしています。このSm_2Co_{17}磁石の出現を契機に、希土類磁石の研究の主流は$SmCo_5$磁石からSm_2Co_{17}磁石に移り、永久磁石の最大エネルギー積の記録は毎年のように塗り変えられていきました。永久磁石の研究の中心は日本に移りました。Sm_2Co_{17}磁石の最大エネルギー積の記録をつぎつぎに塗り変える仕事をした人は全て日本人でした。

　Sm_2Co_{17}磁石の最大エネルギー積の記録が毎年のように塗り変えられていたころ、私はR-Fe-CやR-Fe-B磁石の発想を抱き、ねばり強く研究を続けて、1982年にNdFeB磁石に到達しました。このときも機は熟していました。Sm_2Co_{17}磁石の特性改善は飽和しており、人々はより高特性でかつ安価な高性能磁石の出現を待ち望んでいたのです。

　これまで日本人が関係した永久磁石の仕事の中で、KS鋼、MK鋼、Sm_2Co_{17}磁石そしてNdFeB磁石の発明の仕事はBreakthroughと言っていいでしょう。これらのBreakthroughに共通する出現の仕方は、それらがどれも、最も機が熟したときに、静かに出現したということでしょう。大きい予算や大プロジェクトとは無縁です。

　永久磁石の歴史において、なぜ日本人の研究者が大活躍するのかということについて考えてみましょう。上述したBreakthroughと言える成果だけでなく、Breakthrough後の発展過程における研究開発についても、日本の磁石の研究者は世界をリードしてきました。例外は、第二次大戦前後の20～30年間です。この期間、日本の永久磁石の研究は停滞していました。研究者が自信を失って

いたのでしょう。しかし、高度経済成長とともに、日本の磁石の研究者は自信を取り戻し、再び大活躍し始めました。自信を持つということが一番大事なのだと思います。本多先生のKS鋼の成功は、日本の磁石の研究者に自信を与え、この分野で欧米の後を追わない伝統が早くから出来上がってしまったのです。

　最近私は、本多先生が培われたこのような伝統が危機に瀕していると感じています。各地の大学で、永久磁石材料の基礎研究に関する研究テーマで予算申請してもほとんど落とされてしまうというのです。そのため永久磁石材料の研究者の数がどんどん減少していっています。高性能永久磁石材料は、ハードディスクドライブ（HDD）やCD-ROMなどのエレクトロニクス製品のキーパーツであるだけでなく、ハイブリッドカー、電気自動車、電車、空調機器、冷蔵庫、工作機械、エレベータなどに使う比較的大型のモータや風力発電などに使う発電機の高効率化を図る中核材料として、エネルギー問題や環境問題の重要性の増大とともに、今後ますます重要性が増す材料です。研友会の皆様におかれましては、どうかこの事情をご理解いただき、永久磁石の研究者をご支援くださいますようお願いいたします。

　　　　（インターメタリックス㈱代表取締役／「研友」61号2004年掲載）

第4章 本多光太郎の遺産

Honda Memorial Books

藤森　啓安

　Honda Memorial Series on Materials Science（広根徳太郎編集委員長）は、本多先生生誕100年（1970年2月23日）を記念して本多記念会（茅誠司理事長）が企画した本である。これまでに、No.1：Structure and Properties of Metal Surfaces（1973年、下平三郎編集委員長）、No.2：Materials under Pressure（1973年、広根徳太郎編集委員長）、No.3：Physics and Application of Invar Alloy（1978年、斉藤英夫編集委員長）の3巻が出版されている。いずれも本多先生時代に金研で芽生え、その後金研内外の研究者によって発展した金属科学の重要な問題のものが選ばれている。

　まずシリーズ第一は金属材料の酸化、腐食、防食に関するものである。金研では1923年の早い時期にこの分野を重要課題として取り上げ、その専門の研究室（寿時富弥教授）が設立されている。この本の編集委員長下平三郎教授もその後の研究室を担当している。この本では表面、界面の物理化学に焦点を当てて、国内外の専門家が金属合金の腐食機構などを500ページに及んで論じている。

　第二は高圧下の金属物性物理を論じたものである。この分野のパイオニアはP. W. Bridgman教授であるが、金研も早い時期に高圧下の金属物性研究を開始しており、広根研究室で本格的発展が行われている。この本は広根研が中心になって編集し、当時のトピックスを取り上げ国内外の第一人者達が執筆している。高圧物性物理の意義、ダイヤモンドアンビルやテトラヘドラル高圧発生装置（後に金研にも設置）、高圧下の相変態や金属絶縁転移、フェルミ面など電子状態、イオン結晶や化合物の高圧下物性などが論じられている。

　第三はインバー、エリンバー材料とその磁性物理の問題を取り上げたものである。これも金研が草創期から世界をリードしてきた研究である。これは私の専門分野でもあるので少し詳しく述べてみたい。

第4章 本多光太郎の遺産

PREFACE TO THE SERIES

The late Professor Kotaro Honda was a most distinguished scholar, who initiated research on metal science in Japan and consequently constructed the base of today's Japanese metal industry. Immediately after his death on February 12, 1954, at the age of 84, his pupils established, in remembrance of his distinguished achievements, the Honda Memorial Foundation. Since then, for the promotion of metal science, this Foundation has made such efforts as awarding the Honda Memorial Prize to distinguished metal scientists and giving scholarships to postgraduate students in the field of metal science.

On the occasion of the one hundredth anniversary of Prof. Honda's birth, February 23, 1970, the Honda Memorial Foundation planned to publish a series of monographs on important and interesting topics in the science and technology of materials, in the name of the late Prof. Honda.

In order to select appropriate topics and to nominate well-qualified scientists and technologists as writers on these topics, an Editorial Committee headed by Prof. Tokutaro Hirone was organized at the Research Institute for Iron, Steel and Other Metals at Sendai. The first three topics selected by this Committee are as follows —
　i) Structure and Properties of Metal Surfaces
　ii) Materials under Pressure
　iii) Physics and Applications of Invar Alloys
Monographs on other topics are expected to be selected and published successively in the future.

The Editorial Committee, after careful study, selected, a number of distinguished researchers on these topics to write not only about their present state but also their future prospects. With the full cooperation of these authors, the first three volumes have now been published.

On behalf of the Honda Memorial Foundation, I would like to express our heartfelt thanks to these writers for their kindness and cooperation in the course of the publication of these Monographs. Our thanks go also to the members of the Editorial Committee, headed by Prof. Hirone, for the effort they made during the course of publication.

May 8, 1973

Seiji Kaya
President, Honda Memorial Foundation

Honda Memorial Books の3冊と本多記念会理事長（当時）茅誠司先生の Preface

　1890年代から1910年代にかけて、フランスのギョーム博士は熱膨張不変のインバー（鉄－ニッケル合金）と弾性の温度変化不変のエリンバー（組成が少し違う鉄－ニッケル合金）を相次いで発明して、時計などの精密機器材料の精度を飛躍的に向上させ、その功績により1920年にノーベル賞を受賞している。その直後、金研では増本らが鉄－ニッケルにコバルトを加えてインバー特性が格段に優れるスーパーインバーを発見した（1926年）。同時にインバー、エリンバーの原因に関する増本の法則を提唱し、それに基づいて、後に日本の時計工業に大きな進歩をもたらすことになったコエリンバー（鉄－コバルト－ニッケル－クローム合金）を発明した（増本、斉藤英夫ら）。この合金はエリンバー特性と同時に高耐食性を持つので不銹不変鋼と名付けられた。戦後、日本は時計工業においてスイスとともに世界を大きくリードしたが、それには、精工舎がコエリンバーをいち早く採用し、精密材料研究所"精材研"（当初、電気磁気材料研究所と同じ仙台市東八番町にあり、後に長町西多賀に移転、現在は愛子にあるSⅡマイクロパーツ）において、ひげゼンマイ、動力ゼンマイの工業化を図ったことが大きな原動力となっている。コエリンバーはギョーム

の鉄－ニッケル系エリンバーより弾性、温度特性、耐食性、加工性などにおいて一段と優れていたので、日本の独自性を発揮することができ、日本の時計産業は大きく発展した。このようにコエリンバーは世界に誇れる金研から生まれた役立つ材料の一つである。

ところでこれよりずっと後の1960年代になって、インバーは磁性物理の問題として再登場し、研究のブームが起こった。fcc Fe 合金に関する E. I. Kondorsky の潜在反強磁性や R. J. Weiss の高スピン・低スピンの仮説が引き金になって始まり、bcc Fe 合金はキュリー点の高い強磁性でインバー効果を持たないが、fcc Fe 合金はキュリー点は低いが磁化の大きい強磁性で顕著なインバー効果を示す、という一般的現象が実験的に明らかにされた。増本の現象論をもっと厳密に明らかにしたのである。その原因はbccとfccでFeの磁性が何故違うかという磁性物理の本質と関わっていることがわかり、結局fccFe合金の特異はバンド構造で説明されるに至った。

Honda Memorial BooksのNo.3は、これらのインバー、エリンバー材料からインバー効果にわたる諸問題を国内外の専門家が執筆したものである。650ページの大変詳しい内容になっている。私も一部を執筆した。この本が出版された後もインバー問題の研究は続き、いろいろな化合物でも調べられ、本質の理解が理論（守谷理論）も含めて深まっている。安達健五著の『化合物磁性』（1996年、裳華房）にそのことが詳しく述べられている。安達教授は金研の磁性理論の先達者の一人である。

以上紹介したように、金研の研究が大きな意味を持っている金属材料の腐食・防食、高圧物性物理、インバー・エリンバー材料とその磁性物理の諸問題について、本多記念会から学術書として世界に向けて出版されていることは、本多流実学の証として特筆される。

（東北大学名誉教授、(財)電気磁気材料研究所／「研友」61号2004年掲載、"金研の材料研究と本多流実学"より）

現代でも通用する鉄の神様「本多光太郎先生」の学風

早稲田　嘉夫

　我が国における金属材料分野の先駆者である本多光太郎先生は、個人的には恩師の講義の中で取り上げられた「鉄の神様・磁石の神様」等と表現される雲の上の人である。同級生と少し事情が異なるのは、恩師の薦めに従って、東北大学の大学院に進学し、2年4カ月ほど本多先生創設の「金属材料研究所」に席を置いたこと、さらにその後、本多先生ゆかりの日本金属学会、金研の研友会、本多記念会等に関わる立場になったことで、諸先輩から、本多先生のすごさ、金研のすごさなどを聞く機会に恵まれたことである。その結果、本多先生の薫陶を直接受けた諸先輩あるいは孫弟子にあたる諸先生方との交流を通じて、本多先生の影響を少なからず受けたと言える。それは、本多先生の研究への基本姿勢である「粘り」、弟子に対して本多先生が好んで伝えた言葉として残っている「今が大切」や「work, finish, publish」の考え方等である。すなわち、これまでの自分自身の研究生活において、予想通りの研究成果が得られない場合もあきらめずに「今が大切」と考えて、月月火水木金金で愚直に粘ること、研究結果は必ず論文等として発表することを持って一区切り（finish）とすることとしている基本的な考え方に、反映されていると感じている。

　このような本多先生の学風は、現代でもかなり通用する。考え得る可能性を片っ端から愚直に攻めるやり方は、時々「東北大学（あるいは金研）の銅鉄主義（？）、土方作業（？）」などと揶揄されることもある。確かにあまりスマートとは言えないかもしれないが、課題攻略への攻め方の一つであり、私個人的には卑下することはないと考えている。本多先生ご自身の研究に関する方法論の中に、「予想なき研究は成功なし」とあり、片っ端から愚直に攻める場合も、必ず一定の方針を立てて行うという意味と捉えることができるからである。

　一方、本多先生及びその門下生が華々しく活躍した時代（1910～1950）に比べ、科学技術そのものの水準、我が国の現状、研究環境等が劇的に変わって

いる現代には、本多先生の学風は適合しないという主張がある。この主張は一定の説得力を有すると思うが、それでも、いくつかの点で、本多先生の学風は現代にも通用すると感じている。本多先生の時代は、実験装置を作製・工夫すること自身が研究のワンステップであり、それで得た結果は直ちに独創性豊かな成果となり得た。本多先生は、「解決に適切な実験手法を案出した後に研究に着手すべき」と説いておられたと聞く。もちろん、現代でも新たな実験手法の開発と、それを用いた研究結果は独創的研究の基本であり、例えばノーベル化学賞（2002年）を受賞した田中耕一さんの研究対象の根幹は、「マトリックス支援レーザー脱離イオン化法」の開発にある。しかし、先端的実験機器を豊富に手にすることができる現代では、本多先生の「適切な実験手法を案出した後に研究に着手すべき」は、一般的には死語に近い。この点は、むしろ我々が注意すべきことでもある。なぜならば、豪華（?）な測定機器は揃っているし、研究スピードの確保も容易なので、あまり考えずにひたすら実験する→「銅鉄主義or土方作業」に陥る危険があるからである。これは本多先生の「実験のために実験するな、実験者は実験に呑まれるな」という助言に反するからである。

(東北大学副総長／「金属」73巻12号2003年掲載)

付　録

本多光太郎の著作一覧
年譜

本多光太郎の著作一覧
(編著者名のないものは本多光太郎著)

新撰物理學：本多光太郎，田中三四郎著，内田老鶴圃，1901.
中等教育 第1期 第4冊理化講話：本多光太郎，池田菊苗著，中等教育会，1902
　　〜1903.
物理學解義 理論計算：山下安太郎著，本多光太郎閲，有朋堂，1905.
新式物理學教科書：本多光太郎，田中三四郎著，内田老鶴圃，1905.
新撰物理學教科書：開成館，1906.
物理學詳解講義：内田老鶴圃，1906.
理化講話（早稲田通俗講話 第9編）：本多光太郎，池田菊苗述，種村宗八編，
　　早稲田大学出版部，1907.
物理學的勢力不滅論：内田老鶴圃，1907.
最新物理學教科書：本多光太郎，田中三四郎著，内田老鶴圃，1908.
新編物理學教科書：本多光太郎，田中三四郎著，内田老鶴圃，1911.
物理學通論：本多光太郎，川北清編，内田老鶴圃，1915.
磁氣と物質：裳華房，1917.
鐵及び鋼の研究 第1巻：内田老鶴圃，1919.
鐵及び鋼の研究 第2巻：内田老鶴圃，1920.
鐵及び鋼の研究 第3巻：本多光太郎，今井弘，石原寅次郎，濱住松二郎著，
　　内田老鶴圃，1924.
鐵及び鋼の研究 第4巻：本多光太郎，山田良之助，村上武次郎，増本量，
　　石垣豊造，加瀬勉著，内田老鶴圃，1926.
鐵及び鋼の研究：住友鋳鋼所，1920.（上記第1巻の復刻）
鐵及び鋼の研究：明治専門學校，1923.（上記第1巻の復刻）
鋼の燒入：大日本図書，1921.
"磁石鋼の話"：「松島講演集」，小財捨太郎編，国産奨励会，1919.
"鐵と鋼"：「最新理科講演集」，国民教育奨励会編，民友社，1921.

"アルミニウム合金、鐵ニツケル合金及鐵コバルト合金の熱膨脹係数に就て":
　　「研究報告」第3号，本多光太郎，大久保義一著，海防義会，1924.
鐵物理學中の一章（科學普及叢書第4編）：東京帝国大学理学部会編，岩波書
　　店，1926.
Magnetic Properties of Matter : Syokwabo, 1928.
"磁性体に関する學説":『岩波講座物理學及ビ化學・物理學』，岩波書店，1929
　　〜1931.
物理學叢書1〜8巻：本多光太郎監修，内田老鶴圃，1931〜1944.（著者は別）
防彈鋼の研究：本多光太郎，竹前源蔵，渡邊直行共編，東北帝国大学金属材料
　　研究所,1932.
物理學本論 上・下巻：内田老鶴圃，1935.
"鐵と文明":『教學叢書』第3輯，教学局，1937〜1940.
鑄造技術：本多光太郎，山口珪次，今井弘著，中外工業新聞社，1938.
"鐵と鋼":『鑄物実務講座・上巻』，職長教育指導協会，1943.
職域講話集 鐵鋼編：研友会編，誠文堂新光社発行，丸善発売，1943〜1944.
最新金屬學大系1巻 物質の諸性質：固體金屬論/武藤俊之助，物性/庄司彦
　　六，磁性體論/茅誠司，誠文堂新光社，1941.
最新金屬學大系2巻 金屬研究法：金屬研究法/松山芳治，仁科存，X線分析
　　法/西山善次，X線分光法/山田光雄，X線透過検査法/關戸信吉，電子
　　顕微鏡/大久保準三，日比忠俊，誠文堂新光社，1940.
最新金屬學大系3巻 金屬とガス：岩瀬慶三著，誠文堂新光社，1942.
最新金屬學大系4巻 航空機用軽合金：小久保定次郎著，誠文堂新光社，1942.
最新金屬學大系5巻 非鐵合金：非鐵金屬冶金/今井弘，工業用銅合金/田邊
　　友次郎，輕合金/西村秀雄，特殊合金/石田求，誠文堂新光社，1946.
最新金屬學大系6巻 金屬の熱処理：熱處理爐/佐藤知雄，表面處理/河上益
　　夫，時効硬化/大日方一司，可鍛鑄鐵/菊田多利男，誠文堂新光社，1940.
最新金屬學大系7巻 鋼及び鑄鐵：鐵と鋼/本多光太郎，鑄鐵/濱住松二郎，製
　　銑及び製鋼/吉川晴十，誠文堂新光社，1943.

最新金屬學大系8巻：耐酸鋼及び耐蝕鋼/遠藤彦造，森岡進，低温度に於ける金属の性質/青山新一，誠文堂新光社，1944.

最新金屬學大系9巻 金属の化學：遠藤彦造著，誠文堂新光社，1941.

"研究者の心得"：『改稿物理実験學　第1巻』，藤岡由夫編，河出書房，1950.

"すべて条件次第"：『私の哲学』（ひとびとの哲学叢書），思想の科学研究会編，中央公論社，1950.

＊本一覧は、本多光太郎の著作（単行本）の中から、国会図書館などで現在でも比較的容易に閲覧できるものをまとめた。

年譜

年月	本多光太郎事績（太字、（ ）内は共同研究者）・国内関連事項	外国関連事項（発明・研究者）
明治元年（1868）		
1869		周期表の提唱（メンデレーエフ）
1870.2	父兵三郎、母さとの三男として愛知県矢作町（現岡崎市）で出生	
閏10	工部省設置	
1871		光の電磁説（マクスウェル）
1874		蓄音機の発明（エジソン）
1876		電話の発明（ベル）
1877.4	東京大学設立	
1878	東大理学部にメンデンホール、ユーイング着任	
1879.11	工学会（現日本工学会）創立	炭素電球の発明（エジソン）
1880	官営釜石製鉄所の設立	
1881.4	**小学校尋常科卒業、高等科にすすむ**	
1885	足尾銅山による鉱毒事件発生	
1886		アルミニウム電解製錬に成功（ホール、エルー）
1887	**上京** ノットおよび田中館愛橘、全国地磁力測定開始	
1888		液晶の発見（ライニツァー） ボーキサイトからアルミナ抽出の方法を発明（ハイヤー）
1889.9	**第一高等中学校入学** 長岡半太郎、磁歪の研究	
1891	濃尾大地震。田中館・長岡、等磁力線変化測定	
1892		ディーゼルエンジン発明（ディーゼル）
1894.7	**東京帝国大学理科大学物理学科入学**	日清戦争（～1895）
1895		X線の発見（レントゲン） キュリーの法則（P.キュリー）
1896	**長岡半太郎から磁気の実験指導を受ける**	不変鋼アンバーを発表（ギョーム） ウランからの放射能発見（ベクレル）
1897.7	**東京帝国大学理科大学物理学科卒業、東京帝国大学大学院入学**	ヒステリシス現象発表（ユーイング） ブラウン管の発明（ブラウン） 電子を発見（トムソン）
1898	**長岡半太郎の指導で磁歪現象の研究、長岡―本多名ではじめての論文発表**	ラジウム発見（キュリー夫妻）

1900		量子論提唱（プランク） 高速度鋼（W-Cr-V）の製造（テイラー、ホワイト）
1901.8	東京帝国大学理科大学講師	強磁性合金の発見（ホイスラー）
1901.10	中学校向けの物理教科書（田中三四郎）初版 官営八幡製鉄所始業	
1902	木村栄、緯度変化Z項の発見	
1903.1	東京帝国大学より理学博士の学位を受ける 長岡半太郎、有核原子模型の提案（陽子の存在を予言）	飛行機の実験（ライト兄弟） 方向性けい素鋼鈑（高透磁率鋼板） 特許申請（ハドフィールド）
1904	熱海の間歇温泉、静振の研究（寺田寅彦）	日露戦争（～1905）
1905		特殊相対性理論（アインシュタイン）
1907	留学を命じられ、ドイツのゲッチンゲン大学タンマン教授のもとで物理冶金を学ぶ	自発磁化、分子磁場、磁区の理論（ワイス）
1908	ベルリンのデュボア教授のもとで元素の磁化率を測定	最初の合成プラスチック「ベークライト」
1911.2	帰国 東北帝国大学理科大学創立。教授に任命される	原子構造模型の提案（ラザフォード） 超伝導の発見（オンネス） ジュラルミンを発明（ヴィルム）
大正元年（1911）		
1912	「東北帝国大学理科報告」創刊 寺田寅彦、ラウエ斑点の実験的研究 Fe, Fe-C系の磁気変態の研究（高木、村上武次郎、石原寅次郎）	固体についての比熱式（デバイ） 結晶によるX線回折の発見（ラウエ） ステンレス鋼を開発（シュトラウスら）
1913		X線のブラッグ条件の発見（ブラッグ父子） 原子構造の量子論（ボーア）
1914	MnO, Cr_2O_3, α-Fe_2O_3 の磁化率異常の発見（曾禰武）	X線分光分析法を発明（モーズリー） 第一次世界大戦（～1918）
1915	西川正治、X線回折でスピネルの結晶構造を解明 熱天秤の開発	一般相対性理論（アインシュタイン） 粉末X線回折法（デバイ、シェラー）
1916.4	臨時理化学研究所第2部新設、主任教授となる	
.5	日本鉄鋼協会創立	
.6	KS磁石鋼発明（高木弘）、1918.7特許	
.7	「鉄に関する研究」により帝国学士院賞	
1919.5	臨時理化学研究所第2部を鉄鋼研究所に改組し、初代所長となる	

年月	本多光太郎事績（太字、（　）内は共同研究者）・国内関連事項	外国関連事項（発明・研究者）
1919.6	『鐵及び鋼の研究』第1巻刊行（全4巻）	
	気体の磁化率の測定（曾禰武）	
1920		パーマロイ合金の発表（アーノルド、エルメン）
1921.10	財）理化学研究所研究員に委嘱	
1922.5	英国鉄鋼協会よりベッセマー賞を授与	
1922.8	鉄鋼研究所を金属材料研究所に改称	
.11	アインシュタイン来日	
.12	帝国学士院会員となる	
1923	関東大震災	コンプトン効果を発見（コンプトン）
1924.1	「金属の研究」創刊	クラーク数発表（クラーク、ワシントン）
3〜10	欧米研究機関訪問、視察	
	米国金属学会名誉会員となる	
1925		量子力学の行列理論（ハイゼンベルグ）
昭和元年（1926）		
1926	Fe, Ni, Co 単結晶の磁気異方性エネルギーの研究（茅誠司、増山義雄）	波動方程式（シュレディンガー）
1928	菊池正士、電子回折菊池像の発見	α崩壊の理論（ガモフ）
		磁気交換相互作用（ハイゼンベルグ）
1929	増本量、超不変鋼（スーパーインバー）発明	
1931.5	米国フランクリン協会よりエリオット・クレッソン金牌を授与	半導体理論（ウィルソン）
		満州事変勃発
.6	東北帝国大学総長に任命（3期9年間在任）	最初の電子顕微鏡像（ルスカ）
1932	三島徳七、MK磁石鋼を発明（特許）	中性子の発見（チャドウィック）
	西山善次、マルテンサイトのX線研究	陽電子の発見（アンダーソン）
1933.4	帝国発明協会より第3回恩賜記念章授与	超伝導体の完全反磁性現象の発見（マイスナーら）
.5	金属材料研究所長定年退官	
	新KS磁石鋼発明（増本量、白川勇記）	
	加藤與五郎、武井武、OP磁石発明	
.11	ドイツのゲッチンゲン大学より名誉理学博士号授与	
1934		人工放射能の発見（ジョリオ・キュリー夫妻）
1935	湯川秀樹、中間子理論	
1936	センダスト（増本量、山本達治）、スーパーパーマロイ（仁科存、増子正）などの高透磁率合金の開発	
1936.5	東北帝国大学在職25年記念祝賀会	
	祝賀記念論文集刊	

1936	仁科芳雄、サイクロトロン（26インチ）を完成	
1937.2	日本金属学会創立、初代会長となる	日中戦争
.4	文化勲章（第1回）	中間子の発見（アンダーソン、ネッダーマイヤー）
.5	「日本金属学会誌」創刊	
1938	茅誠司、パーマロイ問題、規則格子相の確認	ウランの核分裂を発見（ハーンら）
1939		第二次世界大戦 ジェット機初飛行（ドイツ）
1940.2	古稀を記念し、『最新金属学大系』刊行開始（〜1944、全9巻）	プルトニウム発見（シーボーグら）
.5	東北帝国大学総長退官、東北帝国大学名誉教授 超々ジュラルミンESD発明（五十嵐勇）	
1941		太平洋戦争
1942		最初の原子炉を製作（フェルミ） FRP（繊維強化プラスチック）開発（アメリカ）
1944.3	金属材料研究所長事務取扱を命じられる（3年5カ月在任） 研究機関が疎開し、研究機能ほぼ停止	
1945.7	10日未明、仙台市空襲、金研一部焼失	
.8	広島・長崎に原子爆弾投下 ポツダム宣言受諾	第二次世界大戦終結
1947		トランジスタ発明（ブラッタンら）
1948	朝永振一郎、繰り込み理論完成	フェリ磁性の理論（ネール）
1949.4	東京理科大学初代学長就任（4年間在職）	X線マイクロアナライザーを開発（キャスタン）
.5	仙台市名誉市民に推薦される 湯川秀樹、ノーベル物理学賞受賞	宇宙のビッグバン理論提唱（ガモフ）
1951.2	文化功労者に選ばれる	
1952	福井謙一ら、フロンティア電子理論	
1954.2	12日逝去（84歳） 勲一等旭日大綬章 築地本願寺において告別式	水爆実験（アメリカ）
.3	東北大学・仙台市合同追悼式	
.11	岡崎市矢作町妙源寺に埋骨	

索 引

事項索引
人名索引

索　引

事項索引

あ

熱海間歇泉 ･･････････････････････ 69
アルニコ磁石 ････････････････････ 197
α 鉄 ･･･････････････････････････ 42
$\alpha-\beta$ 論争 ････････････････････ 89
アルフェル ･･････････････････････ 2

い

インバー ･･････････････････ 7,8,201

え

映画とビデオ（本多光太郎の）･･･ 158,183
永久磁石の発展 ･････････････････ 193
ASM Historical Landmark ･･････ 22
液体空気温度における磁歪の測定 ･･･ 16
A_0 点の発見 ･･････････････ 42,85,98
A_1 点 ･････････････････････････ 42
A_2 点 ･････････････････････････ 42
A_3 点 ･････････････････････････ 42
A_4 点 ･････････････････････････ 42
「X 線より見たる鉄鋼の組織と最新鉄－炭素系状態図」･････････････ 10
X 放散線の実験 ･････････････････ 35
A_0 変態 ･･･････････････････････ 42
A_1 変態 ･････････････････････ 42,43
A_2 変態 ･･････････････ 42,43,89,112
A_2 変態の本性の解明 ･･････ 6,79,90,98
A_3 変態 ･･･････････････････ 42,43,121
A_4 変態 ･･･････････････････････ 42

MK（磁石）鋼 ･････ 12,73,91,123,125,196
MK 鋼と新 KS 鋼の特許係争 ･･･････････ 126
エリンバー ････････････････････････ 201

お

鬼首間欠泉 ･･････････････････････ 82

か

各国の金属工業と金属（材料）学との関係 ････････････････････････ 97
活動力と年齢との關係 ･･････････ 75,165
間欠（歇）泉 ･･････････････････ 5,69,82
γ 鉄 ･･････････････････････････ 42

き

基礎磁性研究者の人脈 ･･･････････ 107
気体元素の磁化率（帯磁率）の測定
　････････････････････ 6,80,81,94,112
希土類コバルト磁石 ･･･････････････ 198
「記念号」（東北帝国大学理科報告
　在職 25 年記念特集号）････ 1,13,23,26
記念資料室 ････････････････････ 184
キューリーの法則 ･･････････････ 85
切れ味試験機 ･･････････････････ 12,104
金研式防弾チョッキ ････････････ 65
金研の技術指導 ･･････････････････ 104
金研方式（実験の手法）･････････････ 195
金属材料研究所 ･････････････ 9,71,115,149
「金属の研究」････････････････････ 10,11,52

215

索　引

く

クルップ商会 …………………………… 103

け

KS（磁石）鋼
　………… 7,8,73,90,99,101,123,124,193
KS 磁石鋼の特許 ………………………… 7,19
ゲッチンゲン（月沈原）大学 …5,70,168
『研究生活五十年』…………………… 67,164
元素の磁化率（帯磁率）の測定
　………………………… 5,86,87,99,112
元素の磁気係数 ……………………… 5,70,72
顕微鏡的研究 ……………………………… 38

こ

高温度に於ける熱膨脹 …………………… 43
高温度に於ける電気抵抗 ………………… 44
航空計器材料試作研究所 ……………… 104
高性能永久磁石材料 …………………… 200
構造用鋼 …………………………………… 61
抗張力（鋼の）…………………………… 62
高導（透）磁率合金 ……………………… 73

さ

Science Reports of the Tohoku Imperial University ……………… 5,6,10,12,49,189
在職 25 年記念事業 ………………………… 1
『最新金屬學大系』……………………… 16
財団法人金属材料研究奨励会 ………… 17
齋藤報恩会 …………………………… 16,71
SmCo₅ 磁石 ……………………………… 199
産業技術記念館 ……………………… 143,185

し

磁化率異常発見 ………………… 78,94,112
磁気異常変化 ……………………… 39,40,42
磁気的周期律の研究 ……………………… 85
磁気天秤 ………………………………… 173
『磁氣と物質』…………………………… 42
磁気に関する研究（日本の）…………… 72
磁気分析（法）………………… 39,70,78,85,98
磁気理論（本多の）………………… 6,79,86,92
示差熱分析曲線 …………………………… 89
示差法 ……………………………………… 38
瞬間強磁場発生装置 ……………………… 17
常磁性（Paramagnetic）………………… 41
肖像画 …………………………… 162,180
状態図 …………………………… 84,190
初期本多学派の業績 …………………… 111
資料展示室 ……………………………… 182
磁力計法 ………………………………… 40
磁歪 ………………………………………… 2
磁歪の研究 …………………………… 1,2,72
新 KS（磁石）鋼 ………… 12,17,125,196
『新撰物理學』…………………… 3,4,35
伸長率 …………………………………… 62
振武刀 …………………………………… 183
人脈（金研を中心とする）
　………………………… 19,32,107〜111

す

水中超音波発生器 ………………………… 68
スーパーインバー ……………………… 202
スーパーパーマロイ ………………… 17,150
住友金属工業㈱ ……………………… 17,104
住友家（財閥）……………… 19,48,71,102

索　引

せ

静振 ……………………………… 5,69
析出硬化型磁石 ………………… 196
セメンタイト（cementite, Fe$_3$C） 41,57,112
セメンタイトの磁気変態点（A$_0$点）
　の発見 …………………………… 98
前期における研究テーマ ………… 98
戦後の磁性研究 ………………… 116
仙台空襲 ………… 17,132,142,152,185
センダスト ……………… 14,17,72,195

そ

葬儀 ……………………………… 166

た

第3（孫）世代の磁性研究者 …… 115
大同製鋼㈱ ……………………… 104
炭素鋼の抗張力と伸長率 ………… 62

ち

窒素酸化物の磁化率の測定 ……… 80

て

低温研究室（金研）創設 ……… 16,71
『鐵及び鋼の研究』 ……… 8,9,10,12,36,49
鉄鋼研究所 ………… 9,10,48,71,102,163
鉄鋼の変態の研究 ………………… 88
鉄単結晶の磁気異方性に関する
　本多－茅の論文 …………… 11,73,113
鉄単結晶のヒステレシスと磁歪 …… 14
鉄のX線解析 ……………………… 92
δ鉄 ……………………………… 42
電気磁気材料研究所 ………… 104,149

電気抵抗（鉄鋼の）……………… 44

と

透磁率の等高線マップ …………… 14
東北金属工業㈱（現NECトーキン）
　……………………… 13,17,104,149
東北大学本多光太郎記念賞メダル … 34
東北帝国大学理科大学 1,5,6,10,12,49,189
東北特殊鋼㈱ ……………… 13,104,149
東洋刃物㈱ ……………… 13,104,149,184
特殊鋼の抗張力と伸長率 ………… 63
特許 …………………… 17,18,19,31

な

長岡－本多の論文 ………………… 3
成瀬器械店 ……………………… 104

に

沸（にえ）………………………… 60
匂（におい）……………………… 60
日本金属学会設立 ……………… 16,53
日本金属学会誌 …………………… 16
日本電熱線合資会社
　（後の日本金属工業㈱）……… 13,104
日本刀 …………………………… 59

ね

NdFeB磁石 …………………… 21,199
熱処理 …………………………… 62
熱天秤（thermobalance）……… 172
熱分析法 Thermal Analysis（鉄と鋼の） 37
熱膨脹測定の方法 ………………… 43
熱錬 …………………………… 62

217

索　引

ネール温度での磁化率異常 …… 78,112

は

鋼の変態 ………………………… 59
『鋼の焼入』 …………………… 46,48
鋼の焼入れ ……………………… 58
「鋼の焼入れ」講演会 ………… 135
パーマロイ ……………………… 14
パーミンバー …………………… 14

ひ

広根－彦坂理論 ………………… 114

ふ

フェライト磁石 ………… 21,195,196
Ferromagnetism ……………………… 188
不二越鋼材㈱ …………………… 104
『物理學詳解講義』 …………… 4,5
古河財閥 ………………………… 102
分子磁石説 ………………… 68,86,99
分子（磁）場理論（ワイスの）
　………………… 85,88,99,85,88,99,114

へ

β鉄 ………………… 42,80,85,98,99,121
変態点 …………………………… 42,58

ほ

方向性電磁鋼板 ………………… 12
防弾鋼 ……………………… 17,63,64
『防弾鋼の研究』 ……………… 12
防弾服 …………………………… 64,65
本多会館 ………………………… 184

本多学派 ………………………… 111
本多学派の初期の業績 ………… 77
本多が遺した人脈 …… 19,32,107～111
本多記念館 ………………… 149,178
本多記念室 ………………… 149,177,179
本多記念賞 ……………………… 151
本多記念展示室 ………………… 149
本多光太郎記念標（ゲッチンゲン）… 168
本多光太郎研究会
　（1972年度物性研短期研究会）…… 82
本多光太郎資料館（岡崎市）149,179,186
『本多光太郎先生の思い出』 … 140,181
『本多光太郎傳』 ……………… 194
本多光太郎の学説史的な評価 … 95
本多光太郎の書 ………… 145,181
本多式熱天秤 …………… 6,172,173
本多スクール …………… 14,16,113
本多と企業との関わり ………… 102
本多の磁気理論 ………… 79,86,92
本多の法則 ……………………… 87,94
「本邦鉄鋼科学の進歩」 ……… 92

ま

摩滅試験機 ……………………… 12
マルテンサイト（Martensite） 44
マルテンサイトのX線研究 …… 12
マルテンサイト変態の結晶学的研究 12

も

本山製作所 ……………………… 149
モリン温度での磁化率異常 …… 78,112

218

ら

ラウエ斑点の観察	10
ランジュバン、キューリーの法則	85,88
ランジュバンの常磁性理論	94

り

理化学研究所本多研究室	10
「理科報告」	5,6,10,12,189
「理研彙報」	10
留学	70,144
旅順工科大学	20,97,113
臨界点（Critical point）	39,40,42
臨時理化学研究所	7,48,71,90,102,164

る

Ruer & Kaneko の論文	98,103

わ

ワイス理論	79,94
渡瀬の風穴	81

人名索引

あ

愛知敬一	9,131
青山新一	15,16
石原寅次郎	12,112
今井弘	10,16,20,140
岩瀬慶三	15,21,22,91,128
大久保準三	17,114,166
大日方一司	20,97,113,151,168

か

加藤與五郎	21,195
金子恭輔	98,99,103
Kamerlingh Onnes	16
茅 誠司	3,11,12,14,20,73,78,112,114,129,139,151,201
日下部四郎太	5
キューリー（Curie, P.）	85,86
ギョーム（Guillaum, C.）	202

さ

斎藤省三	7,15
斉藤英夫	201,202
斉藤平吉	173
里 洋	75,185
清水清蔵	16,5
下平三郎	21,201
白川勇記	12,73,125
鈴木清太郎	77,81
鈴木益広	14,130,135
スミス（Smith, S.W. J）	85,98
Sauveur	15,79

219

索　引

曽禰 武 ……… 5,6,77,78,80,81,82,94,112

た

高木秀夫 ……………………… 14
高木 弘 …… 6,7,99,100,104,112,124,194
武井 武 ……………………… 21,195
田中三四郎 …………………… 3,35
田中館愛橘 …………………… 1,68,169
俵 国一 ……………………… 7,20
タンマン（Tammann, G）
　………… 5,21,70,79,84,97,169,170,171
近重眞澄 ……………………… 21,97
デュボア（du Bois, R.）…… 5,70,86,112
寺田寅彦 ……………… 5,10,13,69,133

な

長岡半太郎 ……………… 1,5,68,69,84
中村左右衛門太郎 ……………… 5,69
仁科 存 ……………………… 14
西山善次 ……………………… 12,15,22
ネール（Néel, L.）……………… 112
ノット（Knott, C.）……………… 68

は

Burgess, G. K. ………………… 79,121
Hadfield, R. …………………… 79,120
浜住松二郎 …………………… 10
彦坂忠義 ……………………… 78,114
広根徳太郎 ………… 13,15,78,114,201
Bragg 父子 …………………… 10
Beck …………………………… 79
Benedicks, C. ………………… 15,79,121
Bozorth, R.M. ………………… 188

ま

増本 量 2,12,14,73,78,104,125,147,151,202
増山義雄 ……………………… 112
三島徳七 …………… 12,73,91,123,125,196
村上武次郎
　　10,12,13,15,17,21,22,98,104,112,148,151
メンデンホール（Mendenhall, T.C.）… 68

や

安井曽太郎 …………………… 162,180
山川健次郎 …………………… 1
山口珪次 ……………………… 16
山田良之助 …………………… 12,21
ユーイング（Ewing, J.A.）……68,84,86

ら

ランジュバン（Langevin, P.）
　……………………………… 85,86
Le Chatelier, H. ……………… 79,121
Ruer …………………………… 98,103
Rosenhain. W. ………………… 79,121

わ

ワイス（Weiss, P.）… 79,80,85,86,99,203

編集委員

代表　平林　眞　本多記念会元会長/東北大学名誉教授
　　　増子　昇　本多記念会理事長/東京大学名誉教授
　　　北田正弘　本多記念会常任理事/東京芸術大学教授
　　　井野博満　本多記念会理事/法政大学教授

ほんだ　こうたろう
本多光太郎 ── マテリアルサイエンスの先駆者

2004年 12月25日　初版第1刷発行

編　　者	ひらばやし　まこと 平林　眞 ©
監 修 者	財団法人 本多記念会
発 行 者	比留間 柏子
発 行 所	株式会社 アグネ技術センター

〒107-0062 東京都港区南青山 5-1-25 北村ビル
TEL 03 (3409) 5329 / FAX 03 (3409) 8237

印刷・製本　株式会社 平河工業社

落丁本・乱丁本はお取り替えいたします。
定価の表示は表紙カバーにしてあります。

Printed in Japan, 2004
ISBN4-901496-21-2 C3057